國家圖書館出版品預行編目資料

新舊唐書藝文志研究／楊果霖著 — 初版 — 台北縣永和市：花
木蘭文化工作坊，2005〔民 94〕

目 3＋298 面；19×26 公分（古典文獻研究輯刊 初編：第 14 冊）

ISBN：986-81154-7-7（精裝）
1. 中國－目錄－唐（618-907）

013.241　　　　　　　　　　　　　　　　　94018852

ISBN 986-81154-7-7

9 789868 115477

古典文獻研究輯刊
初　編　第十四冊　　　　　　　ISBN：986-81154-7-7

新舊唐書藝文志研究

作　　者　楊果霖
主　　編　潘美月　杜潔祥
企劃出版　北京大學文化資源研究中心
出　　版　花木蘭文化工作坊
發 行 所　花木蘭文化工作坊
發 行 人　高小娟
聯絡地址　台北縣永和市中正路五九五號七樓之三
　　　　　電話：02-2923-1455／傳眞：02-2923-1452
電子信箱　sut81518@ms59.hinet.net
初　　版　2005 年 12 月
定　　價　初編 40 冊（精裝）新台幣 62,000 元　　　　版權所有·請勿翻印

古典文獻研究輯刊

初　編

潘美月・杜潔祥　主編

第14冊

新舊唐書藝文志研究

楊 果 霖　著

新舊唐書藝文志研究

楊果霖　著

作者簡介

楊果霖　台灣省新竹縣人。民國五十七年生。中國文化大學中國文學研究所博士班畢業。曾獲得民國九十年國科會甲等論文獎助，並且連續獲得民國九十年至九十四年的計畫獎助。專攻圖書文獻學。現任醒吾技術學院通識中心專任副教授。講授大學寫作、古典小說、現代文學、科技名人傳記等課程。撰著有《新舊唐書藝文志研究》（碩士論文）、〈朱彝尊《經義考》研究〉（博士論文）等書，及其他學術性論文近二十篇。

提　　要

　　前賢研究古典目錄學之時，往往重《漢志》、《隋志》，而輕忽《新舊唐志》，昔日羅振玉先生曾引為怪事，筆者有鑒於此，乃以此二目為研究重心，欲藉以補足歷來的缺憾。綜觀本書的研究成果，有著如下幾點貢獻：

　　一、透過校勘方法，藉以探討《隋志》、《舊唐志》、《新唐志》三目之間的著錄差異，以釐清各目的演變關係，並針對書籍的亡佚、增錄的情形，分別提出說明。

　　二、分別探討顧櫰三《補五代史藝文志》、陳鱣《續唐書‧經籍志》、楊家駱《唐代遺籍輯存》、程志《現存唐人著述簡目》等四目，藉以掌握晚唐五代的典籍，乃至於現存唐人典籍的情況。其次，針對四目編纂的方式、優劣，逐一提出評介，用以補足今人研究的不足。

　　三、為求進一步考察《新舊唐志》的內涵，擬運用史學計量方式，依唐代十道的地理劃分，結合唐人籍貫的考察，以說明唐人撰著的分布情況，藉以瞭解各區之間的差異情形。其次，結合唐代私學的分布、印刷的起源地、學官的分布等，試圖釐清唐代文化面的分布情形，進而說明各地理區塊的學風特性，以補充王明蓀、高明士先生在學風分布的研究，所未能釐析清楚的內容，以開拓書目研究的視野。

　　四、歷來對《古今書錄》、《群書四錄》的研究，多僅探討其學理差異，卻無實例釐析二書的著錄差異。惟《古今書錄》著錄之籍，已為《舊唐志》所收錄成簡目，而根據〈古今書錄序〉所云斷限資料，可以進一步釐析《古今書錄》增錄《群書四錄》的書目著錄資料，以補足前人研究的不足。

　　綜合上述所論，本文的研究成果，不僅限於《新舊唐志》二目，也兼及相關書目的探討，能夠健全史志目錄的研究體系，實為研究《新舊唐志》的第一本專著。此外，本書雖以史志目錄為研究題材，但是不全然從目錄學的角度出發，也能運用史志目錄的內容，配合相關文獻，以瞭解唐代學說分布的情況，對於瞭解唐代學術史的發展，也能提供一定的價值。

目錄

第一章　緒　論

第一節　研究動機與方法

一、研究動機

羅振玉於〈唐書藝文志斠義敘〉一文中指出：

> 《新唐書藝文志》實可與《隋志》比方，竊怪今人於馬考、鄭略、晁
> 志、陳氏解題，猶研習不已，而此志顧少究心，殊爲怪事〔註1〕。

羅氏有鑒於此，乃參以《隋志》及諸史列傳、舊史〈經籍志〉校之，復參以王西莊、錢竹汀、趙琴士諸前賢之作，釐訂爲《唐書藝文志斠義》二卷。今筆者未見羅氏《唐書藝文志斠義》一書，據莫榮宗先生〈羅雪堂先生年譜〉一文中指出：

> （光緒十八年壬辰，西元1892年，二十七歲）又成《唐書世系表考
> 證》二卷，《唐書藝文志斠義》二卷〔註2〕。

則《唐書藝文志斠義》成於光緒十八年，至今《羅雪堂先生全集》仍未刊出此書，其書當或早佚。從書籍載錄的觀點而論，《新舊唐志》是否即如羅氏所言「多所韋迕」呢？從前賢的考訂中，我們或許可以得到一個較合理的評價，而不是主觀式的論點。筆者亦欲整理出產生乖誤之原因，以進一步釐清傳統對於史志的見解。

　　唐宋以來，諸史偶志藝文，如《隋書·經籍志》、《舊唐書·經籍志》、《新唐書·

〔註1〕羅振玉：〈唐書藝文志斠義敘〉，出自《面城精舍雜文》，《羅雪堂先生全集》三編，
　　　冊一，（台北：千華出版公司，1970年4月），頁103。
〔註2〕莫榮宗：〈羅雪堂先生年譜〉，《羅雪堂先生全集》，初編，二十冊附。（台北：千華出
　　　版公司，1968年12月一版），頁7801。

藝文志》、《宋史・藝文志》等等。今題目擬作「新舊唐書藝文志研究」，實則爲《舊唐書・經籍志》、《新唐書・藝文志》之研究，其作「新舊唐書藝文志」者，實係簡稱，特此說明。筆者選定《新舊唐志》爲研究題材，其中受王三慶師的啓發甚深，王三慶師董理《敦煌類書》的過程中，以翻檢《隋志》、《新舊唐志》過程中，重複其工作而略感不便，筆者不敏，稍通電腦管理概念，幾經研討之後，決定以電腦資料庫的型式做爲書目研究的基礎，以利查檢翻閱。此外，尙受到喬衍琯先生〈新唐書藝文志考評〉一文的啓示，該文云：

> 中央研究院傅斯年圖書館有唐書藝文志注二冊，題唐景崇撰，曬藍本，內容和上述的繆荃孫注本相近。而收入善本書中，外人很不容易利用到，很希望該院能予以刊布，或是採用「建教合作」方式，由那一所大學研習文史方面的研究生加以整理，作爲學位論文。對該院，對學生，對社會，都有好處。梁啓超說這是「不朽之業」，是不欺人的〔註3〕。

據喬氏之言，則知唐景崇《唐書藝文志注》尙無人研究，又云該書藏於中央研究院，筆者查閱《臺灣公藏善本書目書名索引》〔註4〕、《臺灣公藏普通本線裝書書名索引書目》〔註5〕之後，僅見有唐景崇《唐書注》一書，該書題作「十卷」，幾經查考，更衍生出二個問題：

第一，喬氏所云唐景崇《唐書藝文志注》是否即是唐景崇《唐書注》中的一部份？

第二，題作唐景崇《唐書藝文志注》一書，是否即爲「唐景崇」所撰？

筆者親至中央研究院傅斯年圖書館查閱唐景崇《唐書注》一書，發現其所錄僅及本紀部份，並未錄有〈藝文志〉部份，而傅斯年圖書館目錄登錄匣中，並未收錄《唐書藝文志注》一書，而作者登錄匣中，題作「唐景崇」者，亦未見及錄有《唐書藝文志注》一書，加以喬氏雖云及《唐書藝文志注》一書，但其於〈新唐書藝文志考評〉一文，並未見其舉例，是以筆者一度懷疑喬氏所云是否有誤？本論文初稿完成之際，承李德超師惠告，傅斯年圖書館目錄匣中雖無登錄《唐書藝文志注》一書，然其託人查考，證實傅斯年圖書館善本室確實藏有題作《唐書藝文志注》一書，而本論文業已定稿，若要加入《唐書藝文志注》的資料，勢必變動若干章節，這並非短期所能達成的，加以傅斯年圖書館並未收錄於目錄匣中，是以必須託人查考，諸屬不便，是以喬氏〈新唐書藝文志考評〉一文未見引及，且有「收入善本書中，

〔註3〕喬衍琯：〈新唐書藝文志考評〉，《國立政治大學學報》五十七期，1988年5月，頁67。

〔註4〕國立中央圖書館編：《臺灣公藏善本書目書名索引》，二冊，共1845頁，（台北，1971年）。

〔註5〕國立中央圖書館編：《臺灣公藏普通本線裝書書名索引書目》，（台北，1982年）。

外人很不容易利用到」的感慨。筆者自喬氏文中得知《唐書・藝文志》一書，其後卻未能利用此書，而且險至誤判，在此亦深感愧意。

　　唐景崇《唐書注》既無收錄〈藝文志〉部份，是以又衍生出《唐書藝文志注》是否確爲「唐景崇」所撰？筆者雖無法見及《唐書藝文志注》一書，卻見到傅斯年圖書館所藏唐景崇《唐書注》，其中有余棨昌（唐景崇之甥）〈序〉云：

　　　　今距先生（即指唐景崇）歿又二十餘載矣！其稿展（即「輾」字）轉歸予。多詳加核閱，計最完全之稿爲〈本紀〉十卷、〈禮樂志〉十二卷、〈曆志〉九卷、〈天文志〉三卷、〈五行志〉三卷、〈地理志〉七卷、〈百官志〉五卷；有稿不全者爲〈食貨志〉三卷、〈儀衛志〉一卷、〈車服志〉一卷，表稿雖全，尚未整理，其中尤以列傳爲最缺，先生所手訂者，僅十數卷而已〔註6〕。

唐景崇《唐書注》手稿輾歸於余棨昌，余氏予以整理刊布，雖僅刊布本紀部份，但〈序〉文中言及唐氏所撰書稿，並未言及撰有〈藝文志注〉，若細考源流，最先言及唐景崇撰《唐書藝文志注》者，當出於傅增湘《雙鑑樓藏書續記》卷上所云：

　　　　按：此書（係指《唐書藝文志注》四卷）不題撰人，觀其所引輯本文書，已至近代，則亦近人所爲也。宣統三年，余謁唐春卿（即唐景崇）尚書於學部，聞尚書自注《唐書》，每入署治事，恒挾數冊自隨，因舉詢之。自言生平致力此書，已二十年。昔由廣州航海北上，船未啓椗而火發，衣裝盡燼，獨《唐書注》稿挈之，隨身尚未輦致，因得幸免。近日屬稿已畢，第須重理再錄定本耳。其後尚書歿於邸，余詢其姪婦某氏，言原稿尚扃笥，門人有集資刊行之議，今匆匆又十年，音問寂然，則其事未舉可知。方尚書掌學部時，藝風（即繆荃孫氏）前輩方領圖書館事，意此帙必從唐氏錄副者，其卷中尚有藝風增訂數十條，獨藝風惜墨如金，未誌其原委，使後人疑莫能明耳〔註7〕。

傅增湘氏未見唐景崇《唐書注》全本可知矣！否則當能判別繆荃孫《唐書藝文志注》是否確係增刪唐景崇《唐書注》而來。而傅氏以繆荃孫注本或增錄唐景崇注本者，使用「意此帙必從唐氏錄副者」，其係以推測語氣。又唐景崇《唐書注》於唐景崇歿後二十餘年，始由其甥余棨昌氏付梓，然余氏於序言中並未言及唐氏有注〈藝文志〉之

〔註6〕唐景崇：《唐書注》，1935年排印本，台灣中央研究院藏本。該書台灣藝文印書館於1974年曾影印發行。書前有余棨昌〈序〉，余氏爲唐景崇之甥，〈序〉文中並未明言唐氏有注〈藝文志〉者，今《唐書注》一書僅錄「本紀」部份，並未有其他諸本。

〔註7〕傅增湘：《雙鑑樓藏書續記》，《書目三編》，（台北：廣文書局，1969），頁39～40。

事，又唐景崇所撰書稿全歸於余棨昌，則余氏所云之正確性較高，除非有更明確的證據顯示唐景崇撰有《唐書藝文志注》，否則當以存疑為是。我們再審視歷來認為唐景崇撰有《唐書藝文志注》的一些說法，《唐書經籍藝文合志》前言云：

> 另外有《唐書藝文志注》鈔本，凡四卷，不著編撰者姓名，沒有刊行過。據傅增湘《藏書群書題記》說是《唐書本紀注》著者清唐景崇所著。同書的另一鈔本，前有余嘉錫〈序〉，則定為繆荃孫撰。……這個稿本的內容，以《新唐書藝文志》為主，……校注得很精細，舉凡書名、卷數、人名、時代等，對二志有互異之處，多作了考訂〔註8〕。

其所謂傅增湘《藏園群書題記》所錄，原文已見上文，然傅氏雖疑心《唐書藝文志注》係據唐景崇注本增訂而來，但其中亦僅係推測口氣，實則亦未見及唐景崇《唐書注》原稿，而若據《唐書經籍藝文合志》序文所述，似乎確認有唐景崇、繆荃孫二注本，喬衍琯先生於〈新唐書藝文志考評〉一文中云：

> 書目總錄又有《唐書藝文志注》，不著編人名氏。北京大學圖書館藏江安傅氏雙鑑樓舊藏鈔本四冊、北京大學文科研究所藏曬印本四冊、梁氏慕真軒藏鈔本四冊。按此書與前書不同，唐景崇又有《唐書注》，是誰屬稿，未可知也〔註9〕。

從傅增湘《雙鑑樓藏書續記》、梁子涵《中國歷代書目總錄》所載，都以《唐書藝文志注》的作者為不著編人名氏，而後又與唐景崇《唐書注》相淆亂，喬氏亦未能十足肯定《唐書藝文志注》與《唐書注》之間的關聯性。承上文所言，《唐書注》僅刊印本紀部份，而余棨昌〈序〉中並未言及未刊布稿本中有《藝文志注》，是以此一疑案仍需進一步考證，方能明其原委。

　　根據傅增湘所云，繆荃孫氏增訂撰有《唐書藝文志注》，則傅斯年圖書館所藏《唐書藝文志注》與繆荃孫注本疑係同一源流，其說可供參考者並未見及傅斯年圖書館所藏《唐書藝文志注》一書，當初在材料上有所突破的認知略有阻礙，於是將心力放在合注、考證之書，並積極開拓其他領域，如唐人籍貫分布；《群書四部錄》、《古今書錄》等著錄差異研究；《新舊唐志》相關書目研究等等。隨著《新舊唐志》、《隋志》、《文獻通考經籍考》、《續唐志》、《補五代史藝文志》、《郡齋讀書志》等電腦資料庫的完成，未來要製成書名、作者等索引將不再是一件困難之事，於是也帶動筆者研究目錄學的興趣。

〔註8〕沈炳震合編：《唐書經籍藝文合志》，中國目錄學名著第三集，初版，（台北：世界書局，1963年4月），〈序言〉。

〔註9〕參見註3，頁66。

二、研究方法

　　傳統的目錄學研究無非研究其著錄之體例、分類、卷數分合等等，本文亦未能揚棄此一方法。然而，自《隋書・經籍志》以後，四部的分類業已廣被接受，若從體例分析，實難以得到其中差異之處，因此需要從個別書籍分類的轉變，方能進一步審視四部分類類別的差異情形。其次，對於前後目錄載錄的情形則逐一比勘，以求其演變差異之處。在研究重點上，本文擬著重在書目的著錄差異之探討。因此，在方法上，本文除運用合志、考證等既定成果外，也嘗試結合電腦的統計、排序功能，重新對《新舊唐志》予以整理，並著重在書籍著錄差異的探討，而其中更能釐正點校本的若干錯誤。

　　在外圍問題上，本文擬討論唐代書籍流通的狀況，其中包含藏書情況、藏書機構以及唐代目錄的發展情況等，加以探討，以期對唐代書籍流通的始末有所認識。其次，本書亦擬就《新舊唐志》中唐人著作，分析其撰者之籍貫分布情形，以求進一步考察唐代撰著之風氣的地理分布情形，及各地是否有其分類類別的特色？另外加入時間因素的考量，筆者擬就《新舊唐志》粗分為前後兩期，前後期是否有其差異性，筆者亦擬在行文中有所議述。

　　在著錄方面，《新舊唐志》有合志、考證之書，其中頗有可觀，本文亦大量採用前賢的考據成果。而《隋書・經籍志》與《舊唐書・經籍志》雖成書時間相差較久，然而《舊唐書・經籍志》係刪節《古今書錄》序錄而來，其斷代自應以《古今書錄》的成書年代為斷，而《古今書錄》編於玄宗世，其距太宗時未遠，在分類、載錄上有何異同，本文亦擬加以探討。《舊唐志》既係《古今書錄》之簡目，而《古今書錄》更是增錄《群書四部錄》而來，然今本《群書四部錄》、《古今書錄》俱已亡佚，筆者擬結合〈古今書錄序〉所云斷限差異，並從撰著編年中，進一步釐清《古今書錄》和《群書四部錄》中的著錄差異。

　　與《新舊唐志》相關的書目上，除了有傳統的續補唐志之作外，另有現存書籍的調查，前者如清人陳鱣《續唐志》、顧櫰三《補五代史藝文志》；後者如楊家駱《唐代遺籍輯存》、程志《現存唐人著作簡目》等，二種方式雖有小異，但均有助於瞭解唐代典籍流傳的一些情況，本文亦擬專章討論。

第二節　預期成果

　　本文結合電腦統計、比勘的功能，逐一將《隋書・經籍志》、《舊唐書・經籍志》、

《新唐書‧經籍志》、《續唐志》、《補五代史藝文志》、《郡齋讀書志》、《直齋書錄解題》、《文獻通考‧經籍考》的書目資料輸入電腦，製成電腦資料庫，以備進一步分析比對之用。其次，為便於資料考察，於資料中加入成書年代、籍貫、備註等說明，以備本文進行論證。目前業已輸入達二萬餘筆的資料（上述所云書目中，僅《直齋書錄解題》一書資料未能完全建檔），初步略具研究基礎。

　　本文的特色是運用校勘、統計的概念，以分析書目著錄間的異同，並試圖尋求解答。全文所預期達到的成果如下：

第一，探討唐代圖書發展過程中，圖書文獻保存過程所面臨的政治因素、經濟因素、社會因素等變動，藉以明白唐代圖書文獻的流通情形。

第二，探討唐代藏書制度，釐清《舊唐志》的著錄來源，並試圖說明各藏書機構間的異同情形。

第三，簡述唐代目錄學的發展與創新，以明唐代目錄學進展的若干實況。

第四，依唐代十道的地理劃分，結合唐人籍貫的考察，說明各區之間的差異情形，另外結合唐代私學的分布、印刷的起源地、學官的分布等，試圖釐清唐代文化面的分布情形。其次，就個別地理區域的撰著情形，以進行文化線、點上的聯繫提出說明，並依《新舊唐志》的著錄，進一步說明各區中分類類目上的變化情形，藉以補充王明蓀、高明士先生在學風分布上所未能釐析者。

第五，本文第三章開闢專章討論《隋書‧經籍志》及《舊唐書‧經籍志》之間的著錄差異；第四章開闢專章討論《舊唐書‧經籍志》與《新唐書‧藝文志》的著錄差異，並以分析其間的差異因素。另外對書籍亡佚、增錄的情形提出說明。

第六，本文第四章第二節中，試圖釐析《古今書錄》與《群書四錄》間的著錄差異，今二書已佚，歷來討論《古今書錄》與《群書四錄》間的差異，莫不從〈舊唐志序〉中所節錄之〈古今書錄序〉去探討《古今書錄》與《群書四錄》中的學理差異，然卻無實例釐析二書間的確實著錄差異。今《古今書錄》著錄已為《舊唐志》所收錄成簡目，而據〈古今書錄序〉所云斷限資料，進行進一步釐析《古今書錄》增錄《群書四錄》的書目著錄資料。

第七，在《新舊唐志》的補錄上，今人率皆知顧懷三《補五代史藝文志》一書，而不知陳鱣《續唐書‧經籍志》，今二書俱以補錄晚唐五代典籍為志，二書多所重複，亦多它書所未錄，詳審二書，方能較正確的掌握晚唐五代典籍。另外，二書優劣互見，足供比勘者，今前賢未及二書之書目研究，故而筆者擬加以釐清其中異同、判別其中優劣，進行初步研究工作。而在現存唐人著述中，

　　有楊家駱先生《唐代遺籍輯存》、程志《現存唐人著述簡目》二書，可供考察。
二書著錄相近，然體例稍異，優劣互見，筆者擬加以整理比較其中異同。

　　前賢研究古典目錄學時，往往重《漢志》、《隋志》，而輕忽《新舊唐志》，是以羅
振玉先生會引爲怪事（詳見上文）。民國以來，《新舊唐志》的研究仍不普及，迄今仍
無專書討論其中背景形成、書目著錄、補錄及現存典籍考察等研究，導致顧櫰三《補
五代史藝文志》、陳鱣《續唐書·經籍志》、楊家駱《唐代遺籍輯存》、程志《現存唐
人著述簡目》等相關書目，迄今尚無人加以評介。又《舊唐志》爲《古今書錄》之簡
目，《古今書錄》又增錄《群書四錄》而來，前賢僅據〈古今書錄序〉所載，釐正《古
今書錄》與《群書四錄》間之學理差異，而無實例釐析《古今書錄》增錄《群書四錄》
之典籍著錄，今本《舊唐志》既爲《古今書錄》之簡目，則參以《群書四錄》與《古
今書錄》之斷限差異，得以釐出《古今書錄》增錄《群書四錄》之部份典籍，則《舊
唐志》另有其價值所在。透過唐人籍貫的掌握，《新舊唐志》的對比，可以釐析出唐
代文化點、線、面的分布情形。《新舊唐志》由於較爲缺乏學界研究，以至於其間的
價值未能有效發掘，其間的差異未及釐正，筆者不敏，從事於斯，本文僅可說是拋磚
之石，期待他日有人能如陳樂素先生董理《宋史藝文志考證》〔註10〕、劉兆祐先生《宋
史藝文志史部佚籍考》〔註11〕的精神以從事《新舊唐志》的研究工作。

〔註10〕陳樂素：《宋史藝文志考證》，陳氏於 1990 年 7 月 20 日與世長辭，該書爲陳樂素先
　　　　生遺稿，大陸廣東人民出版社列入年度計劃（1992 年），未知是否完稿。廣東人民出
　　　　版社於 1992 年出版《陳樂素教授》（九十）誕辰紀念文集》，其中收錄陳樂素子陳智
　　　　超〈父親和《宋史藝文志考證》〉一文，文中詳述陳樂素先生與《宋史藝文志考證》
　　　　之研究，可供參考。
〔註11〕劉兆祐：《宋史藝文志史部佚籍考》，（台灣：國立編譯館中華叢書編審委員會編印，
　　　　1984 年四月），共計 1198 頁。

第二章　外圍考證及介紹

第一節　唐代圖書發展的背景探述

　　唐代典籍的流傳過程，在書籍保存史上，占有一席重要的地位。蓋因印刷術的發明乃至於書籍得以大量流通，而書籍形式，至有唐一代而有所轉變，圖書由卷軸的形式而轉變成爲經摺裝、旋風葉的形式，林慶彰先生〈知識的水庫——歷代對圖書文獻的整理與保藏〉一文指出：

> 　　隋、唐兩代的政治局勢比較安定，各朝皇帝也較能重視圖書文獻的價值。其中，隋文帝和唐玄宗是最特出的例子。這兩代也是卷軸最發達的時代，卷軸已不僅僅用於保存圖書而已，且兼有裝飾之作用，所以對卷軸質料及各種附屬之講究也非前代所能及。唐代中葉後，因卷軸之缺點不少，遂慢慢由經摺裝和旋風葉所取代。雕版印刷術也於此時發明，至五代時逐漸興盛。這對圖書文獻的整理、保藏，都有不少影響〔註1〕。

而書籍的計算單位由篇轉而悉以卷計，漢時並存，這些明顯的差異，都明白的表現在圖書的著錄上。然而，影響文獻的發展尚有其他不同的因素。因此，欲明白書籍在有唐一代的流傳情形，除了在形式上的幾個特點外，我們更應該瞭解圖書發展的背景。王余光先生於《中國文獻史》第一卷中，提到影響中國文獻發展的各種因素凡三，一、政治的因素。二、學術與宗教的因素。三、科技與經濟的因素〔註2〕。筆者嘗試在此

〔註1〕林慶彰先生：〈知識的水庫——歷代對圖書文獻的整理與保藏〉，《中國文化新論（學術篇）——浩瀚的學海》（台北：聯經出版事業公司，1981 年），頁 553。

〔註2〕王余光先生：《中國文獻史》第一卷，（大陸：武漢大學出版社，1993 年 3 月），頁80～87。

基礎上，進一步歸納唐代圖書流傳的幾點原因，藉以明白其圖書流通情形。

一、政治因素

王余光先生《中國文獻史》第一卷云：

> 文獻的時代性就必然使其與時代政治發生聯繫，這樣，政治的勢力亦
> 必然反作用于文獻自身，政治對文獻的影響主要表現在新文獻的撰寫、舊
> 文獻的保存和文獻內容三方面〔註3〕。

又云：

> 政府的權力不僅影響到新文獻的增長，同時也影響舊文獻的保存。中
> 國歷朝政府都注重對舊文獻的搜集與保存。但是，政府對文獻的禁毀、政
> 權的更替與戰爭，這些政治的因素，對文獻的積累又都有著極大的破壞作
> 用〔註4〕。

政治的因素往往左右了文獻的多寡。書籍的流通，不外乎公私兩方，公家挾經濟、
行政的優勢，其藏書的種類及數量，往往遠較私人藏書為盛。就經濟優勢而言，公
家機構可蓄抄手從事書籍的抄寫工作，在書籍印刷剛剛起步之前，書籍的保存往往
得借助抄寫的方式，故需大量的人手以從事書籍的繕寫工作。在封建制度下，朝廷
無疑擁有絕對的資產勠力其事。除了抄寫已成的書籍外，欲積蓄藏書之盛，另外必
須培養圖書編撰的能手，從被動的圖書保存工作，轉而為製造新的圖書，朝廷也擁
有最佳的條件，進行圖書的保存工作。在行政的優勢上，朝廷可用徵集的方式，鼓
勵民間從事獻書，這種方式更是一地富豪所難以辦到的。因此，在此條件下，朝廷
的藏書質量往往都是最好的。

就政治層面而言，朝廷的動向往往主宰著民間的取向，在戰亂頻仍的世代，書
籍往往蒙受重大的創傷，朝廷無法將重心轉移在文治上，書籍燬於兵燹、蟲蠹者不
計其數。現存圖書不斷損毀，復又缺乏傳鈔，書籍的亡佚就難以估量，一旦朝廷局
勢穩定之後，欲將重心導向文治，即將面臨書籍短缺的情事，於是朝廷即廣開獻書
之路。觀有唐一代，朝廷主動購求書籍的情事如下：

一、高祖武德五年（西元 622 年，以下年號下所附數字即係西元紀元，不另注記西
　　元二字），購募遺書〔註5〕。

〔註 3〕同前註，頁 80。
〔註 4〕同前註，頁 81。
〔註 5〕《唐會要》卷三五：『武德五年，祕書監令狐德棻奏：「今乘喪亂之餘，經籍亡逸，
　　請購募遺書，重加錢帛，增置楷書，專令繕寫。」數年間，群書畢備。至貞觀二年，

二、太宗貞觀年間（627～649），請購天下書〔註6〕。

三、中宗景龍三年（709）六月庚子，以經籍多缺，使天下搜括〔註7〕。

四、睿宗景雲三年（712），令京官有學行者，分行天下，搜檢圖籍〔註8〕。

五、玄宗開元十年（722）九月，以張俳改充知圖書括訪異書使〔註9〕。

六、玄宗開元、天寶間，蕭穎士奉使前往趙、衛間收購遺書〔註10〕。

七、至德二年（757），令府縣搜訪，有人收得國史實錄，能送官司，重加購賞。若是官書，并捨其罪。得一部超授官，一卷賞絹一疋〔註11〕。

八、代宗廣德二年（764），元載爲相，奏以千錢購書一卷，又命拾遺苗發等使江淮括訪〔註12〕。

九、唐文宗，鄭覃侍講，進言經籍未備，因詔祕閣搜，四庫之書復完〔註13〕。

十、唐昭宗，命監察御史韋昌範等諸求購〔註14〕。

十一、僖宗時，董昌兼任諸道采訪圖籍使，收集地方文獻典籍〔註15〕。

祕書監魏徵，以喪亂之後，典章紛雜，奏引學者，校定四部書，數年之間，祕府粲然畢備。』（頁643，台北：世界書局，1989年4月）霖案：《舊唐書・魏徵傳》載同。

〔註6〕參見註5。

〔註7〕劉昫等撰，《舊唐書・中宗本紀》，（台北：洪氏出版社，1977年6月），頁147同文亦見註5，卷三五，頁643。

〔註8〕參見註5，《唐會要》卷三五：「景雲三年六月十七日，以經籍多缺，令京官有學行者，分行天下，搜檢圖籍。」，頁644。

〔註9〕《新唐書・張公瑾傳》，又《玉海・藝文部》卷五二、《古今圖書集成・理學匯編・經籍典》引《集賢注記》錄此事。

〔註10〕歐陽修等撰，《新唐書・蕭穎士傳》，（台北：洪氏出版社，1977年6月）卷二〇二，頁5568。

〔註11〕同註5。《唐會要》卷六三，頁1095：「至德二載十一月二十七日，修史官太常少卿于休烈奏曰：國史一百六卷、開元實錄四十七卷、起居注并館書三千六百八十二卷，在興慶宮史館，並被逆賊焚燒，且國史實錄聖朝大典，修撰多時，今並無本，望委御史臺推勘史館所由，並令府縣搜訪，有人收得國史實錄，能送官司，重加購賞。若是官書，并捨其罪。得一部超授官，一卷賞絹十疋。」

〔註12〕同註9《新唐書・藝文志序》卷五七，頁1423：「安祿山之亂，尺簡不藏。元載爲相，奏以千錢購書一卷，又命拾遺苗發等使江淮括訪。」
案：林慶彰先生：〈知識的水庫—歷代對圖書文獻的整理與保藏〉一文，頁557以爲廣德二年，今從之。（同註1）

〔註13〕《唐書・藝文志一》卷五七，頁1423：「至文宗時，鄭覃侍講，進言經籍未備，因詔祕閣搜採，於是四庫之書復完，分藏于十二庫。」（同註9）

〔註14〕《唐書・藝文志一》卷五七，頁1423：「昭宗播遷，京城制置使孫惟晟斂書本軍，寓教坊於祕閣，有詔還其書，命監察御史韋昌範等諸道求購。」

〔註15〕《新唐書・董昌傳》，卷二二五，頁6466。

　　除了搜檢、購募之途外，朝廷另將宮中諸部藏書彙集傳抄，補緝繕寫，整理四部書籍，另外多次徵集地方繕寫，或徵求撰著作者後人，而從書籍繕寫的數量以及使用的材料而論，其質量無疑是最佳的，如：

（一）乾封元年（666）十月十四日，上以四部群書，傳寫訛謬，並亦缺少，集儒學之士，刊正然後繕寫〔註16〕。

（二）文明元年（684）十月，兩京四庫書，每年正月，據舊書聞奏，每三年，比部勾覆具官典，及攝官替代之日，據數交領，如有久少，即徵後人〔註17〕。

（三）玄宗開元三年至七年（715～719），降敕祕書省、昭文館、禮部、國子監、太常寺、及諸司，并官及百姓等，借繕寫之〔註18〕。

（四）玄宗天寶三年至十四年（744～755），繕寫一萬六八百四十三卷〔註19〕。

（五）貞元三年（787）八月，修寫經書，供麻紙及書狀藤紙一萬張，餘錢添寫史書〔註20〕。

（六）開成元年（836）七月，塡補舊書，及別寫新書，並隨日校勘，并勒創立文案，別置納歷，隨月申臺，並外察使每末，計課申數。九月，祕書省集賢院，應欠書四萬五千二百六十一卷，配諸道繕寫〔註21〕。

（七）大中三年（849）正月，從今年正月後，應寫書四百一十卷。至四年二月，

〔註16〕同註5，卷三五，頁643。

〔註17〕同註5。《唐會要》卷三五：「文明元年十月敕，兩京四庫書，每年正月，據舊書聞奏，每三年，比部勾覆具官典，及攝官替代之日，據數交領，如有欠人，即徵後人。（頁643～644）

〔註18〕同註5，《唐會要》卷三五：「開元三年，右散騎常侍褚無量、馬懷素，侍宴言及內庫及祕書墳籍，上曰：四庫書，皆是太宗、高宗前代舊書，整比日，常令宮人主掌，所有殘缺，未能補緝，篇卷錯亂，檢閱甚難，卿試爲朕整比之。至七年五月，降敕於祕書省、昭文館、禮部、國子監、太常寺、及諸司，并官及百姓等，借繕寫之。即整比四部書成，上令百姓官人入乾元殿東廊觀書，無不驚駭。」頁644。

〔註19〕同註5，《唐會要》卷三五：「（開元）二十四年十月，車駕發從東都還京，有敕：百司從官，皆令減省集賢書籍，三分留一，貯在東都，至天寶三載六月，四庫更造見在庫書目，經庫七千七百七十六卷，史庫一萬四千八百五十九卷，子庫一萬六千二百八十七卷，集庫一萬五千七百二十卷。從三載至十四載，庫續寫又一萬六千八百四十三卷。」（頁644～645）

〔註20〕同註5，《唐會要》卷三五：「（大中）四年二月，集賢院奏：大中三年正月一日以後，至年終，寫完貯庫，及塡缺書籍三百六十五卷，計用小麻紙一萬一千七百七張。」，頁645。

〔註21〕同註5，《唐會要》卷六十五：「（開成元年）九月敕，祕書省集賢院，應欠書四萬五千二百六十一卷，配諸道繕寫。」，頁1125。

實寫三百六十五卷〔註22〕。

（八）天祐元年（904）十月十三日，高處魯進史館亡書三百六十卷，授兼監察御
　　史，賜緋〔註23〕。

　　從唐朝皇室提供的文具及繕寫書籍總數而論，其數量是頗為驚人的，更可見其
對文獻保存的用心。如上所述，欲開拓文治盛世，不僅在保存文獻上要有所用心，
更應該積極的培養寫作人才。唐朝中央藏書機構往往負責書籍的刊正外，更能積極
的從事典籍的編寫工作，甚至於月末、歲終之際，由朝廷負責考察。如《大唐六典》
卷九載：

> 集賢院學士掌刊緝古今之經籍，以辨明邦國之大典，而備顧問應對。
> 凡天下圖書之遺逸，賢才之隱滯，則承旨而徵求焉。其有籌策之可施於時，
> 著述之可行於代者，較其才藝，考其學術，而申表之。凡承旨撰集文章、
> 校理經籍，月終則進課于內，歲終則考最于外〔註24〕。

而唐代秘書省更隸有著作、太史二局，從事修書撰文以及天文曆法之事，在《新舊
唐志》中即載有若干奉敕編撰的書籍，這些都加強了唐代典籍的數量，而達到前代
典籍所難以匹敵的成績。

　　除了直接在典籍上有保存之功外，朝廷也積極籌辦教育，立周公、孔子廟，積
極於文教的推廣，《全唐文》卷六○三，劉禹錫：〈奏記丞相府論學事〉云：

> ……伏以貞觀中，增築學舍千二百區，生徒三千餘人。時外夷上疏，
> 請遣子弟入附于三雍者五國。雖著菁者莪，育材之道，不足比也。今之膠
> 庠，不聞弦歌，而室廬圮廢，生徒衰少，非學官不欲振學也，病無資材以
> 給其用。鰲生今有一見，使大學立富，……今夫子之教日頹靡，而以非禮
> 之祀媚之，斯儒者所宜憤悱也。……皇家武德二年，詔于國學立周公、孔
> 子廟，四時致祭。貞觀十一年，又詔修宣尼廟於袞州。……開元中，元宗
> 飧學，與儒臣議，繇是發德音，其罷郡縣釋奠牲牢，唯酒脯以荐。……謹
> 按本州四縣，一歲釋奠物之直，緡錢十六萬有奇，舉天下之郡縣，當千七
> 百不啻，羈縻者不在數中，凡歲中所出，于經費過四千萬，適資三獻官飾

〔註22〕同註5，《唐會要》卷三五：「大中三年正月，祕書省據御史臺牒，准開成元年七月敕：
　　　應寫書及校勘書籍，至歲末聞奏者，令勒楷書等，從今年正月後，應寫書四百一十
　　　七卷。」而實寫三百六十五卷，頁645。
〔註23〕同註5，《唐會要》卷六四，頁1114：「天祐元年十月十三日，前絳州曲沃縣令高處
　　　魯，進史館亡書三百六十卷。授兼監察御史，賜緋。」
〔註24〕唐玄宗敕撰，《大唐六典》，（台北：文海出版社，1974年6月）卷九，頁204。

衣裳詒妻子而已，于尚學之道，無有補焉。……州府許如故儀，然後籍其資，半附益所隸州，使增學校；其半率歸國庫，猶不下萬計，築學室，具器用，豐纂食，增掌固，以備使令，凡儒官各加稍食，其紙筆鉛黃，視所出州率令折入，學徒既備，明經日課繕書若干紙，進士命讎校亦如之，則貞觀之風，粲然不殊……〔註25〕。

教育水準提昇後，識字人口逐漸增加，書籍的流通量也因而增加，文教的興盛，導致圖書也逐漸被重視，是以當朝廷藏書被破壞之時，猶能採取徵集圖書的方式以進行圖書文獻的保存。

此外，科舉制度的確立，也間接產生教育人口的提升，對圖書的需求及保存也相對的增加。書籍有其市場，其流通性也就大為提高。從另外一個角度而言，科舉制度造就不少教育識字之人，然而科舉的名額畢竟有限，不少未能登科的學子，或寄情山水，或藉筆墨以抒一己牢騷，間接造就書籍的產生，也豐富了唐代典籍的多樣性。而有幸中舉的學子，也由於經濟能力的穩定之後，也能大量保藏典籍，這也是科舉制度下的附產品吧！

二、經濟因素

王余光先生《中國文獻史》第一卷云：

> 經濟的發達更會刺激文獻的收藏，而文獻的收藏又總是與文獻的著述、印刷、貿易有直接關係〔註26〕。

又葛光先生〈隋唐圖書館事業及有關學說的發展〉一文云：

> 隋唐是我國封建社會經濟高度發展的時代。經濟繁榮、科學技術先進和商業和交通的發達促進了文化教育事業的發展，圖書館事業也呈現出興旺發展的新氣象〔註27〕。

經濟的繁榮，往往帶動文化的發展，而文化的興盛，更直接刺激文獻的收藏。尤其在印刷術未能大量興盛的同時，大部份的圖書得藉傳抄方能流傳，而傳抄的費用又不便宜，若非經濟能力許可，斷難大量傳抄，乃至於大量收藏。圖書文獻收藏的多寡，受經濟因素的左右頗大，這一點從集賢院傳抄繕寫中可窺其端倪。唐玄宗時，處於唐時盛世，而根據《唐會要》卷六十四的記載，開元九年（721）集賢院的四庫

〔註25〕《全唐文》卷六〇三，轉引楊蔭樓、王洪軍等編《全唐文——政治經濟資料匯編》（西安：三秦出版社），頁141。
〔註26〕同註2，頁86。
〔註27〕葛光：〈隋唐圖書館事業及有關學說的發展〉，《黑龍江圖書館》1985年第一期，頁52。

書籍達「八萬一千九百九十卷」，至開元二十四年（736），車駕還西京，減省書籍三分之一留庫，至天寶三年（744），是時集賢院藏書已達「五萬四千五百七十四卷」若以相對數量而言，集賢院是時總藏書量三倍計算，當達到「十六萬三千七百二十二卷」，已增加「八萬一千七百三十二卷」自開元九年（721）至天寶三年（744），平均一年達「三千五百五十三卷」，若以「八萬一千九百九十卷」之三分之一留東京而論，平均為「二萬七千二百四十四卷」，至天寶三年（744）「五萬四千五百七十四卷」，平均一年達「一千一百八十八卷」，又「從天寶三載至十四載（744～755），四庫續寫書又一萬六千八百三十二卷。」〔註28〕，平均一年繕寫書籍達一四〇二卷，而根據《唐會要》卷三五所載，大中三年（849）正月至大中四年（850）二月，「實寫三百六十五卷」〔註29〕若從寬而言，一年的差距達三千卷以上，若從嚴而論，其中以東京的集賢院的書寫數量即相距近一千卷之多，此尚未計入西京的集賢院所書寫數量。這些數據不僅顯示出皇室對於文籍繕寫的多寡，也間接反映出經濟能力的強弱。

　　經濟的強弱，不僅反映在書籍的多寡上，也反映在書寫的材料上。在開元盛世時，於書寫四庫典籍上，其所用材料都很講究，《大唐六典》卷九記載開元時所用書寫材料如下：

> 四庫之書，兩京各二本，共二萬五千九百六十一卷，皆以益州麻紙寫
> 其京（註：京當作經）庫書鈿白牙軸黃帶紅籤、史庫書鈿青牙軸縹帶綠牙籤、
> 子庫書彫紫檀軸紫帶碧牙籤、集庫書綠牙軸朱帶白牙籤，以為分別〔註30〕。

《新唐書・藝文志序》亦提及：

> 太府月給蜀郡麻紙五千番，季給上谷墨三百三十六丸，歲給河間、景
> 城、清河、博平四郡兔千百百皮為筆材〔註31〕。

及至大中四年（850）二月，所用材料僅提及「小麻紙一萬一千七百七張」〔註32〕不復提及其他華麗的配件。在數量上，弱世時的材料亦有所刪減，如《唐會要》卷六十五的記載：

> （貞元）三年（789）八月，祕書監劉太真奏：准貞元八月二日敕，
> 當司權宜停減諸色糧外，紙數內停減四萬六千張，續准去年八月十四日

〔註28〕同註18。
〔註29〕註20。
〔註30〕同註24，卷九，頁203。
〔註31〕同註11，頁1422。
〔註32〕同註21，頁644。

> 敕：修寫經書，令諸道供寫書功糧錢，已有到日，見欲就功，伏請於停減
> 四萬六千張內，卻供麻紙及書狀藤紙一萬張，添寫經籍，其紙寫書足日，
> 即請停，又當司准格，楷書八年試優，今所補召，皆不情願，又准今年正
> 月十八日敕，諸道供送當省寫經書，及校勘五經學士等糧食錢，今緣召補
> 楷書，未得解書人，元（當作「原」）寫經書，其歷代史所有欠闕，寫經
> 書畢日餘錢，請添寫史書，從之〔註33〕。

不僅在材料數量上有所裁減，甚至繕寫「楷書手」的待遇亦有所不足，乃至於奉詔
補召，而有不情願的情事產生。在材料不足，人力又有所怠惰的情況下，不僅在量
的方面不如昔往，甚至在質的方面有下降的趨勢。而原本應該全部繕寫經書的經費，
也不得不部份挪為繕寫史書了。朝廷掌握天下的經濟動脈，在衰退的世代中，對於
書籍的保存上猶難免有捉襟見肘的情事出現，更遑論一般民眾了。因此，經濟的衝
擊對於文化的提倡有絕對的影響。

　　綜上所言，朝廷重視文教，推廣教育的成本亦頗為可觀。處於盛世之際，朝廷
的教育經費充裕，師生無慮，校舍燦然。反之，若處於經濟蕭條之時，教育經費短
缺，不僅師生人數不足，校舍摧殘衰敗，值此之際，縱然朝廷有心文教，不可得乎？
如《全唐文》卷一六中宗〈集學生制〉記載：

> 去歲京畿不稔，倉廩未實，爰命樂群，暫停課藝，遂令子音罔嗣，吾
> 道空歸。……今者逋治嘗麥，且周于黎獻，永言釋菜，寧缺于生徒？……
> 其國子學生等，麥熟後并宜追集，務盡師資，諸州牧宰，亦倍加導誘，先
> 勤學教，必使俊造無濫，名實有歸。庶博士弟子，京邑由斯日就……〔註34〕。

又《全唐文》卷九一，唐昭宗〈修葺國學詔〉：

> ……國學自朝廷喪亂已來，棟宇摧殘之後，歲月斯久，榛蕪可知。宜
> 令諸道觀察使刺史與賓幕州縣文吏等，同於俸料內，量力分抽，以助修葺
> 〔註35〕。

由此可見，經濟對教育的衝擊情形。而教育的普及與否？更關係者圖書文獻的流通
情形。若經濟蕭條、教育未能普及，民眾自然無心文教，典籍傳抄中斷，典籍代有
缺損，則亡佚情形更甚，是以經濟能力的強弱深刻影響著典籍的保存。

〔註33〕同註5，《唐會要》卷六五，頁1125。
〔註34〕同註25，《全唐文》卷一六，頁138。
〔註35〕同註25，《全唐文》卷九一，頁139。

三、社會因素

隋唐科舉制度的建立，大大的提昇民眾的教育水準，朝廷以科舉取士，在利之所趨下，民眾自然也就視科舉爲一登龍門的最佳途徑。受教育的基本材料是書籍，隨著經濟的發達，民眾有負擔教育能力的人逐漸多了，於是傳抄典籍，鄉縣置學的風氣逐漸散開，典籍經過不斷的傳抄，也間接有保存典籍的功用，從唐朝朝廷歷次徵集民間異本可見其功效。

文教的興盛對於典籍的流傳和產生都有有正面的意義，吳楓先生於〈試論唐代文獻典籍的構成〉一文指出：

> 興辦文教事業，大力培養人才，選拔儒臣學士，整理校勘編纂圖書典籍，是形成唐代文獻的重要社會基礎〔註36〕。

科舉的選拔，對於民眾的吸引力是不小的。吳楓先生亦同時指出：

> 據清人徐松《登科記考》著錄，進士科六百九十三人，明經科二百五十六人，制科七十六人，共計一千零二十五人。僅據著錄考生與錄取比例推知，唐代進士科考生當在五萬人左右，明經科考生當在三千餘人，加上制科，總計考生不少于五萬五千餘人。這些人是一個可觀的文化知識層，他們既能著書立説，又能傳播文化，爲文獻積累提供了深厚的社會基礎〔註37〕。

整體的社會文化層的形成，一方面來自政治科舉上的鼓舞，另外來自教育的普及，而教育的提供又可分爲公、私學二方面。傳統教育資源都來自公學，而公學的名額有限，是以教育的普及度單繫於私學是否興盛？從私學的角度而論，唐代的私學分布頗爲廣泛，帶動了全面文化提升的的助力。

唐代的私學的發展興盛，高明士先生於〈唐代私學的發展〉一文舉證若干實例，頗有精當的論述。其中，對於唐代私學的分佈情形，高氏歸納結論如下：

> 唐代私家講學之分佈，大抵北止趙州（今河北中部），南至饒州（今江西北部），東達雲溪（今浙江北部），西迄京洛一帶（今河南西部、陝西南部）。而講學山林者，主要是在盧山與中條山〔註38〕。

又云：

> 由於唐代大族，大抵集中於京畿、河南、河北、河東、淮南、山南東

〔註36〕吳楓：〈試論唐代文獻典籍的構成〉，《古籍整理研究學刊》1985 年第一期，頁 31。
〔註37〕同前註，頁 31～32。
〔註38〕高明士：〈唐代私學的發展〉，《國立臺灣大學文史哲學報》第二十期，1971 年 6 月，頁 268。

諸道，及山南西道之東隅、江南東道之北隅、關内道之東南隅；即北止范
陽（今河北北部）、南抵江陵（今湖北南部）、東至青密（今山東中部）、
西達鳳翔（今陝西西部），而以洛陽、開封爲核心。故唐代的家學，大抵
分怖於此區内〔註39〕。

在分怖如此廣泛的區域内，教育的普遍性逐漸爲民衆重視且被接受時，對於書籍的需
求量也就倍增，一般寒士若無法積蓄圖書，也就不得不寄居寺院讀書，因此，就助長
了寺院藏書的風氣。若經濟能力許可的登科之士及王公貴族，其對書籍的重視也就俱
增。因此，也就產生一些大的私人藏書家。這批私人藏書家的藏書，往往有媲美皇室
典藏的藏書，這些私人秘藏，在皇室圖書遭到巨厄時，其保藏文獻的作用也就產生。
李更旺先生於〈秦代藏書考略〉一文中，對於古代私書的功用有一段中肯的評述：

> 古代的圖書私藏是我國古代圖書館事業史中不可缺少的組成部分，它
> 同官府藏書一樣，都是保存和傳播祖國歷史文化遺產的重要手段。私藏圖
> 書的價值在於，一旦官藏圖書遭受意外厄運，私藏圖書一般的卻能起到保
> 存或補充官藏所缺圖書的作用〔註40〕。

李氏所評雖係針對秦代藏書而發，實則適用於所有古代私藏的功績。觀有唐一代，
其徵集民間異本傳抄，或至江南徵集舊籍等，皆有明文記載。（詳見上文）唐代官藏
圖書屢遭兵燹，其中的恢復往往藉助於私人藏書，是則其功不可沒。

唐代的私人藏書質量爲何？歷來頗有論述，其中有項士元〈浙江藏書家史略〉
〔註41〕、楊立誠、金步瀛的《中國藏書家考略》〔註42〕劉汝霖先生〈隋唐五代時期
的私人藏書〉〔註43〕、范鳳書〈先宋私家藏書補錄〉〔註44〕等，其中以劉氏所撰〈隋
唐五代時期的私人藏書〉一文最爲精審。該文分四期介紹隋唐五代的私人藏書概況，
其中關於唐代的私人藏書爲第二期、第三期，第二期共評介了李龔譽等十二家私人
藏書；第三期共評介了李繁等十三家私人藏書，全文分列表格，依序爲藏書家姓名、
年代、藏書地點、得書情形及收藏數量、社會影響、史料來源。其後，范鳳書先生
撰〈先宋私家藏書補錄〉一文，補錄若干私人藏書情況，該文綜合楊立誠、劉汝霖

〔註39〕同前註，頁268。
〔註40〕李更旺：〈秦代藏書考略〉，《圖書館學研究》1983年第一期，頁124。
〔註41〕吳唅：〈江浙藏書家史略〉，文瀾學報，第三卷第一期，頁1689〜1719，1937年3月
31日，台北進學書局曾影印發行。
〔註42〕楊立誠、金步瀛：《中國藏書家考略》，（台北：新文豐出版股份有限公司，1978年9
月，頁324。
〔註43〕劉汝霖：〈隋唐五代時期的私人藏書〉，《圖書館（北京）》1962年第一期，頁52〜55）
〔註44〕范鳳書〈先宋私家藏書補錄〉，《文獻》1990年第三期，頁200〜208）

諸文，歸納唐代私人藏書家如下：

> 唐代：李襲譽、魏徵、李元裕、李沖、元行沖、韋景駿、韋述、李範、杜暹、吳兢、李泌、李繁、蕭穎士、柳宗元、蔣乂、蘇弁、王懋（案：楊氏《中國藏書家考略》誤記為王懋，按其史實，據《新唐書・王絲傳》卷116記載，應為王絲）、韋處厚、柳公綽、柳仲郢、張弘靖、田弘正、牛僧孺、王涯、段成式、李磎〔註45〕。

其次，也補錄了王絲、倪若水、杜兼、符載、白居易、盧丘、張建章、陸龜蒙等唐人藏書家。其後，《中華文明史・隋唐五代史卷》一書提及唐代的私藏成績時謂：

> 唐代私家圖書事業大有發展，學者與達官權貴均喜藏書、見于記載的私人藏書家有魏徵、顏師古、李元嘉、張易之、杜暹、吳兢、韋述、李泌、柳宗元、李德裕、柳公綽、張彥遠等許多人，其中藏書超過萬卷以上者達十五人〔註46〕。

然其作者未明言出處，其中雖可從吳唅、楊立誠、劉汝霖、范鳳書諸先生之文可得知其出處，而其所謂「藏書超過萬卷以上者達十五人」究竟為誰？竟無從覆案。不過，從唐代私家藏書風氣而論，其對於文獻保存的意義實在是功不可沒。

　　唐代的圖書發展顯然要較前代發達，不僅皇室的藏書具有一定的質量，在民間的藏書也較前有所進展。科舉的發達，促成民眾求知慾望的開展，隨著經濟的繁榮、教育的普及，促使文獻的發展邁進另一里程。當文獻達到一定的數量時，如何管理這些文獻，使其能更有效率的管理這些文獻，成為當務之急。於是，目錄的編製成為一種專門的學問。唐代的目錄學發展邁向一個嶄新的紀元，從七分法過渡到四部分法，乃至於以四部為主的圖書著錄原則，一向成為唐代以來官方圖書著錄的基本法則。

　　唐代的圖書發展，隨著政治、經濟、社會的諸多因素，造成圖書數量的增加，誠如喬好勤先生《中國目錄學史》中所云：

> 總之，隋唐時期經濟和文化的發展，庶族地位的上升，教育和科舉制度的需要，造紙業和印刷業提供的有利條件，統治集團對佛教、道教的重視，一方面使圖書數量迅速增加，轉抄購求更方便，公私藏書得到發展，另一方面讀書做學問的人數增多，對圖書的需求更為廣泛，給目錄工作的

〔註45〕同前註，頁201。案：范氏既以楊立誠《中國藏書家考略》為誤，且附《新唐書・王絲傳》為注，當逕改之並附注文說明，否則「應為王絲」當為注文前首，方合語意。
〔註46〕周谷城等《中華文明史・隋唐五代史卷》，（大陸：河北教育出版社，1992年9月），頁468。

發展提供了廣闊深厚的社會基礎。我國目錄學進入了一個加強宮廷目錄工作管理，講求目錄體制完善，開始系統的目錄學理論研究的時期〔註47〕。而目錄學的著錄材料為文獻，文獻又適足以反映人類文化中的一部份，如王余光先生《中國文獻史》第一卷中所言：

> 文獻是人類文化的一部份，它的發展隨著人類文化的整體發展而發展。一方面，人類文化中各重要組成因素，如政治、學術、宗教、經濟、科技等發展進程必然制約著文獻的發展進程；另一方面，人們對文獻的整理、揭示與利用，不僅促使文獻自身的不斷完善，而且會加快文獻的社會化進程，使其在人類文化的各個方面所產生的影響與日俱增〔註48〕。

文獻既是文化中重要的一環，而專司文獻著錄的目錄更適足以反映出文獻的內容，於是研究文獻的載錄內容，以及其所反映出的客觀著錄的學術環境，成為一項有意義的工作。

第二節　唐代藏書制度研究

高明士先生於〈隋唐的學官—以國子監為例〉一文中指出：

> 制度史研究，若缺乏實證，終將成為紙上作業而已。惟若要進行實證，又常受到資料不足的限制，此事在隋唐以前的研究，格外明顯〔註49〕。

的確，在制度史的研究上往往受限文獻的不足，而難以作詳實的考證。《新舊唐志》在著錄的反映上，大多是反映唐代中央的藏書數量及門類，因此，我們不得不先瞭解其藏書的整體制度。另外，從藏書的制度中，我們可以對唐志的著錄有著更明確一些的認識。

單永華先生於〈唐代中央藏書體制管窺〉一文提到：

> 唐王朝是中國古代文化空前發達的時期，考察當時中央的藏書體制，將有助于我們對古代官方圖書事業的認識，同時，這也可加深我們對古代文化發展問題的理解〔註50〕。

因此，研究唐代的藏書制度，對於我們瞭解史志目錄有著一定的幫助。而從藏書機

〔註47〕喬好勤：《中國目錄學史》，（大陸：武漢大學出版社，1992 年 6 月），頁 131。
〔註48〕同註 2，頁 87。
〔註49〕高明士：〈隋唐的學官——以國子監為例〉，《國立臺灣大學歷史學系學報》第十五期，1990 年 12 月，頁 131。
〔註50〕單永華：〈唐代中央藏書體制管窺〉，《社會科學（甘肅蘭州）》1987 年第四期。頁 97。

構研究中，也有助於我們對於《新舊唐志》的重新評估。

　　從唐代的藏書機構中，大體上是四部經籍皆有典藏，尚無所謂專業圖書館的出現。誠然，史館係以典藏史籍為重心，然亦雜有他部書籍，說法詳見下文。雖然在唐代的藏書機構中，尚無所謂的專業圖書館的出現，但從各機構的特性、人員編制上，我們約略可以推測各藏書機構的藏書特色、藏書數量的多寡等等。然而，由於缺乏有力實證，對於藏書特色、數量多寡的推測並非定論，僅提供學界作為參考。

一、藏書機構

　　單永華先生〈唐代中央藏書體制管窺〉一文指出唐代中央藏書體制的三點認識如下：

第一：包括秘書省在內的各種國家機關大多數都有一定的藏書。

第二：在中央有藏書的全部機構中，秘書省、集賢院、史館、弘文館、司經局、崇文院的藏書居于重要的地位。如果區分「分布在中央各機構的藏書」和「中央藏書」的意義，那麼，唐代的中央藏書，實即這六個部門的藏書。

第三：中央對藏書及其它圖書行政的領導，是由皇帝、宰相、秘書省來共同協調進行的。但其具體的主管部是秘書省。應當說，這大體就是唐代中央藏書體制的輪廓〔註51〕。

然而，唐代的中央藏書機構並非只有以上六個機構，根據《唐會要》卷三五的記載：

　　　開元三年（715），右散騎常侍褚無量、馬懷素，侍宴言及內庫及祕書墳籍，上曰：四庫書，皆是太宗、高宗前代舊書，整比日，常令宮人主掌，所有殘缺，未能補緝，篇卷錯亂，檢閱甚難，卿試為朕整比之。至七年五月，降敕於祕書省、昭文館、禮部、國子監、太常寺，及諸司，并官及百姓等，借繕寫之。即整比四部書成，上令百姓官人入乾元殿東廊觀書，無不驚駭〔註52〕。

禮部、國子監、太常寺等機構皆有藏書，大抵上仍符合單永華先生所論「各種國家機關大多數都有一定的藏書」的推論。《唐會要》所記載的開元年間整比圖書，即收錄在《群書四部錄》的載錄中，《唐會要》中明白標示出開元七年五月的書籍整理中，其中有來自秘書省、昭文館、禮部、國子監、太常寺，以及不知名的「諸司」和官吏、百姓等來源，這不僅關係著其後整理而成的《群書四部錄》的書籍來源，也連

〔註51〕同前註，然係摘引其大要，頁99。
〔註52〕同註5，頁644。

帶影響著《古今書錄》、《舊唐書·經籍志》的來源，畢竟它們都是一脈相承的。探討唐代藏書制度，不僅有助於我們釐清《舊唐書·經籍志》的資料來源，也有助於我們認識唐代藏書機構及相關的書籍保存的過程。另從藏書機構著手，去進一步探討《舊唐書·經籍志》的著錄是否即能客觀反應出開元藏書盛況？若從這一個觀點而論，其結果恐怕不是令人樂觀的。從《唐會要》及其他相關書籍中，筆者輯錄出一些書籍，其皆有明文談到成書年代或獻進內府的時間，然皆為《舊唐志》所不載，失載的原因固然有部份是《舊唐志》經過不斷的傳鈔，在卷帙上有所缺損（大約四十五部書籍），但絕大多數出在於當時著錄的未能詳實記錄，就這個觀點而論，有助於我們評論《舊唐志》的另一種思考。

　　唐代藏書機構究竟有多少？除了上文所引《唐會要》卷三五中所述的祕書省、昭文館、禮部、國子監、太常寺，以及諸司外，此外《大唐六典》云：

　　　　大唐平王充，收其圖書，沂河西上，多所漂沒，存者猶八萬卷，自是圖籍在祕書。今祕書、弘文、史館、司經、崇文皆有之，集賢所寫，皆御本也〔註53〕。

而單永華〈唐代中央藏書體制管窺〉一文亦指出：

　　　　在各官署皆有藏書的基礎上，祕書省、集賢院、史館、弘文館、司經局、崇文院由于其在藏書方面的重要性而組成了唐代中央藏書體制的骨架〔註54〕。

以上種種機構，不僅負責書籍的收藏外，尚有撰集文章、校理經籍等工作。這些都造成書籍使用、保存、及創造上的積極作用，也造成唐代圖書事業的蓬勃發展。本文擬將《唐會要》卷三五中所述，參以《唐六典》等書，嘗試進一步釐清《舊唐志》所載錄的資料來源，並討論唐代藏書制度的種種情況。

（一）祕書省

　　《唐會要》卷六十五云：

　　　　龍朔二年（662）二月四日，改為蘭臺，其監為蘭臺太史。少監為蘭臺侍郎，丞為蘭臺大夫。咸亨元年（670）十月二十三日，各復舊額，光宅元年（684）九月五日，改為麟臺，監等並隨名改。神龍元年（705）二月五日，復改為祕書監如舊〔註55〕。

〔註53〕同註24，卷九，頁203。
〔註54〕同註47，頁98。
〔註55〕同註5，卷六五，頁1123。

秘書省的職掌，在《大唐六典》卷十則明白的揭示：

> 秘書監之職掌邦國經籍圖書之事有二局，一曰著作，二曰太史，皆率
> 其屬而修其職〔註56〕。

秘書省職掌邦國經籍圖書之事，其下著作局職掌修撰碑志、祝文、祭文等，太史局
職掌天文、曆書、計時等，其事據見《舊唐書‧職官二》，茲不具引。《舊唐書‧職
官二》尚云：

> 凡玄象器物、天文圖書，苟非其任，不得預焉。每季錄所見災祥，送
> 門下中書省，入起居注。歲終總錄，封送史館〔註57〕。

是以天文圖書等隸屬子部天文類、曆數類等，皆隸屬太史局的職掌，另參予起居注
等實錄之修撰。值得注意的，舊時史官的職掌，隸屬於祕書省著作局，原係著作郎
掌修國史，貞觀三年閏十二月，始移史館於禁中，由宰相監修國史，自此著作郎始
罷史職，是以其中史籍、子籍之書應該頗有可觀。從其藏書的數量、種類中可以顯
示此一特色，《舊唐書‧職官二》云：

> 祕書郎掌甲乙丙丁四部之圖籍，謂之四庫。經庫類十，史庫類十三，
> 子庫類十四，集庫類三〔註58〕。

此事詳載於《大唐六典》卷十，該文頗長，茲不贅述。在其數量上，係以《隋書‧經
籍志》所載卷數為據。若依《隋書‧經籍志》的分類數量而論，史部約為百分之三十
五，居第一位；子部約為百分之三十一，居第二位；集部約為百分之十九，居第三位，
經部約為百分之十五，位居第四。除了《隋書‧經籍志》的載錄中可窺其分類，另外
從《舊唐書‧經籍志》中亦可窺見其藏書之大類。《舊唐書‧馬懷素列傳》云：

> 祕書省典籍散落，條流無敘，懷素上疏曰：「南齊已前墳籍，舊編王
> 儉《七志》。已後著述，其數盈多，《隋志》所書，亦未詳悉。或古書近出，
> 前志闕而未編；或近人相傳，浮詞鄙而猶記。若無編錄，難辯淄、澠。望
> 括檢近書篇目，并前志所遺者，續王儉《七志》，藏之祕府。」上於是召
> 學涉之士國子博士尹知章等，分部撰錄，并刊正經史，粗創首尾〔註59〕。

其後董理而成的目錄即《群書四部錄》，雖其後又加入其他機構的書籍，然大致所反
映的藏書特色仍歸屬於秘書省的大略情形。《舊唐書‧經籍志》所載錄的卷數和《古
今書錄》的卷數略有出入，而其中卻有直接承襲的關係。從《舊唐書‧經籍志》的

〔註56〕同註24，卷十，頁210。
〔註57〕同註7，卷四三，頁1856。
〔註58〕同註7，卷四三，頁1855。
〔註59〕同註7，頁3148。

分類特色亦和《隋書・經籍志》符合，其中史部佔百分之三十四，居第一位；子部佔百分之三十，居第二位；集部佔百分之二十四，居第三位；最後乃爲經部，佔百分之十二。另外，從藏書數量而言，祕書省的藏書數量是最足以代表當時的單本藏書，且最能考究出藏書特色的藏書機構。

雖然在秘書省的藏書數量而言，史部、子部居首，集部次之，經部最少。然秘書省的藏書仍最重經籍，史籍爲次，從其經費短缺之情事下，仍以修寫經書爲優先考慮中可知，《唐會要》卷六十五：

> （貞元）三年（787）八月，祕書監劉太眞奏：准貞元元年八月二日敕，當司權宜停減諸色糧外，紙數內停減四萬六千張，續准去年敕：修寫經書，令諸道供寫書功糧錢，已有到日，見欲就功，伏請於停減四萬六千張內，卻供麻紙及書狀藤紙一萬張，添寫經籍，其紙寫書足日，即請停。又當司准格。楷書八年試優，今所補召，皆不情願。又准今年正月十八日敕：諸道供送當省寫經書，及校勘五經學士等糧食錢，今緣召補楷書，未得解書人。原寫經書，其歷代史所有久闕，寫經書畢日餘錢，請添寫史書。從之[註60]。

又《唐會要》卷六十五：

> 長慶三年（823）四月，祕書少監李隨奏：當省請置秘書閣圖書印一面伏以當省御書正本，開元天寶以前有小印印縫，自兵難以來，書印失墜，今所寫經史，都無記驗，伏請鑄造，敕旨。依奏[註61]。

安史亂後，既然祕書省的添寫係以經史爲主，何以其能維持相當數量的藏書數量呢？其中則需借重徵集的方式，《唐會要》卷六十五云：

> （開成元年，836）九月敕：祕書省集賢院，應欠書四萬五千二百六十一卷，配諸道繕寫[註62]。

由於開成以前，祕書省陸陸續續寫了有關經史的書籍，而未言及子、集兩部典籍，故其所欠書，當以子、集爲多，惟文獻難徵，難於詳考。

祕書省的藏書，隨著玄宗時建立的集賢殿的興起而有職責被取代的情形產生。而集賢院建立初起，與祕書省的人員編制有互相支援的情形，如《唐會要》卷六十四所載：「開元五年（717）十一月，敕於祕書省昭文館，兼廣召諸色能書

[註60] 同註5，卷六五，頁1125。
[註61] 同註5，卷六五，頁1125。
[註62] 同註5，卷六五，頁1125。

者充〔註63〕。」又：

> （開元）六年（718），乾元院更號麗正修書院，以祕書監馬懷素，右
> 散騎常侍褚無量充使〔註64〕。

在數量上，集賢院的藏書有凌駕祕書省的藏書情形出現，《唐會要》卷六十四云：

> （開元）九年（721）冬，幸東都。時集賢院四庫書，總八萬一千九百
> 九十卷。經庫一萬三千七百五十三卷；史庫二萬六千八百二十卷；子庫二
> 萬一千五百四十八卷；集庫一萬九千八百六十九卷。至二十四年（736），
> 車駕還西京，敕百司行從，皆令減省，集書籍三分留一貯在庫者。至天寶
> 三載（744）六月，四庫更造，見在庫書籍，經庫七千七百六卷；史庫一萬
> 四千八百五十九卷；子庫一萬六千二百八十七卷；集庫一萬五千七百二十
> 二卷。從天寶三載至十四載，四庫續寫書又一萬六千八百三十二卷〔註65〕。

在分類上，開元九年冬的集賢院書大致上和祕書省的藏書特色一樣，史部佔百分三十
三，位居第一；子部佔百分之二十六，位居第二；集部佔百分之二十四，位居第三；
經部佔百分之十七，位居最末。至於天寶三年四庫書見在書籍略有改變，共有五萬四
千五百七十四卷，集部佔百分之三十，位居第一；其次為子部，佔百分之二十九，位
居第二；更次為史部，佔百分之二十七，位居第三；其後為經部，佔百分之十四。惟
天寶三年未計入西京集賢院的數量，故未能顯示整體的集賢院的藏書數量及其特色。
集賢院與秘書省的藏書分列前後期之冠，其分類的特色大抵與《隋書・經籍志》、《舊
唐書・經籍志》的四部圖書相類，以史部為主，子部次之、集部又次、經部最末。

（二）昭文館

《大唐六典》卷八云：

> 後漢有東觀、魏有崇文館、宋元嘉有玄史兩館、宋太始至齊永明有總
> 明館、梁有士林館、北齊有文林館、後周有崇文館，或典校理，或司撰著，
> 或兼訓生徒，若今弘文館之任也。武德末，改為弘文館。神龍元年（705），
> 避教敬皇帝諱，改為昭文。神龍二年，又改為修文。開元七年（719）又
> 改為弘文〔註66〕。

從上所述，昭文館的職司有負責校理、撰著、及兼訓生徒之職。而昭文館的藏書更

〔註63〕同註5，卷六四，頁1118。
〔註64〕同前註。
〔註65〕同註5，卷六四，頁1119。
〔註66〕同註24，卷八，頁188。

是唐皇室中的精品,《全唐文》卷二二八張說〈贈太尉裴公神道碑〉云:

> 公諱行儉字守約,……以高陰爲宏文生,絕事篤學,累年不舉,房仆
> 射異而問焉。對曰:「隋室喪亂,家乏典籍,館有良書,探討未遍,故少
> 留耳。」〔註67〕。

裴行儉道出昭文館(即宏文館)的藏書情形,而昭文館的藏書正是吸引裴行儉累年
不升遷的主要原因。

　　昭文館的編制有弘文殿學士無常員、校書郎二人、學生三十人、令史二人、楷
書手二十五人、典書二人、搨書手三人、筆匠三人、熟紙裝潢匠八人、亭長二人、
掌固四人。(以上編製見於《舊唐書》卷四十三《職官二》,另外《大唐六典》卷八、
《唐會要》卷六十四亦有類似記載,惟員額、職稱小有不同)李瑞良先生在《中國
目錄學史》中對弘文館的機構有一段說明:

> 弘文館是研究制度沿革、禮儀輕重,以備皇帝顧問並培養貴族子弟的
> 文化教育機關,藏書很多,但沒有專管官員〔註68〕。

然而,從弘文館的配置上,有典書二人,其藏書仍然有專管的人員,李先生以弘文
館無專管官員,其說法當有誤解之處。在藏書特色方面,可從昭文館的性質方面去
進行推測,由於昭文館職司校理、撰著、及兼訓生徒,而校理、撰著所產生的新造
典籍固然有可能在館藏範圍之內,然其特色必不在此,畢竟新生典籍的速度不可能
太快,尤其是昭文館除了學士的人員編制未明定額外,其主體在於學生及楷書手,
學生仍處於學習階段,必不致於大量編寫典籍,楷書手的職責又多以抄寫謄繕爲主,
因此其有撰著能力者,大概只有不知員額的學士,方有可能。因此,要推測昭文館
藏書的特色,惟有從兼訓生徒之職著手。《大唐六典》卷八有一段文字可以有助於我
們判斷昭文館圖書的分類大概:

> 禮部試崇文、弘文生,舉例習經,一大經、一小經,史習《史記》、《漢
> 書》、《後漢書》、《三國志》,各自爲業。及試時務策五條。經史皆讀文精熟,
> 言音典正,策試十道,取粗解注義,經通六,史通三,其時務策,須文體
> 不失問目意,試五得三,皆兼帖《孝經》、《論語》共十條者爲第〔註69〕。

就其可能的藏書特色而言,頗與禮部相近,而種類卻不如禮部。大經、小經的分別,
詳見下文「禮部」部份。其次,除了弘文生所習的經史之外,由於弘文生係以學習
書法爲主,其中所藏書法的數量當亦不少。除此之外,並非昭文館的藏書分類僅有

〔註67〕同註25,《全唐文》卷二二八,頁19。

〔註68〕李瑞良:《中國目錄學史》,(台北:文津出版社,1993年7月),頁128。

〔註69〕同註24,卷八,頁189。

經、史二部，而無其他類之書籍，從《大唐六典》卷八「典書」一職的職責中即可說明：「館中有經史子集四部之書，使典之也。」〔註70〕。昭文館的圖書中有四部書籍，另見於《大唐六典》卷八「弘文館學士」一職下：

> 儀鳳中，以館中多圖籍，置詳正學士校理。自垂拱以來，多大臣兼領
> 館中四部書〔註71〕。

可見昭文館的藏書仍兼有四部之書。

昭文館的學生，准式貢獻舉，修習經史的先例起於貞觀年間，此事《唐會要》卷六十四有明確記載：

> （貞觀元年，627）黃門侍郎王珪奏：學生學書之暇，請置博士，
> 兼肄業焉。敕太學助教侯孝遵，授其經典。著作郎許敬宗，授以《史》、
> 《漢》。二年，王珪又奏：請爲學生置講經博士，考試經業，准式貢舉，
> 兼學書法〔註72〕。

從以上所載可知，雖然昭文館亦有參予禮部貢舉的考試，但其考試的科目則稍有放鬆，這可能和昭文館所招收的學生大都是皇族、宰相、散官一品，京官三品以上的弟子有關。而從配置的員額而論，昭文館的典書僅有二人，而楷書手僅有二十五人，可見其藏書是不如秘書省的數量。

關於昭文館的藏書數量，從典書、楷書手的配置而論，其藏書數量當不如秘書省的數量。然從《唐會要》卷六十四的記載：

> 武德四年（621）正月，于門下省置修文館。至九年（626）三月，改
> 爲宏文館。至其年九月，太宗初即位，太闡文教，於宏文殿聚四部群書二
> 十餘萬卷〔註73〕。

其數量又難以令人置信，鄭章先生於〈唐代藏書機構考〉一文中指出：

> 弘文館確實是唐政府的一個重要藏書機構，而藏書數量很大。不過説
> 唐初政府僅宏文館就有書籍二十餘萬卷，似不可靠，至少不是指單本。因
> 單本在煬帝時僅三萬七千卷，就是幾十年後的玄宗時，亦僅八萬餘卷（其
> 中還包括唐人自書著三萬餘卷）〔註74〕。

〔註70〕同註24，卷八，頁189。
〔註71〕同註24，卷八，頁188。
〔註72〕同註5，卷六四，頁1115。
〔註73〕同註5，卷六四，頁1114。
〔註74〕鄭章：〈唐代藏書機構考〉，《津圖學刊》1984年第一期，頁131。又《津圖學刊》1984
　　　年第二期連載，然作者作鄭偉章。

的確，以《唐會要》所載的數量而言，其管理上亦難如《大唐六典》所載典書二人所能勝任的。不過，《大唐六典》所載的職官往往係反映開元一朝之作。因此，在貞觀年間到開元年間之中，昭文館的藏書數量當有變化，限於文獻不足徵之故，難於詳考。

昭文館的藏書在唐代藏書機構中亦頗具重要，從中世以後，仍請添修屋宇、造書樓，而朝廷仍然准奏可知。《唐會要》卷六十四云：

> （長慶）三年（823）二月，宏文館奏：請添修屋宇，及造書樓。伏
> 以儒學之科，政化根本，苟或隳廢，則人何觀？伏望賜敕所司，遂急補修，
> 庶使已成之業免墜，宏闈之義再揚。敕旨，依奏〔註75〕。

除了秘書省、集賢殿外，昭文館的藏書是值得被肯定的。而長慶二年，昭文館的楷書搨書典書的名額量補五員，這些職位都是和藏書的管理和書籍的繕寫有關，也是朝廷肯定其藏書的另一佐證：《唐會要》卷六十四云：

> 長慶二年（822）閏十月，宏文館奏：楷書搨書典書元（當作「員」）
> 額三十五員，七員先停減。今請于先減數內量補五員，并見在員數，並勒
> 長寫書，及功課年勞官資，請依史官例處。敕旨，宜依〔註76〕。

經費有所增加，對書籍的保存及添造更有積極的功能。

（三）禮部

《大唐六典》卷四：

> 舉試之制每歲仲冬率與計偕，其科有六：一曰秀才；二曰明經；三曰
> 進士；四曰明法；五曰書；六曰算。凡正經有九：《禮記》、《左氏春秋》
> 爲大經；《毛詩》、《周禮》、《儀禮》爲中經；《周易》、《尚書》、《公羊春秋》、
> 《穀梁春秋》爲小經。通二經者，一大一小，若兩中經。通三經者，大小
> 中各一。通五經者，大經並通，其《孝經》、《論語》、《老子》並須兼習。
> 凡明經先帖經，然後口試并答策，取粗有文性者爲通〔註77〕。

又：

> 凡進士先帖經，然後試雜文，及策文取華實，兼舉策須義理，愜當者
> 爲通〔註78〕。

又：

〔註75〕同註5，卷六四，頁1116。
〔註76〕同註5，卷六四，頁1116。
〔註77〕同註24，卷四，頁80。
〔註78〕同註24，卷四，頁81。

凡明法律令，取識達義理，問無疑滯者爲通〔註79〕。

又：

凡明書試《說文》、《字林》，取通訓詁，兼會雜體者爲通〔註80〕。

又：

凡明算試九章、海島、孫子、五曹、張丘建、夏侯陽、周髀、五經綴術、緝古，取明教造術、辨明術理者爲通〔註81〕。

又：

凡此六科，求人之本，必取精究理實，而升爲第，其有博綜兼學，須加甄獎，不得限以常科〔註82〕。

禮部以科舉考試項目爲主，其藏書特色當與科舉項目相符，是則其中九經外，也加論語、孝經、小學類、刑法類、曆算類。

（四）國子監

國子監的職責係掌邦國訓導之責，其中自然有其藏書，我們從《群書四部錄》的編纂過程中可知（詳見《唐會要》卷三五所載）。至於其中藏書的特色爲何？我們從以下兩點分析，可以略知其梗概：第一，從國子監的分支機構及其職掌。第二，從歷來擔任國子監的學官專長、著作可以判知。

《大唐六典》卷二一：

國子祭酒司業之職掌邦國儒學訓導之政令有六學焉，一曰國子。二曰太學。三曰四門。四曰律學。五曰書學。六曰算學〔註83〕。

又：《大唐六典》卷二一：

（國子）凡教授之經以《周易》、《尚書》、《周禮》、《儀禮》、《禮記》、《毛詩》、《春秋》、《左氏傳》、《公羊傳》、《穀梁傳》各爲一經。《孝經》、《論語》、《老子》，學者兼習之〔註84〕。

又：《大唐六典》卷二一：

太學博士掌教文武百官五品已上及郡縣公子孫、從三品曾孫爲生者，

〔註79〕同註24，卷四，頁81。
〔註80〕同註24，卷四，頁81。
〔註81〕同註24，卷四，頁81。
〔註82〕同註24，卷四，頁81。
〔註83〕同註24，卷二一，頁381。
〔註84〕同註24，卷二一，頁381。

五分其經，以爲之業，每經各百人〔註85〕。

又：《大唐六典》卷二一：

> 四門博士掌教文武官七品已上及侯伯子男子之爲生者，若庶人子爲俊士生者。分經同太學〔註86〕。

又：《大唐六典》卷二一：

> 律學博士掌教文武官八品已下及庶人子之爲生者，以律令爲專業，格式法例，亦兼習之〔註87〕。

又：《大唐六典》卷二一：

> 書學博士掌教文武官八品已下及庶人子之爲生者，以《石經》、《說文》、《字林》爲專業，餘字書亦兼習之〔註88〕。

又：《大唐六典》卷二一：

> 筭學博士掌教文武官八品以下及庶人子之爲生者，二分其經，以爲之業。習九章、海島、孫子、五曹、張丘建、夏侯陽、周髀十有五人，習綴術、緝古十有五人，其記遺、三等數，亦兼習之〔註89〕。

從以上的分析可知：國子監的課程主要有經學，其中包括《周易》、《尚書》、《三禮》、《毛詩》、《春秋》、《三傳》、兼習《孝經》、《論語》、《老子》之學者。其次，則是律令格式法例（律學）；石經、《說文》、《字林》等小學之書（書學）；及《九章》、《海島》、《孫子》、《五曹》、張丘建、夏侯陽等《算經》之類的書（筭學）。若將以上各類書籍還原成爲《唐書·藝文志》中的分類而論，其中涵蓋面爲經部的大部份、史部刑法類、子部道家類、曆算類爲主、若分而言之，國子、太學、四門等學生修習的範圍以經部易類至經解類、子部道家類爲主。律學學生以史部刑法類爲主。書學學生以經部小學類爲主。算學學生以子部曆算類爲主。若學生人數足以反應藏書的分配，則國子監的藏書特色又當以經部爲主，史部、子部爲輔。

　　以上是純就國子監的職掌及各分支機構而論，若以歷來擔任國子監的各級官員的專長及著作而論，是否也符合以上的初步結論呢？筆者試從高明士先生〈隋唐的學官——以國子監爲例〉一文中，輯錄出各級官員三九人，從其專長及著作上，加以分析其是否與上述推論相合：

〔註85〕同註24，卷二一，頁384。
〔註86〕同註24，卷二一，頁384～385。
〔註87〕同註24，卷二一，頁385
〔註88〕同註24，卷二一，頁386。
〔註89〕同註24，卷二一，頁386。

第一，從專長項目分析：歷來擔任國子監的官員中，專涉經部之學與儒學者有徐文遠、孔穎達、蓋文達、趙弘智、司馬才章、馬嘉業、祝欽明、韋叔夏、郭山惲、高子貢、尹知章、褚無量、元行沖、高子貢、馮伉、韓渠牟、鄭餘慶、柳公權等十八人，而經部的專長科目有易、詩、三禮、三傳、音律訓詁及書學等項目為主。其次，專長中有史學者，有徐文遠、蓋文達、朱子奢、趙弘智、令狐德棻、祝欽明、高子貢、褚無量、韋述、徐堅、高子貢、馮伉、韓渠牟等十三人，而專長科目以正史類為主，尚難以顯示出史部刑法類的特色，這可能和學生人數不多有關。而專長項目中有子部道家類、曆算類的官員有孔穎達、陸德明、柳公權等。從所屬官員的專長特色中，也大致符合國子監的機構特色。

第二，從所屬官員的著作層面分析：徐文遠、孔穎達、元行沖、馮伉等人，撰有經部之學，其中以五禮、三傳為主。趙弘智、鄧世隆、令狐德棻、韋述、徐堅、楊瑒、元行沖等，撰有史部之學，其中包括有正史類、地理類、職官類、刑法類、目錄類等，其中刑法類最足以顯示出國子監的特色。另外，子部之作有鄭澣的《經史要錄》、褚無量的《翼善記》屬於儒家；裴澄的《乘輿月令》屬之農家；尹知章注《老子》、《莊子》屬之道家；尹氏尚注《韓子》、《管子》屬法家；注《鬼谷子》屬縱橫家；徐堅的《三教珠英》屬之類書類。大體上，儒家類、道家類都合於國子監的機構特色。除此之外，國子監所延致的人才中，尚有個人別集者，如李商隱、鄭餘慶、于休烈等。由上所述，雖然國子監的官員中，以其專長特色及著作層面而論，兼顧四部典籍者皆有之，然仍和其機構特色暗合。

（五）太常寺

《大唐六典》卷十四云：

> 太常卿之職掌邦國禮樂郊廟社稷之事，以八署分而理焉。一曰郊社；二曰太廟；三曰諸陵；四曰太樂；五曰鼓吹；六曰太醫；七曰太卜；八曰廩犧〔註90〕。

太常寺的職掌，大抵近於禮類、樂類、讖緯類、經解類、醫家類的性質，若其藏書亦合於此，當以經部為主，子部為輔。

〔註90〕同註24，卷十四，頁375。

（六）史館

《唐會要》卷六三：

> 至德二載（757）十一月二十七日，修史官太常少卿于休烈奏曰：《國史》一百六卷、《開元實錄》四十七卷、起居注并館書三千六百八十二卷，在興慶宮史館，並被逆賊焚燒，且國史實錄聖朝大典，修撰多時，今並無本，望委御史臺推勘史館所由，並令府縣搜訪，有人收得國史實錄，能送官司，重加購賞。若是官書，并捨其罪。得一部超授官，一卷賞絹十疋〔註91〕。

史館的藏書自當以國史、實錄、起居注等為其特色，但在卷數量是遠不如秘書省、集賢殿的，從上所述，史館館藏被焚之際，其書總數僅三千六百八十二卷。雖然在數量上並未能和其他藏書機構相比，但重要性卻不容忽視。國史、實錄之書，民間禁止私撰，亦禁私藏，甚至官方藏書機構中亦無副本，故於史館館焚之後，由官方下詔購賞。雖然史館藏書數量並不多，但其藏書以國史、起居注為主，成為唐代藏書機構的一重要特色，故論及唐代藏書機構時，往往不能忽視史館。

第三節　《新舊唐志》唐人籍貫分布之地理考察

唐朝文治撰述之風頗盛，從《新舊唐志》的載錄中可略窺一二。而歷來探討唐代學風與地理分布的關連之作並不多見，這固然源於籍貫的分布頗為零散，蒐羅匪易，其次，結合籍貫與典籍撰述的分類總而論之，更嫌其散碎而難竟其功。因此，歷來討論學風的地理分布，鮮少從典籍的分類入手。若討論學風的地理分布時，僅能辨明何地的學風較盛，而未能分辨其撰著分類之異同，終是遺憾之處。而辨明何地學風興盛，卻又缺乏一個確實的佐證，終是未能圓滿。因此，本節分析的論點乃基於唐人撰述若能反映出唐代學風的地理分布，則本節嘗試結合電腦統計的數據，以及掌握唐人撰著者的籍貫而詮釋其意義，進一步提出一些統計數據，以期為過去討論學風的地理分布的相關著作，提供一個可供佐證的方式。而唐人撰述文獻迄今未能有效確認，因此，本文分析的範圍仍以《新舊唐志》所載錄的唐人典籍為對象，至於籍貫不詳或者作者不詳而難以分析之典籍，則不在本篇討論的範圍之內。

風氣的養成，受時地的差異而有所不同。在研究撰著風氣中，不能忽視時間、空間對於風氣養成的影響。本節既然以討論唐代學風的地理分布為主，在時間上已

〔註91〕同註5，卷六三，頁1095。

經限定以唐代為主，因此主要仍以地理的的分布為研究對象。然而在時間上，仍以天寶十四年初分為前後兩期為論述的對象。究竟在唐人撰著上，以何地撰著風氣最盛？其中的典籍分類，在各地又有何差異？而前後期的撰著分類有何不同？此是本節研究的重點所在。

史念海先生於〈兩《唐書》列傳人物籍貫的地理分布〉一文謂：

> 若一細究其籍貫分布，也因地而具有特色。有的地區人物前后相望，絡繹不絕，有的地區卻不免寥若晨星，屈指可數。這固然可以說，各人的際遇難得盡屬一律，而其本貫鄉里久居之地，環境熏陶習染，也不能就沒有一點關係。探索其中的特點曲折，對於知人論世，董理史籍，也許不至于就沒有若何幫助〔註92〕。

案：史氏之文係本文分析理念的基準。環境的熏陶習染，對於各人的影響具有決定性，這是無庸置疑的。而撰著風氣和其受教育的程度以及書籍的取得（印刷術的發明）等因素息息相關。筆者擬從上述的因素著手，進一步析論唐代文風的分布情形。

在未進入本文以前，筆者擬將分析的材料來源、分析理念、困難度略作解析如下：

第一，籍貫的掌握，以史念海先生〈兩《唐書》列傳人物籍貫的地理分布〉一文的人物籍貫分布表為主，附以周祖譔先生主編《中國文學家大辭典・唐五代卷》的人物籍貫。此外，《新唐志》在著者小注中偶記作者籍貫的記載。另外尚附以兄繫弟，以孫附祖等加以串連（如以上官昭容附於上官儀之籍貫等等），全文所使用的分析人物，另置一簡目，置於附錄一。

第二，撰者有二人以上者，獨立不列入統計，另外分開討論，而從其四部的分布情形討論。而統計的數據仍以《新舊唐志》對比的情事，逐一分析其中異同現象。

第三，雖然從史念海、周祖譔先生之撰著，復參以繫連的方式，對於撰著籍貫掌握達二千人次以上。史氏之文附錄即達二千零五十五人，筆者以電腦資料庫逐一搜尋，并無遺漏，復從周祖譔先生之書，再加以繫聯，然對於唐人撰著者之籍貫仍有力殆之處，其中有部份因素來自《新舊唐志》對撰著者未能全部詳細登錄；尚有部份作者籍貫難以詳考，是以所提出的數據並非定論，僅供學界參考。基本上，所提的數據較能反映出《新舊唐志》唐人撰著的地理分

〔註92〕史念海：〈兩《唐書》列傳人物籍貫的地理分布〉，《紀念顧頡剛學術論文集》下冊，（大陸成都：巴蜀書社，1990年），頁571。

布，而非唐人撰著風氣的全貌。

第四，在唐人四萬零一百四十七卷的著作中（據《新唐志》），共考訂出唐人撰著者，
達二萬一千一百五十四卷，約佔百分之五十二。而未註明撰著者，達四千八
百一十七卷，約佔百分之十二。團體撰著者，合計達七千六百八十七卷，約
佔百分之十九。另未考出撰者達六千五百零四卷，約佔百分之十六。在團體
統計上，未註明撰著者及團體撰著者二項未能納入統計，僅有未考出撰者部
份會左右個人撰著的地理分布情形。但是就未能考出的六千五百零四卷中，
尚有部份並非唐人著作，但在唐代集結成書者，如《二王、張芝、張昶等書》，
該書達一千五百一十卷，實則並非唐人著作，僅是唐太宗時集結成書，除去
此一例證，則唐人個人撰著未能詳考者，僅達四千九百九十四卷，約佔總數
百分之十二左右，是以能有效掌握出《新唐志》中的唐人著作達百分之八十
八左右。

一、唐代學風與撰著風氣之地理考察

（一）私學分布與撰著分布之地理考察

唐代的私學的發展興盛，高明士先生於〈唐代私學的發展〉一文舉證若干實例，
頗有精當的論述。其中，對於唐代私學的分布情形，高氏歸納結論如下：

> 唐代私家講學之分佈，大抵北止趙州（今河北中部），南至饒州（今
> 江西北部），東達雲溪（今浙江北部），西迄京洛一帶（今河南西部、陝西
> 南部）。而講學山林者，主要是在盧山與中條山〔註93〕。

又云：

> 由於唐代大族，大抵集中於京畿、河南、河北、河東、淮南、山南東
> 諸道，及山南西道之東隅、江南東道之北隅、關內道之東南隅；即北止范
> 陽（今河北北部）、南抵江陵（今湖北南部）、東至青密（今山東中部）、
> 西達鳳翔（今陝西西部），而以洛陽、開封爲核心。故唐代的家學，大抵
> 分怖於此區內〔註94〕。

又王明蓀先生於〈人傑地靈—歷代學風的地理分佈〉一文中提及：

> 唐代學風分佈很廣，北方以河北、河南、山東、山西等地較盛，南方

〔註93〕同註38，頁 268。
〔註94〕同上註，頁 268。

　　則以江、浙爲盛〔註95〕。

撰著的能力係藉由文字爲表達的工具，因此，學術的撰著受教育程度的影響頗大。
從高氏所分析的地理分布上，是否和撰著的學風相符合呢？案：高氏之文大抵從私
學的角度論述，並無提出數據以證明其結論；王氏之文亦同。筆者藉由其對私家講
學的地理分布，提出一些數據，藉以補充高、王二氏不足之處，另外，更明白教育
的程度和撰著的能力是有牽繫的。筆者在整理唐代學人撰著典籍的地理籍貫分布
時，依史念海先生之文，以開元十道爲劃分，其整理的結果如下表：

	關內	河北	河東	河南	江南	山南	劍南	淮南	隴右	嶺南
舊志個人	1911	3174	1080	779	2853	189	179	246	0	0
著作籍貫	18.4%	30.5%	10.4%	7.5%	27.4%	1.8%	1.7%	2.4%	0	0
新志個人	5847	3608	2610	3392	3696	867	356	653	22	82
著作籍貫	27.6%	17.1%	12.3%	16.0%	17.5%	4.1%	1.7%	3.1%	0.1%	0.4%
舊志經部	13	401	144	27	56	13	0	16	0	0
著作籍貫	1.9%	59.9%	21.5%	4.0%	8.4%	1.9%	0	2.4%	0	0
新志經部	664	298	211	344	326	24	38	18	0	0
著作籍貫	34.5%	15.5%	11.0%	17.9%	17.0%	1.2%	2.0%	0.9%	0	0
舊志史部	696	500	449	351	555	30	0	30	0	0
著作籍貫	26.7%	19.1%	17.2%	13.4%	21.3%	1.1%	0	1.1%	0	0
新志史部	1983	1028	1049	669	484	236	180	114	0	0
著作籍貫	34.5%	17.9%	18.3%	11.6%	8.4%	4.1%	3.1%	2.0%	0	0
舊志子部	729	1943	212	94	608	6	0	0	0	0
著作籍貫	20.3%	54.1%	5.9%	2.6%	16.9%	0.2%	0	0	0	0
新志子部	1627	1213	460	779	1501	218	42	10	0	6
著作籍貫	27.8%	20.7%	7.9%	13.3%	25.6%	3.7%	0.7%	0.2%	0	0.1
舊志集部	413	330	275	307	1634	140	179	200	0	0
著作籍貫	13.4%	9.3%	7.8%	8.7%	46.2%	4.0%	5.1%	5.7%	0	0
新志集部	1573	1609	890	1600	1385	389	96	511	20	76
著作籍貫	20.6%	14.0%	11.7%	21.0%	18.2%	5.1%	1.3%	6.7%	0.3%	1.0

〔註95〕王明蓀：〈人傑地靈──歷代學風的地理分佈〉，《中國文化新論（學術篇）浩瀚的學
　　　　海》（台北：聯經出版事業公司，1981年），頁433。

從上表可知，唐人撰著的地理分布大抵係以江南道、關內道、河北道、河東道、河南道為主，大致印證上述高明士先生所云唐代大族分布的情形，惟淮南、山南道的特點並未顯露出來。另外，傳統的見解認為北方經過安史之亂後，重心有南移的情事，如王明蓀先生〈人傑地靈——歷代學風的地理分佈〉一文指出：

> 唐代文化思想的主流似乎佛學要較儒學為重，故佛學學風之地理分佈值得注意，同時亦可看出唐代文化中心有南移趨勢〔註96〕。

若就佛學的趨勢而言，可能如王氏所言。但就四部典籍的撰著而論，在《新舊唐志》並未能顯示此一特色（蓋由於其載錄以傳統四部典籍為主）。然就撰著的重心而言，卻未必盡然。從《新唐志》的著作分布而論，仍由京城附近的關內道主導著文化的重心，關內道雖經過戰火波及，然畢竟屬於首善之區，在財源有限的情形下，仍以建設京師附近為主，而京師的教育程度更是較他地完備，是以雖經過安史之亂的大變動，關內道所在地仍維繫著穩定的文化重心。陳寅恪先生首揭「關中本位政策」為李唐的既定政策，說法詳見陳氏《唐代政治史述論稿》〔註97〕這點也表現在文化方面，從撰著的風氣而論，關內道的比重一直佔有重要地位可知。反之，河北道就不如此幸運，安史之亂不僅造成其經濟的破壞，在文化層面的損壞亦較他區嚴重。而安祿山、史思明的故鄉河北道更下降百分之十三個百分點。江南道的總卷數雖略有提昇，但百分比卻下降百分之十，為何江南產生如此的現象？猶待細細比勘。從江南道的統計現象，可能和文人的地理遷徙有關，然缺乏更確切的證據以佐證之。根據上述的統計圖表，惟一能稍稍顯示出文化有南移的現象的，是撰著面的普及化，即嶺南道已開始有撰著的產生，然數量上卻不到百分之一。雖然撰著的普及化也代表著文化的開拓，但文化是百年事業，要達到重點區域，仍需要長期的經營及人才的培育。唐代以後，江南道的經濟業已成為財賦重心，《全唐文》卷五二九載顧況〈嘉興監記〉云：

> 天寶末，天下兵起。乾元初，上司奏議，宜以鹽鐵之職，總以社稷之臣，幹乎山海之利，以富人也。淮海閩駱，其監十焉，嘉興為首。朝廷以是蠲貸恒賦，實乎大內〔註98〕。

又《全唐文》卷六六六載錄白居易〈蘇州刺史謝上表〉一文云：

> 當今國用，多出江南。江南諸州，蘇最為大。兵數不少，稅額至多。

〔註96〕同前註，頁434。

〔註97〕陳寅恪：《唐化政治史述論稿》，（台北：里仁書局，1982年9月15日）（《陳寅恪先生文集（三）》，頁15。

〔註98〕同註25，《全唐文》卷五二九，頁346。

土雖沃而尚勞，人徒庶而未富。宜擇循良之吏，委以撫綏〔註99〕。
經濟的優勢加上傳統的文化基礎，雖然在唐代後期並不能看出有大規模的撰著進展，然而進入宋朝以後，江南在文化方面的人才逐漸顯露，這可從經濟重心的逐漸南移可見一般。

　　從四部分類看各個地方的比重又是如何呢？在經部方面，前期以河北道為最盛，這和繼承兩漢以來學風有密切的關連，然而在數量上卻有所減少，照理說，《新唐志》大抵收錄《舊唐志》的全部，縱然在百分比的重心上會減少，然而數量上應該是遞增的，對於數量的減少，其原因出於《新舊唐志》在作者的載錄上不一致。其次因關內道位於京都首善之區，在各種統計上都居於前矛。從河北道、河東道的比重而論，卻也印證「北方重經學，南方多玄理」的初步概念。關內道的比重躍升至第一，同時也上升百分之三十二個百分點，這點和前述所論，關內道仍主導著文化的重心所致。關內道和河南道取代了過去河北道北方經學的重要位置，至於南方經學，仍以江南道的人文薈萃最為發達，在比重重心上，江南道位居第三，僅次於關內道、河南道，這和唐朝王室取用南方的經學體系多少有所關連。在史學方面，仍以北方為重心，可見皇室對於史學人才仍以採用親近之人為主，其中關內道佔百分之三十四以上，更是一項特色。南方的江南道，在卷數上有下降的情事，這點仍需要進一步比對，方能明白其中異同，至於其修史的風氣似乎並不熱衷，可能和權力重心的關內道仍有一段距離有關，雖然其中的人文薈萃，仍維持有一定的比重，但在比重上卻未能顯示絲毫特色。

　　從撰著方面而論，關內道的史學有獨盛的情事，河北道、江南道、河南道的修史次之。中期以後，江南道的比重反而減少，此與《新唐志》多記團體撰者有關，其卷數因而入團體撰著部份。河東道的比重略有上升，已勝過江南道。然而，關內道、河南道、河北道、江南道的比重亦屬前列。若從歷來任史館職務的個人籍貫而論，是否有符合上述撰著的分布現象？茲取張榮芳先生於〈唐代史官入仕途徑、地域與交通之分析〉一文的統計結果〔註100〕，試繪一簡圖如下：

	關內	河北	河東	河南	江南	山南	劍南	淮南	隴右	嶺南
監修國史	23	19	8	27	13	2	3	4	3	1
宰相籍貫	23%	19%	8%	27%	13%	2%	3%	4%	3%	1%

〔註99〕同註25，《全唐文》卷六六六，頁346。
〔註100〕張榮芳：〈唐代史官入仕途徑、地域與交通之分析〉，《大陸雜誌》第六四卷第五期（1982年5月15日），頁218～229。

史館史官籍貫	22 18.2%	20 16.6%	15 15.4%	32 26.4%	20 16.6%	1 0.8%	0 0		5 4.1%	5 4.1%	1 0.8
起居郎舍人籍貫	38 22.5%	30 17.7%	20 11.8%	41 24.3%	25 14.8%	4 2.4%	0 0		2 1.2%	9 5.3%	0 0

案：張榮芳先生亦繪有圖表，且各分初、中、晚三期，今僅取用其合計與百分比重繪成簡圖。張氏綜合各表，提出一個初步結論：

> 史官的地理分佈仍以關內、河南、河東、河北與江南五道為主；這些
> 地區也是唐代官僚最主要的活動區，有其深厚的基礎存在〔註101〕。

而此結論和筆者所統計的史部著作籍貫的地理分布情形穩合，這也說明唐代皇室主導修史，一般私人是不被允許私撰國史，是以統計出史部著作籍貫與史官的籍貫分布大抵一致。其次，也顯示統計的結果所反映出的統計方向是正確的，而統計結果也有著一定的參考價值。

在子學方面，河北道由百分之五十四點一下降為百分之二十點七，卷數仍有下降的情形，其中差異，參見下文說明。安史之亂後，關內道仍主導著撰作重心，其和江南道並屬一、二，分別奪取河北道的龍頭地位，而卷數總計上，江南道與關內道的增加速度較河北道快速。

在集部方面，關內道仍主導安史之亂後的重心。而江南道的比重則有急遽的下降現象，而卷數亦大量的減少，這點和著錄體製關係密切，說法詳見下文。

以上分析係以個人撰著為主，至於團體撰著，限於籍貫歸屬不易，所以分立而論，以其四部分類為主，試繪一簡圖如下：

	經	史	子	集
舊唐志團體撰著分布	100 5.2%	408 21.2%	1417 73.6%	0 0%
新唐志團體撰著分布	206 2.7%	2886 37.5%	3196 41.6%	1399 18.2%

從以上簡表可知：團體合撰部份以子部最多，史部次之。若從細部分類進行分析，子部有儒家類、道家類、曆算類、小說家類、類書類、天文類、醫術類等，其中又以類書、小說家、道家類的比例最高，在統計數據上，子部的團體撰著比例會高過史部，主要的原因係類書的卷數較高，往往多達百卷，甚至多達千餘卷，在團體撰

〔註101〕同前註，頁218。

著的統計卷數並不高的情況下，往往有影響數據的情事發生。史部有正史類、刑法類、譜牒類、儀注類、起居注類、編年類、雜史類、地理類等，其中又以起居注類、刑法類、儀注類、正史類的比例最高。在統計數據上，原本集部總集類的部份應該是團體撰著較多的部份，但在統計結果上卻不突出，而《舊唐志》集部的部份竟然沒有屬於團體撰著的部份，這可能是《舊唐志》在撰述上，仍以一人總纂其事，在作者上未能詳計參予撰者姓名所致；其次，係《舊唐志》在總集類的部份，仍以著錄唐以前的著作為主，是以在電腦的統計上，並未能顯示任何意義。

（二）印刷的起源與撰著風氣之分析

就印刷的起源而論，唐代後期，印刷術逐漸普及，刻印地區和撰著風氣是否有一致呢？據吳楓先生《中國古典文獻學》云：

> 唐朝後期，版刻逐漸普及。當時刻印地區有長安、敦煌、四川、浙江等處，所刻內容有日曆、字書、歌曲、詩文、以及佛經等〔註102〕。

則刻印地區涵蓋長安、敦煌、四川、浙江等地，長安位於關內道；敦煌位於隴右道；四川位於劍南道；浙江位於江南道，除了長安和浙江為當時的文化重地外，敦煌和四川的文風都未能有明顯的表現。唐代敦煌一地亦屬文風鼎盛，從晚清以來敦煌出土的大量唐抄本可知梗概。然而，《新舊唐志》在唐人著作上，卻未能顯示此一特色，可見敦煌其地僅屬文化西傳的重要樞紐，而甚少敦煌一地文人著述東傳京師，是以《新舊唐志》在登錄上，並未能顯示此地特色。印刷術的發明與使用，雖會造成圖書使用的方便性，但在初起的內容上，仍以日曆、字書、佛經等生活上較為常用的項目為主，尚未普及應用在四部典籍的印刷上，當印刷普遍用於四部典籍時，方始造成一種文學風氣的轉移，其後四川、浙江等地的文風薈萃，未始不由於印刷的便利，間接造成教育普及的風氣，尤其宋朝以後，四川一地的文風鼎盛，未嘗不能從印刷的起源地尋繹出一絲端倪。

印刷的起源與造紙業的發達有著密切的關係，而書籍的流通又與紙張的消費有關，陳正祥先生於《中國文化地理》一書中第一篇〈中國文化中心的遷移〉一文中提到：

> 造紙業和印刷業相輔相成，二者有著密切的關係。由於印刷技術的進步，書籍得以大量流通，紙張的消費激增。當時造紙的原料，主為麻、桑皮、稻稈等，在江南等地，皆有大量生產。成都、宣州、歙州、杭州、越

〔註102〕吳楓：《中國古典文獻學》（台北：木鐸出版社，1988年9月），頁49～50。

州、池州、衢州、婺州、吉州、南康、撫州、泉州等地，皆爲重要的造紙
業中心〔註103〕。

從陳正祥先生所舉諸地中，成都、宣州、歙州、杭州、越州、池州、婺州、泉州等
地，均有文獻典籍的出現，及至宋時，凡是印刷興盛之地，往往亦爲文風興盛之地，
成都一地即是顯例。

（三）學官的分布與撰著風氣之地理分析

就唐代學官而論，唐代學官主要掌理教學、議禮、定制等，其學術聲望往往係
一時俊彥之士，雖然其中隨著政制體制的轉變，學官的任用有浮濫的情形產生，說
法詳見高明士先生〈隋唐的學官——以國子監爲例〉一文已有論列〔註104〕大體上，
唐代的學官仍代表著學術的動向，是以學官的籍貫分布，亦適足以反映學術的分布
重心，如前所述，學官雖偶有浮濫的任用情事產生，但其任用的資格往往係具有學
術聲望一時俊彥之士，要產生學術的專業人才，必須有相當的文教基礎，方能達成。
高明士先生曾統計唐代的學官的籍貫分布，茲取用其統計結果，試改爲下表，以進
行議論：

	關內	河北	河東	河南	江南	山南	劍南	淮南	隴右	嶺南
國子祭酒	11 17.4%	10 15.8%	7 11.1%	13 20.6%	8 12.6%	1 1.6%	0 0	0 0	12 19.0%	1 1.6%
國子司業	8 27.5%	6 20.7%	3 10.3%	5 17.2%	6 20.7%	0 0	0 0	0 0	1 3.6%	0 0
國子主簿	0 0	1 33.3%	1 33.3%	0 0	0 0	1 33.3%	0 0	0 0	0 0	0 0
國子博士	3 13.6%	6 27.3%	3 13.6%	5 22.7%	4 18.2%	0 0	0 0	0 0	1 4.6%	0 0
國子助教	0 0	3 30%	0 0	1 10%	4 40%	0 0	0 0	1 10%	1 10%	0 0
太學博士	0 0	4 40%	2 20%	2 20%	2 20%	0 0	0 0	0 0	0 0	0 0

〔註103〕陳正祥《中國文化地理》（台北：木鐸出版社，1984 年 9 月），頁 15。
〔註104〕同註 49。

太學助教	0 0	1 100%	0 0	0 0	0 0	0 0	0 0	0 0	0 0	0 0
四門博士	1 20%	0 0	0 0	2 40%	2 40%	0 0	0 0	0 0	0 0	0 0
四門助教	0 0	0 0	1 16.7%	1 16.7%	3 50%	0 0	0 0	0 0	1 16.7%	0 0
廣文博士	0 0	0 0	0 0	1 50%	1 50%	0 0	0 0	0 0	0 0	0 0
總　　計	23 15.2%	31 20.5%	17 11.2%	30 19.9%	30 19.9%	2 1.3%	0 0	1 0.6%	16 10.6%	1 0.6%

從以上簡圖可知，唐代的學官籍貫分布大致和撰著風氣的籍貫密切配合。足見唐代的撰著風氣和教育的深淺有著密不可分的關係，其所產生的學術人才亦和教育的分布有極密切的相連。從《新舊唐志》所記載的唐人撰著的地理分布研究中，大抵都可找出其形成的學術成因，如歷史背景、教育分布等等。然而，《新舊唐志》所著錄的唐人著作畢竟只是唐人撰著中的一部份，雖然其所顯示出的統計數據足以有助於我們瞭解唐人文化層面分布的部份情形，但尚有一些未入著錄的撰著，或未能成書的零篇作者，因此，所顯示的地理分布情形，無法有效的加入統計的範圍內，而在事實上也有困難。若能結合私學的分布路線、文化的歷史成因，分區討論各區的分布情形，其結論當更為細緻，更加有助於我們瞭解整個唐人文化層面的分布情形。當然，也可以用分類的形式，如探討唐代詩人的籍貫分布情形，復從統計結果去尋找其成因。學術風氣的養成往往經過長期的經營而來，從地理的分布情形來看，往往有其形成的內在成因。透過地理的分布、文人交往的情形等，也有助於我們對於瞭解文學集團形成的認識，有著更進一步的認識。

整體說來，本節所論僅是一種嘗試，嘗試以統計的概念對於目錄著錄的作家籍貫的分布情形作細緻的整理，透過目錄的分類，進行學術分布的釐清。由於統計隨著材料掌握的精細而有所改變，在超過四萬卷的唐人撰著中，要能有效統計其籍貫的分布情形實屬不易，而且由於唐代方志之學未興，對於地方文獻未能有效的掌握，是以對於各統計結果的地理分布及歷史成因的探討尚淺，故所提供的數據僅供學界參考。

二、個別地理區域之撰著風氣試析

上文純就其大略情形進行分析，至於各個地理區域之情形又是如何呢？說明如下：

一、關內道：

承上文所言，關內道爲京都首善之區，在各項數據統計中，關內道的統計數據均較其他各處的數據爲高。上文亦舉陳寅恪先生之文，有所謂的「關中本位政策」，關中的開拓雖有其歷史成因，一般的開發亦較它處興盛，但上文僅就區域性的大概情形加以解說，尚未能釐清其間的差異。就整體的區域性加以分析，可以釐清整體文化面的大體差異，但個別細部的地理分析，可以有助於我們認識文化點、線聯繫上的個別情形。同一個行政區上，亦往往存有些許的差異性，本文於此擬作更進一步的說明其間差異情形。又上文所舉，僅爲以卷計數，但卷數隨版本異同而稍有差異，又往往一書卷帙龐雜，而影響整體的統計評量，是以在細部分析上，本文採取卷、部並舉的情事，藉以明白其間的差異性。又《新舊唐志》並舉，稍可明白前後期整體卷帙增長消退之情形。在各區的說明上，略分二部份加以說明：

第一，以卷、部並舉的情形，說明同區各個小行政區域的統計情形。一「道」另分若干州、縣，在未有卷、部說明之州、縣，其文化深度自然較卷、部統計之州縣爲弱，雖然此一論點並非絕對性，但藉由更細部的地理劃分，冀能明白文化點、線聯繫上大略情形。

第二，以「道」爲單位，進一步依書目分類類目進行釐析，雖然其中整體已依經、史、子、集四部說明如，但本文擬進一步釐析出其中細目大概情形。

1、細部地理區域之卷、部統計：

地　　　點	卷數（舊）	卷數（新）	部數（舊）	部數（新）
關內道：京兆府（雍州）	591	741	17	66
關內道：華州華陰縣	615		7	
關內道：京兆府長安縣	270		11	
關內道：京兆府萬年縣	201		6	
關內道：京兆府高陵縣	70		2	
關內道：京兆府華原縣	58		4	
關內道：同州天興縣	40		10	
關內道：同州馮翊縣	26		2	
關內道：京兆府武功縣	20		2	
關內道：京兆府藍田縣	10		1	
關內道：京兆府盧縣	3		1	

關內道：京兆府三原縣	3		1
關內道：同州扶風縣	2		1
關內道：京兆府咸陽縣	2		1
關內道：鳳翔府扶風縣		51	4
關內道：京兆府華原縣		514	38
關內道：京兆府雲陽人		1	1
關內道：京兆府興平縣		30	2
關內道：京兆府盧縣		51	2
關內道：京兆府醴泉縣		3	1
關內道：京兆府蘭田縣		10	1
關內道：涇州安定縣		12	3
關內道：涇州臨涇縣		18	1
關內道：同州馮翊縣		319	7
關內道：京兆府萬年縣		1325	54
關內道：華州		1	1
關內道：華州下邽縣		452	7
關內道：京兆府高陵縣		80	4
關內道：京兆府涇陽縣		20	1
關內道：京兆府武功縣		169	10
關內道：華州華陰縣		661	21
關內道：京兆府金城縣		7	1
關內道：京兆府長安縣		486	24
關內道：鳳翔府天興縣		10	1
關內道：京兆府始平縣		140	3
關內道：京兆府杜曲縣		1	1
關內道：京兆府三原縣		6	4
關內道：京兆府咸陽縣		407	33
關內道：京兆府昭應縣		70	2
關內道：同州天興縣		112	30
關內道：鳳翔府岐山縣		150	4

就分區而言，關內道又以京兆府、鳳翔府、華州、涇州、同州為重心，其他如邠州、隴州、夏州、朔方、靈武等地，均無作品出現。鳳翔府以岐山縣為主，又由於《舊唐志》所錄均無任何鳳翔府的作品出現，可見鳳翔府的撰著多屬後期發展所致，這是繼京兆府之後，為唐代中葉，關內道的人文發展次快的區域。華州的人文撰著多集中於華陰縣，後期的下邽縣的發展亦極迅速。京兆府的萬年縣、華原縣、咸陽縣、長安縣、武功縣、雍州等發展及其作品均為數不少，尤其後期的發展更是居於重要的地位，也間接印證出上述所論的「關中本位政策」。同屬關中，京兆府更居都城重鎮，其間發展更較同區的其他地方迅速，從文獻產生的卷數及其部數，也可看出此一特色。同州則以扶風縣、天興縣的發展較為迅速。

若就前後期的差異而論，《舊唐志》的著錄部、卷總數可以約略視為前期，《新唐志》增錄部份，雖然其中不免夾雜著前期的作品，但大致仍以開元年間以後典籍為主。若以《新唐志》著錄的唐人典籍代表唐朝全期的文獻情況，則上述數據中，以《新唐志》減去《舊唐志》的著錄部、卷總數，其中約略可以看出前後期的著錄差異。在前期之中，關內道的發展重心大致以京兆府為主要重心，若再細分地理區域，則依序為華州華陰縣、京兆府（雍州）、京兆府長安縣、京兆府萬年縣、京兆府高陵縣，除華州華陰縣一支獨秀外，其餘皆為京兆府附近區域。至後期之後，京兆府的卷數統計依然強勢，以京兆府萬年縣列於榜首，其次依序為華陰縣、京兆府（雍州）、京兆府華原縣、京兆府長安縣，上述統計中，列於前矛者，往往都是京畿附近，如京兆府、華州、同州等，在方位上，列於關內道的東南一隅，今日的陝西南端部份。在卷數增加數量上，以京兆府萬年縣的增加速度最快，其次為京兆府華原縣、京兆府咸陽縣、同州馮詡縣等，而前期統計上，並未出現任何卷數、部數的鳳翔府岐山縣、華州下邽縣，在後期總卷數的統計上，亦有較明顯的進展。

以上純粹就卷數的總數為計算的標準，若核以部數，則上述的情形是否有明顯的差異呢？前期的部數統計上，依序為京兆府（雍州）、京兆府長安縣、同州天興縣、華州華陰縣、京兆府萬年縣，以上除了同州天興縣外，其餘和卷數總計的情況是大致相同的。天興縣前期卷數統計僅為三十七卷，而總部數達九部之多，是以其中一部典籍所佔的卷數較低。後期的部數變化較大，依序是京兆府（雍州）、京兆府萬年縣、京兆府華原縣、京兆府咸陽縣、同州天興縣，而華州華陰縣又排至天興縣之下。天興縣與前期特性一致，其中一部的卷帙數量均較為偏低。又京兆府（雍州）、華州華陰縣、同州天興縣等，其中增加的典籍部數較多，但其中的卷數卻增加不多，此與其它地方有所不同。

2、個別分類類目之卷、部統計：

　　觀察一地區文人個別分類類目之卷、部統計的變化，可以有助於我們對於個別類目之間的卷帙轉變情形、作者著錄之情形做一探研。由《舊唐志》所代表著前期典籍的實況與《新唐志》所代表的唐代全期的比勘上，若《新唐志》所統計出的部、卷總數少於《舊唐志》的卷部統計，其間代表的意義有二：

第一，《新唐志》對該類典籍做過重新的分類，以至於該類卷數移轉至其它部類，其中分類之間的移轉，詳見第四章第三節有所分析。

第二，《新舊唐志》的作者著錄上有所不同，如《新唐志》多注明團體撰者，以至於《舊唐志》歸入此區的部、卷統計，均入於團體撰著之中。

雖然同一地區文人著述可能並不會有個別細類上的特色，但也有助於我們認識上述二種意義，此類的比勘自然會有其中的價值存在。又從全期的部數增加幅度上，有助於我們知識此區發展的個別特色。

分　　類	卷數（舊）	卷數（新）	部數（舊）	部數（新）
甲部經錄・小學	1	446	1	9
甲部經錄・孝經	1	1	1	1
甲部經錄・易類	3	103	1	2
甲部經錄・春秋		74		4
甲部經錄・經解	8	18	1	2
甲部經錄・樂類		2		2
甲部經錄・禮類		20		2
乙部史錄・正史	282	907	4	8
乙部史錄・目錄		21		2
乙部史錄・刑法	48		2	
乙部史錄・地理	5	28	1	6
乙部史錄・故事		25		4
乙部史錄・起居	40	180	1	5
乙部史錄・儀注	16	280	2	13
乙部史錄・編年		44		4
乙部史錄・職官	2	74	1	8

乙部史錄・雜史	200	234	1	9
乙部史錄・雜傳	2	116	1	18
乙部史錄・譜牒	101	74	2	8
丙部子錄・小說		48		12
丙部子錄・五行	5	23	3	13
丙部子錄・天文	12	30	2	6
丙部子錄・名家		3		1
丙部子錄・兵書	13	37	2	6
丙部子錄・法家		2		1
丙部子錄・農家		24		3
丙部子錄・道家	13	232	3	49
丙部子錄・儒家	35	70	4	6
丙部子錄・曆算	11	51	4	11
丙部子錄・醫術		148		8
丙部子錄・雜家	90	119	2	8
丙部子錄・雜藝		0		3
丙部子錄・類書	550	840	2	7
丁部集錄・別集	470	1488	24	80
丁部集錄・總集		85		6

從以上的比勘上，前期的發展重心是以類書、別集、正史類、雜史類、譜牒類為主，全期的分布是以別集、正史類、類書、小學類、儀注類為主，其中的小學類、儀注類的進步幅度是頗為驚人的。若就個別部數而論，前期所產生的典籍中，以別集類最多，其它諸類的部數並不太多，如前期卷數總計有較高排行的類書、雜史類、譜牒類，其間的部數總計並不多，換言之，此類典籍的單部卷數均較一般典籍為高。至於全期的部數統計上，別集類、道家類、雜傳類、儀注類、五行類分占前矛。在整體評量上，關內道的整體變化上，以別集類、道家類、雜傳類、儀注類、小學類、正史類的進展最快，此項統計數據，正可彌補上述只依經、史、子、集四部為分析對象，雖然其間不免稍嫌瑣碎，但這種個別的數據消長，也有助於我們認識其間的細微變化。

（二）河南道：

1、細部地理區域之卷、部統計：

地　　　　　點	卷數（舊）	卷數（新）	部數（舊）	部數（新）
河南道：河南府河南縣	203	648	2	20
河南道：鄭州陽武縣	60	60	1	1
河南道：青州臨淄縣	58	1	3	1
河南道：許州扶溝縣	53	61	2	4
河南道：齊州歷城縣	52	95	3	5
河南道：徐州彭城縣	51	345	4	28
河南道：河南府鞏縣	50	116	3	5
河南道：棣州	25	30	3	3
河南道：鄭州滎陽縣	22	232	3	17
河南道：兗州瑕丘縣	20	20	2	2
河南道：虢州弘農縣	20	58	2	9
河南道：汴州浚儀縣	20	119	1	16
河南道：許州鄢陵縣	17	9	4	4
河南道：陝州陝縣	14	61	2	6
河南道：鄭州管城縣	14	20	1	2
河南道：汝州梁縣	13	19	2	5
河南道：汴州尉氏縣	11	20	1	1
河南道：河南府陸渾縣	10	60	1	3
河南道：齊州全節縣	10	10	1	1
河南道：河南府洛陽縣	10	206	1	19
河南道：沂州臨沂縣	10	59	1	4
河南道：陝州陝石縣	10	23	1	5
河南道：亳州永城縣	10	10	1	1
河南道：鄭州	10	10	1	1
河南道：曹州南華縣	3	3	1	1
河南道：汝州	3	14	1	2
河南道：并州文水縣		3		2
河南道：河南府河陽縣		44		4

河南道：青州		0		1
河南道：滑州靈昌縣		31		2
河南道：虢州閿鄉縣		15		1
河南道：滑州胙城縣		10		1
河南道：徐州符離縣		15		3
河南道：亳州譙縣		93		3
河南道：孟州濟源縣		5		1
河南道：袞州容縣		70		1
河南道：宋州寧陵縣		30		1
河南道：袞州		246		3
河南道：孟州溫縣		3		3
河南道：河南府		22		1
河南道：徐州沛縣		18		4
河南道：滑州匡城縣		14		5
河南道：（河南人）		1		1
河南道：陝州平陸縣		2		1
河南道：滑州白馬縣		3		1
河南道：鄭州新鄭縣		1		1
河南道：沂州		1		1
河南道：河南府偃師縣		78		4
河南道：河南府潁陽縣		1		1
河南道：河中府聞喜縣		0		1
河南道：濟州虞縣		32		4
河南道：河南府新安縣		20		1
河南道：河南府緱氏縣		62		5
河南道：蒲州猗氏縣		10		1
河南道：袞州東平縣		16		2
河南道：蔡州朗山縣		8		4
河南道：汴州		2		2
河南道：青州益州縣		21		2
河南道：濮州甄城縣		201		6

從上簡目中可以看出，河南道的文治區集中在虢州、鄭州、蒲州、滑州、許州、袞州、青州、河南府、汴州等，在地理區方面是頗爲平均的，其中又以河南府、鄭州、陝州最多。在前期方面，以河南府河南縣、鄭州陽武縣、青州臨淄縣、許州扶溝縣、齊州歷城縣的卷數產生最多，是以各州府的文化中心的分布是相當清楚的。在部數方面的統計，以徐州彭城縣、許州鄢陵縣、齊州歷城縣、河南府鞏縣、鄭州滎陽縣最多，然數量不多，大約都僅有三、四部左右。從卷數、部數的統計上，其總數上並不多，可能和分區較細有關；另外，其集中地頗爲平均，不似關內道大都集中於京兆府，是以卷數、部數的統計上都較爲分散的。在後期轉變上，以河南府河南縣、徐州彭城縣、鄭州滎陽縣、濮州甄城縣、河南府洛陽縣的進展最快，就卷數、部數的統計上，亦符合各區平均的情形。部數統計上，後期的增加速度亦有分散的情形，其中總計部數方面，徐州彭城縣、河南府河南縣、鄭州滎陽縣、河南府洛陽縣、汴州浚儀縣爲最多，部數總數上亦拉大距離，其中已達到一、二十部的情形出現，不似前期總計上只停留在三、四部的數量。就部數總數而言，依序以徐州彭城縣、河南府河南縣、洛陽縣、鄭州滎陽縣、汴州浚儀縣爲多，其總數均達到十六部以上，其餘縣治所產生的部數總則在十部之下。就整體的發展而言，除了河南府一地的部、卷總數較高之外，其餘分區的發展均屬平均。

2、個別分類類目之卷、部統計：

分　　　類	卷數（舊）	卷數（新）	部數（舊）	部數（新）
甲部經錄・小學		3		3
甲部經錄・孝經	13	14	2	4
甲部經錄・易類	10	10	1	1
甲部經錄・春秋	3	121	1	6
甲部經錄・書類		10		1
甲部經錄・詁訓	1		1	
甲部經錄・經解		42		2
甲部經錄・樂類		4		2
甲部經錄・禮類		140		3
乙部史錄・正史	30	180	1	5
乙部史錄・目錄	200	41	1	2
乙部史錄・刑法	29	4	2	2
乙部史錄・地理		6		2

乙部史錄・故事		3		1
乙部史錄・起居	60	35	3	3
乙部史錄・儀注		20		8
乙部史錄・編年		31		2
乙部史錄・職官		1		1
乙部史錄・雜史	30	253	2	11
乙部史錄・雜傳	2	65	1	10
乙部史錄・譜牒		30		5
丙部子錄・小說		18		7
丙部子錄・五行	1	1	1	1
丙部子錄・兵書	2	57	1	7
丙部子錄・明堂		1		1
丙部子錄・法家		3		1
丙部子錄・道家	14	156	2	27
丙部子錄・儒家		69		6
丙部子錄・醫術	77	93	6	12
丙部子錄・雜家		25		3
丙部子錄・雜藝		11		3
丙部子錄・類書		345		3
丁部集錄・別集	297	1513	22	78
丁部集錄・總集	10	87	1	13

就前期卷數而言，依序為別集類、目錄類、醫術類、起居注類、雜史類、正史類等；其次，就全期卷數總計而論，依序為別集類、類書類、雜史類、正史類、道家類、禮類等。卷數增加上仍以別集類增加較多，其次類書類、雜史類、正史類、道家類、禮類、春秋類等類，所增加的卷數統數達百卷以上。值得注意的，目錄類的部數增加一部，而全期卷數總計較前期為低，此係因《群書四錄》一書，《舊唐志》作「元行沖撰」，《新唐志》作「殷踐猷、王愜等撰」，今《舊唐志》目錄類依其著錄作「元行沖撰」，則入河南道個人之撰述，《新唐志》此書則當入團體撰著之中，是以在此點上，可以看出其間卷數差異係因作者著錄上不一致使然，其他如起居注類亦有前期卷數較全期為高的情事。

（三）河東道：

1、細部地理區域之卷、部統計：

地　　　　　點	卷數（舊）	卷數（新）	部數（舊）	部數（新）
河東道：并州文水縣	621	824	17	24
河東道：河中府虞鄉縣	200	231	1	3
河東道：河中府寶鼎縣	70	130	3	5
河東道：太原府祁縣	63	111	4	9
河東道：河中府龍門縣	59	40	5	7
河東道：河中府（蒲州）	20	510	1	22
河東道：河中府聞喜縣	17	148	3	20
河東道：河中府臨晉縣	12		1	
河東道：太原府太原縣	10	11	1	2
河東道：河中府河東縣	5	166	2	13
河東道：絳州翼城縣	3	35	1	7
河東道：絳州稷山縣		30		2
河東道：并州祁縣		72		8
河東道：絳州		13		2
河東道：并州晉陽縣		9		3
河東道：河中府猗氏縣		16		3
河東道：潞州		1		1
河東道：并州太原縣		181		12
河東道：晉州岳陽縣		20		1
河東道：蒲州猗氏		10		1
河東道：太原府晉陽縣		10		1
河東道：澤州沁水縣		1		1
河東道：絳州正平縣		30		1
河東道：汾州		11		2

　　就前期的卷數總計而言，河東道以并州文水縣、河中府虞鄉縣、河中府寶鼎縣、太原府祁縣、河中府龍門縣較多，全期總卷數總計則以并州文水縣、河中府（蒲州）、河中府虞鄉縣、并州太原縣、河中府河東縣居多。在卷數的增加上，以河中府（蒲州）的卷數增加總數最多，其次為并州文水縣、并州太原縣。在卷數的增加上，並無特殊的分布情形。在部數總計上，除并州文水縣達十部以上，其餘部數總計均在十部以內。在全期的部數統計上，以并州文水縣、河中府（蒲州）、河中府聞喜縣、河中府河東縣、并州太原縣、太原府祁縣的部數總計均在十部以上，在總部數的增加上，以河中府（蒲州）、河中府聞喜縣、河中府河東縣較多，顯然有集中於河中府的現象存在。

2、個別分類類目之卷、部統計：

分　　類	卷數（舊）	卷數（新）	部數（舊）	部數（新）
甲部經錄・小學	100	111	1	4
甲部經錄・孝經		1		1
甲部經錄・易類	19	19	2	2
甲部經錄・春秋		15		1
甲部經錄・經解		44		2
甲部經錄・樂類	10	11	1	2
甲部經錄・論語	5	10	1	1
甲部經錄・禮類	10		1	
乙部史錄・正史		52		2
乙部史錄・刑法	18	17	2	3
乙部史錄・地理	1	11	1	3
乙部史錄・故事		15		3
乙部史錄・起居	104	163	3	4
乙部史錄・儀注	15	84	3	6
乙部史錄・編年		40		1
乙部史錄・職官		21		5
乙部史錄・雜史		95		6
乙部史錄・雜傳	111	301	3	11
乙部史錄・譜牒	200	250	1	4

丙部子錄‧小說		11		6
丙部子錄‧兵書		1		1
丙部子錄‧事類	100		1	
丙部子錄‧法家		30		2
丙部子錄‧農家	3	4	1	2
丙部子錄‧道家		48		10
丙部子錄‧儒家	76	131	5	12
丙部子錄‧曆算		0		1
丙部子錄‧縱橫	3	3	1	1
丙部子錄‧醫術		2		2
丙部子錄‧雜家	30	93	1	4
丙部子錄‧類書		137		3
丁部集錄‧別集	245	750	10	39
丁部集錄‧總集	30	140	1	6

前期的分類分布以別集類、譜牒類、雜傳類、起居注類、小學類居多，然其部數總計均不太高；後期以別集類、雜傳類、譜牒類、起居注類、總集類、類書類居多，在部數統計方面，以別集類、儒家類、雜傳、道家類、總集類居多，除別集類達三十九部之外，其餘在部數總計方面均不高。

（四）河北道：

1、細部地理區域之卷、部統計：

地　　　點	卷數（舊）	卷數（新）	部數（舊）	部數（新）
河北道：魏州昌樂縣	2009	1004	10	29
河北道：洛州永年縣	211	243	7	9
河北道：冀州衡水縣	186	5	6	2
河北道：相州	183	240	3	4
河北道：深州安平縣	100	165	3	11
河北道：魏州館陶縣	97	121	5	9

河北道：貝州臨清縣	70	80	2	2
河北道：博州清平縣	52	75	2	3
河北道：涿州范陽縣	42	96	3	12
河北道：越州贊皇縣	30	184	1	12
河北道：幽州	30	131	2	11
河北道：鎮州欒城縣	30	30	3	3
河北道：魏州貴鄉縣	20	25	1	4
河北道：定州新樂縣	20	52	2	3
河北道：深州陸澤縣	20	71	1	6
河北道：衛州衛縣	10	10	1	1
河北道：相州內黃縣	10	10	1	1
河北道：博州聊城縣	10	46	1	4
河北道：魏州（魏郡）	10	33	1	4
河北道：邢州堯山縣	8	8	1	1
河北道：洛州肥鄉縣	8	10	1	1
河北道：澶州頓丘縣	7	20	1	5
河北道：越州臨城縣	5	5	1	1
河北道：相州洹水縣	4	15	1	3
河北道：冀州修縣	2	27	1	4
河北道：恆州眞定縣		100		4
河北道：瀛州河間縣		1		1
河北道：定州義豐縣		23		2
河北道：邢州鉅鹿縣		30		2
河北道：相州安陽縣		11		2
河北道：懷州河內縣		138		10
河北道：鎮州鼓城縣		3		2
河北道：定州正定縣		1		1
河北道：營州柳城縣		1		1

河北道：邢州南和縣		10		1
河北道：定州安喜縣		20		2
河北道：貝州武城縣		10		1
河北道：平州盧龍縣		10		1
河北道：相州鄴縣		12		3
河北道：滄州		10		1
河北道：莫州保定縣		3		3
河北道：貝州清河縣		6		1
河北道：定州容城縣		5		1
河北道：衛州		22		1
河北道：磁州昭義縣		10		1
河北道：相州臨漳縣		1		1
河北道：定州		20		1
河北道：博州武水縣		20		1
河北道：冀州南宮縣		20		1
河北道：冀州蓨縣		20		1
河北道：薊縣		0		2
河北道：鎮州井陘縣		70		2
河北道：恒州井徑縣		1		1
河北道：瀛州		0		1
河北道：滄州南皮縣		78		9
河北道：趙州（趙郡）		246		32

　　就卷數總計而言，前期集中於魏州昌樂縣、洛州永年縣、冀州衡水縣、相州、深州安平縣等地方，而魏州昌樂縣的卷數總計達二千零九卷，較其他如洛州永年縣、冀州衡水縣、相州等地方的卷數總計高出許多，而約占前期河北道卷數總計共三千一百七十四卷的三分之二。就河北道的卷數總計上，顯然是集中於昌樂縣一地。就前期的部數總計上，亦可以看出集中於魏州昌樂縣、洛州永年縣、冀州衡水縣等地方，大致上和卷數總計所呈現的情形是一致的。就全期的卷數總計中，集中在魏州昌樂縣、趙州（趙郡）、洛州永年縣、相州、越州贊皇縣等地方，而魏州昌樂縣雖仍

佔卷數總計的首位，然而卷數總計上卻下降一千零五卷，但其總部數卻增加爲二十九部，其中源於《文思博要并目》一書，其卷數爲一千二百一十二卷，《舊唐志》作「張大素撰」，而《新唐志》作「高士廉、房玄齡等撰」，張大素的籍貫爲河北道魏州昌樂縣，故而全期的統計部數雖高於前期的統計，但全期的卷數合計卻較前期的卷數爲少，其中即差別於《文思博要并目》一書。蓋《新唐志》列此書爲「高士廉、房玄齡等撰」，與《舊唐志》所列不一，是以就《舊唐志》的作者著錄上，列此書爲河北道魏州昌樂縣的著述，而《新唐志》則有團體撰者之名，而列於團體著述之中，所以有上述卷數極端的差異存在，此亦緣於作者著錄上的不一致之故。在全期的部數統計上，以趙州（趙郡）、魏州昌樂縣、涿州范陽縣、越州贊皇縣居多，其中趙州（趙郡）、越州贊皇縣、幽州、深州安平縣、懷州河內縣、滄州南皮縣等地的卷、部統計均有較大幅的成長，而昌樂縣一地的部數增加亦多，然卷數總計有下降的情事，其中原因如上。

2、個別分類類目之卷、部統計：

分　　　類	卷數（舊）	卷數（新）	部數（舊）	部數（新）
甲部經錄・孝經	5	5	1	3
甲部經錄・易類	14	44	1	7
甲部經錄・春秋	37	10	1	1
甲部經錄・書類	20	0	1	1
甲部經錄・經解		10		1
甲部經錄・詩類	40		1	
甲部經錄・樂類		14		3
甲部經錄・論語	15	15	1	1
甲部經錄・禮類	270	200	5	4
乙部史錄・正史	382	382	6	6
乙部史錄・地理		227		16
乙部史錄・故事	4	36	1	3
乙部史錄・僞史	10		1	
乙部史錄・儀注	3	1	1	1
乙部史錄・編年		18		3

乙部史錄・職官		43		5
乙部史錄・雜史	7	103	1	10
乙部史錄・雜傳	4	138	2	16
乙部史錄・譜牒	90	80	3	2
丙部子錄・小說		24		6
丙部子錄・五行	50	76	1	8
丙部子錄・名家	1	1	1	1
丙部子錄・兵書		27		4
丙部子錄・農家		1		1
丙部子錄・道家	10	187	1	21
丙部子錄・儒家	3	40	1	9
丙部子錄・曆算		118		7
丙部子錄・醫術	8	31	1	4
丙部子錄・雜家	75	103	3	6
丙部子錄・雜藝	2	3	1	2
丙部子錄・類書	1794	602	2	3
丁部集錄・別集	330	1011	24	76
丁部集錄・總集		58		7

就前期而言，其類目以類書類、正史類、別集類、禮類、譜牒類為主；全期則以別集類、類書類、正史類、地理類、禮類、道家類為主。其中以別集類、道家類的卷、部增加總數最高。在前期與全期比較上，往往有前期較全期高的現象，如類書類、禮類、譜牒類、詩類、春秋類、書類、偽史類等類，顯示出作者著錄上的不一致情形頗為嚴重。以類書類為例，前期類書類共計一千七百九十四卷，全期卷數總計僅三百八十二卷，其中差別即在《文思博要》一書，該書《舊唐志》作「張大素」撰，《新唐志》作「高士廉、房玄齡等撰」故而《舊唐志》從「張大素」之名，而列入河北道，據《新唐志》當列入團體撰著，是則撰者的著錄不一之故。又春秋類、禮類等，有孔穎達《正義》，《舊唐志》僅作「孔穎達撰」，而《新唐志》則作「孔穎達等撰」，著錄不同，以至於分析的結果互有出入。

（五）山南道：

1、細部地理區域之卷、部統計：

地　　　　　點	卷數（舊）	卷數（新）	部數（舊）	部數（新）
山南道：荊州	66	152	5	11
山南道：鄧州新野縣	60	67	1	3
山南道：襄州襄陽縣	20	181	2	13
山南道：金州漢陰縣	20	91	1	4
山南道：梁州城固縣	13	13	1	1
山南道：荊州江陵縣	10	72	1	8
山南道：襄州		16		3
山南道：果州		1		1
山南道：復州竟陵縣		13		2
山南道：荊州長林		3		1
山南道：鄧州臨湍縣		4		2
山南道：鄧州南陽縣		242		13

　　山南道一地，地處偏僻，向來盜賊四起，《全唐文》卷四一六，常袞〈賀破山南賊表〉一文謂：

> ……中使某至，示臣山南西道露布，破吐蕃高安堡五百人。又生擒堡
> 使等七人，又急援兵馬二千餘人者。大獲師長，驅其畜牧，焚其資儲，夷
> 其留睿略，更布新書〔註105〕。

其地近吐蕃，往往為其所擾，軍事不息，是以文治較其他諸地為少。自三國分據以來，荊州、新野縣、漢陰縣、城固縣、襄陽縣、江陵縣等地，由於其地屬戰地，往往為兵家所爭之地，相對其地開發較早，是以文治較本區其他地方較為發達。以唐朝山南道為例，前期卷數總計中，依序為荊州、鄧州新野縣、襄州襄陽縣、金州漢陰縣、梁州城固縣、荊州江陵縣等，此與開發早晚有較密切的關係。在全期的卷數總計上，鄧州南陽縣、襄州襄陽縣、荊州、金州漢陰縣、荊州江陵縣、鄧州新野縣較多，其中前期總計未出現卷帙者如鄧州南陽縣一地，至全期總計上，其卷數統計已躍升同區第一，部數也多達十三部，亦屬同區部數較多之地。

〔註105〕同註25，頁234。

　　相對在發展上，襄陽縣、荊州、江陵縣的部、卷增加亦屬較多，此亦與開發先後相關。在部數統計上，由於山陽道一地的卷帙統計總數不高，其部數亦屬如此，前期部數產生數量上，僅荊州一地達五部之多；全期統計上，襄陽縣、南陽縣、荊州三地分佔前矛，然產生部數上僅十餘部之多，也再度看出山南道一地並非以文治擅場。山南道文治不盛，又表現在科舉試第上，孫光憲《北夢瑣言》卷四記載「破天荒」一事可知：

　　　　唐荊州衣冠藪澤，每歲解送舉人多不成名，號曰天荒解。劉蛻舍人以

　　荊解及第，號爲「破天荒」〔註106〕。

荊州之地已爲山南道文治之最，然猶如此，更遑論其他諸地。

2、個別分類類目之卷、部統計：

分　　　類	卷數（舊）	卷數（新）	部數（舊）	部數（新）
甲部經錄・易類	13	13	1	1
甲部經錄・樂類		1		1
甲部經錄・論語		10		1
乙部史錄・正史		130		1
乙部史錄・地理		13		2
乙部史錄・故事		4		1
乙部史錄・僞史		10		1
乙部史錄・儀注		2		2
乙部史錄・編年	10		1	
乙部史錄・職官		17		2
乙部史錄・雜傳	20	60	1	3
乙部史錄・譜牒		0		1
丙部子錄・小說		39		3
丙部子錄・兵書		3		1
丙部子錄・道家		16		4

〔註106〕四庫全書本《北夢瑣言》，（上海：古籍出版社據文淵閣本影印，1991 年 5 月），頁23。

	卷數（舊）	卷數（新）	部數（舊）	部數（新）
丙部子錄・儒家		40		1
丙部子錄・曆算	3	3	2	2
丙部子錄・雜家	3	17	1	2
丙部子錄・類書		100		2
丁部集錄・別集	110	358	4	31
丁部集錄・總集	30	31	1	2

　　山南道在前期表現中，以別集類、總集類、雜傳類、易類為多，然其部數總計中，最多僅只四部，是以可以說其文治並不興盛。在後期的表現中，以別集類、正史類、類書類、雜傳類卷數較多，在部數方面，亦僅別集類三十一部居多，其他則均在五部之下。整體而言，山南道的文治並非興盛，所出現的作家中，亦僅以別集類為主，其餘諸類也僅是偶一為之。

（六）淮南道：

1、細部地理區域之卷、部統計：

地　　　　點	卷數（舊）	卷數（新）	部數（舊）	部數（新）
淮南道：揚州江都縣	236	399	9	21
淮南道：安州安陸縣	10	10	1	1
淮南道：楚州盱眙縣		20		1
淮南道：和州烏江縣		9		2
淮南道：壽州壽縣		8		1
淮南道：楚州山陽縣		5		2
淮南道：楚州		1		1
淮南道：舒州		3		1
淮南道：揚州（廣陵郡）		198		12

　　淮南道一地，其文治亦屬未盛，就產生的典籍卷數總計中，以揚州一地較盛，其餘諸地可說是乏善可陳，前期的統計上，以揚州江都縣的部、卷總計較高，江都縣更達二百三十六卷，典籍總計為九部；其次，安陸縣僅為十卷，一部，至於其他諸地則無卷、部的產生。全期的總計上，依序為揚州江都縣、揚州（廣陵郡）、楚州盱眙縣、安州安陸縣、和州烏江縣等地，除了揚州江都縣、揚州（廣陵郡）外，其他諸地的卷數均在二十卷之下，而部數總計亦以揚州江都縣的二十一部、揚州（廣

陵郡）的十二部列居一、二名，其他諸地則未見特色。揚州一地，元和年間之後，經濟有所起色，亦爲關中京邑財用來源之地。《全唐文》卷六○六載劉禹錫〈和州刺史廳壁記〉一文中云：

> 歷陽古揚州之邑，……初開元詔書以口算第郡縣爲三品，是爲下州。
> 元和中，復命有司參校之，遂進品第一。按見戶萬八千有奇，輸緡錢十六
> 萬，歲貢織紵二筐，吳牛蘇二鈞，……，茅搜七千兩〔註107〕。

以此可見，揚州一地經濟能力及其戶口之盛。經濟優劣往往與教育深淺相涉，人口數量較多，則其地人才亦足供選裁，是以揚州一地較淮南諸地文治較盛，其故在此。

2、個別分類類目之卷、部統計：

分　　類	卷數（舊）	卷數（新）	部數（舊）	部數（新）
丁部集錄‧總集	130	145	3	8
丁部集錄‧別集	70	366	3	17
乙部史錄‧正史	30	50	1	2
甲部經錄‧詁訓	12		2	
甲部經錄‧小學	4	16	1	3
乙部史錄‧編年		10		1
丙部子錄‧農家		1		1
丙部子錄‧雜藝		1		1
丙部子錄‧醫術		2		1
甲部經錄‧論語		2		1
乙部史錄‧譜牒		20		1
丙部子錄‧道家		6		2
乙部史錄‧起居		10		1
乙部史錄‧雜傳		24		3

從上述簡表中，前期表現以總集類、別集類、正史類、詁訓類爲主，然其部數統計不高。在全期卷數總計上，以別集類、總集類、正史類居多，而部數總計上，亦以別集類十七部居高，總集類八部次之，其餘均僅在三部之下，是以在表現特色中，有集中集部類目的情形。

〔註107〕同註25，頁344。

（七）江南道：

江南蘇杭一帶，自來文風興盛，居於南部之冠。唐代中葉以後，京師所耗，率皆仰給江南，《全唐文》卷五五五載錄韓愈〈送陸歙州詩序〉云：

> 貞元十八年（802）二月二十八日，祠部員外郎陸君出刺歙州。……
> 歙大州也，刺史尊官也，由郎官而往者，前後相望也。當今賦出于天下，
> 江南居十九宣使之所察，歙爲富州，宰臣之所荐聞，天子之所選用，其不
> 輕而重也較然矣〔註108〕。

又《全唐文》卷六六一載錄白居易〈除裴堪江西觀察使制〉一文：「江西七郡，列邑數十。土沃人庶，今之奧區。財賦孔殷，國用所繫。」〔註109〕《全唐文》卷七七五另載李商隱〈上江西周大夫狀〉亦云：「國用取資，終賴江湘之入。」〔註110〕。

江南一地，經濟富裕，自然也有能力推行文教。然同屬江南一地，文教亦有差異，以《新舊唐志》所載唐人撰者，其同出於江南一地亦有些許差別，釐析如下：

1、細部地理區域之卷、部統計：

地　　　　點	卷數（舊）	卷數（新）	部數（舊）	部數（新）
江南道：杭州新城縣	2110	1110	8	5
江南道：越州餘姚縣	208	208	3	3
江南道：潤州句容縣	130	179	1	8
江南道：蘇州吳縣	116	460	7	44
江南道：潤州丹徒縣	88	193	6	12
江南道：常州晉陵縣	55	85	2	4
江南道：杭州錢塘縣	40	102	2	6
江南道：湖州（吳興郡）	40	121	3	14
江南道：潤州	20	20	1	2
江南道：常州	10	315	1	6
江南道：歙州（新安郡）	10	10	1	1
江南道：婺州義烏縣	10	11	1	2
江南道：饒州鄱陽縣	7	18	1	3

〔註108〕同註25，頁346。
〔註109〕同註25，頁349。
〔註110〕同註25，頁349。

江南道：潤州上元縣	6	47	1	4
江南道：潤州丹陽縣	3	26	1	6
江南道：信州		2		2
江南道：睦州		12		3
江南道：睦州桐廬縣		5		4
江南道：湖州武康縣		10		1
江南道：台州臨海縣		1		1
江南道：婺州金華縣		29		3
江南道：越州會稽縣		113		7
江南道：（閩人）		1		1
江南道：泉州南安縣		13		3
江南道：福州		10		1
江南道：袁州		12		3
江南道：泉州		10		1
江南道：虔州		1		1
江南道：袁州萍鄉		30		1
江南道：（僅知為江南人，暫繫於此）		22		2
江南道：常州義興縣		28		3
江南道：福州福清縣		1		1
江南道：袁州宜春縣		39		6
江南道：越州山陰縣		25		3
江南道：福州侯官縣		11		2
江南道：明州奉化縣		45		3
江南道：蘇州嘉興縣		60		8
江南道：婺州東陽縣		41		2
江南道：潭州長沙縣		20		2
江南道：蘇州崑山縣		26		3
江南道：婺州		0		1
江南道：蘇州		1		1
江南道：泉州莆田縣		45		2

江南道：洪州豫章縣		1		1
江南道：泉州霞浦縣		1		1
江南道：睦州壽昌縣		1		1
江南道：澧州		8		2
江南道：越州		33		6
江南道：杭州		2		1
江南道：衡州衡陽		3		1
江南道：鄂州江夏縣		5		2
江南道：常州無錫縣		4		2
江南道：宣州涇縣		1		1
江南道：泉州晉江縣		10		1
江南道：福州閩縣		22		4
江南道：杭州鹽官縣		3		2
江南道：台州章安縣		2		2
江南道：宣州宣城縣		10		1
江南道：睦州清溪縣		17		4
江南道：潤州金壇縣		10		1
江南道：溫州		10		1
江南道：池州		35		6

　　江南一地，自古以來即文治興盛，唐時亦不例外。在前期的統計中，江南道即產生二千八百五十三卷，三十九部典籍；全期的發展上，共三千六百九十六卷，二百三十一部典籍，在數量上亦頗為可觀。在前期卷數總計的發展上，以杭州新城縣、越州餘姚縣、潤州句容縣、蘇州吳縣等地較多，均達百卷以上。就部數統計上，以杭州新城縣、蘇州吳縣、潤州丹徒縣等地較高，然總計均未達十部。

　　就全期的總計上，以杭州新城縣、蘇州吳縣、常州、越州餘姚縣、潤州丹徒縣、潤州句容縣等地較多，然而杭州新城縣的卷數統計上，卻較前期為少，其間的差異在於許敬宗撰《文館詞林》、《芳林要覽》二書，《舊唐志》均題作「許敬宗撰」，而《新唐志》於《文館詞林》一書題作「許敬宗、劉伯莊等撰」，於《芳林要覽》一書題作「長孫無忌、許敬宗等撰」，今據《舊唐志》錄許敬宗撰，而入二書於杭州新城縣；今《新唐志》所錄則入團體撰著之中，是以在卷數統計上，有多達千餘卷的差

異。就整體發展上，江南道的發展亦是較爲平均的，其中杭州、蘇州、越州、潤州、湖州、常州、泉州、明州、婺州、袁州、饒州、衡州、歙州、潭州、福州、睦州、溫州、鄂州、虔州、宣州、信州、池州、台州等地均有卷帙的產生，幾乎遍及整個江南道。在個別發展上，蘇州吳縣、常州、潤州丹徒縣、越州會稽縣、湖州（吳興郡）、杭州錢塘縣等地的發展較盛。若就全期部數統計上，以蘇州吳縣的部數最多，達四十四部之多；其次爲湖州（吳興郡）、潤州丹徒縣等地。江南道的文治分布平均，是以各區的卷、部統計均顯示出全面性的特質。

2、個別分類類目之卷、部統計：

分　　　類	卷數（舊）	卷數（新）	部數（舊）	部數（新）
甲部經錄・小學		1		1
甲部經錄・孝經		10		1
甲部經錄・易類	26	178	2	4
甲部經錄・春秋		44		6
甲部經錄・經解	30		1	2
甲部經錄・詩類	30	10		1
甲部經錄・禮類		39		3
乙部史錄・正史	150	187	2	4
乙部史錄・地理	20	30	1	2
乙部史錄・故事		10		2
乙部史錄・起居	30	50	1	3
乙部史錄・編年		60		1
乙部史錄・職官		11		2
乙部史錄・雜史	5	27	1	4
乙部史錄・雜傳	150	109	3	5
乙部史錄・譜牒	200		1	
丙部子錄・小說		12		4
丙部子錄・天文	7	7	1	1
丙部子錄・名家		10		1
丙部子錄・農家		20		1
丙部子錄・道家	28	183	4	25

丙部子錄・儒家		52		6
丙部子錄・醫術		15		1
丙部子錄・雜家		5		1
丙部子錄・雜藝		4		2
丙部子錄・類書	573	1193	2	6
丁部集錄・別集	284	1204	16	127
丁部集錄・總集	1350	181	4	15

前期分類集中於總集類、類書類、別集類、譜牒類、雜傳類、正史類等類，其中總集類、類書類的卷數較高，係因其單部卷數較高之故。全期總計中，卷數則略有出入，依序是別集類、類書類、正史類、道家類、總集類等，其中別集類、類書類、道家類的典籍進展較快，而總集類的卷數有下降的情形，其係因為許敬宗《文館詞林》、《芳林要覽》二書左右統計，《新唐志》將二書依團體撰著，分列不同編撰者，筆者將之置於團體撰著部份討論（詳見上文），今二書相差千餘卷，故而影響統計數據。在部數總計上，別集類已產生一百二十七部之多，而道家類的典籍為二十五部，由此可見江南典籍分類之特質，亦可見江南文風之盛。

（八）隴右道：

1、細部地理區域之卷、部統計：

地　　　　點	卷數（舊）	卷數（新）	部數（舊）	部數（新）
隴右道：鄯州		2		1
隴右道：渭州		0		1
隴右道：西州高昌縣		20		1

　　隴右道地處偏僻，又多兵災，自古涼州兵馬以肅壯聞名，故而在文治上並不昌盛，就卷數統計上，亦顯示此一特色。以《舊唐志》所錄的唐人著作中，竟無隴右道的作者，就全期的統計上，亦僅僅有三部典籍，分屬鄯州、渭州、西州高昌縣三地，亦無集中的情形，故知隴右道一地的文風並不興盛。

2、個別分類類目之卷、部統計：

分　　　　類	卷數（舊）	卷數（新）	部數（舊）	部數（新）
丁部集錄・別集		20		2
丙部子錄・儒家		2		1

前期中，並無隴右道的典籍出現，至後期中，始有三部典籍出現，此三部集中於別集類、儒家類二類，由於卷帙並不多，並無特色出現。

（九）劍南道：

1、細部地理區域之卷、部統計：

地　　　　點	卷數（舊）	卷數（新）	部數（舊）	部數（新）
劍南道：梓州永泰縣	139	210	2	3
劍南道：成都府成都縣	30	27	1	2
劍南道：梓州射洪縣	10	10	1	1
劍南道：閬州新政縣		10		1
劍南道：戎州		3		1
劍南道：邛州臨邛縣		2		1
劍南道：夔州雲陽縣		2		2
劍南道：梓州		10		1
劍南道：資州資陽縣		28		3
劍南道：梓州鹽亭縣		10		1
劍南道：益州		44		7

　　劍南道地處西南隅，亦屢受西南民族所擾，《全唐文》卷四一四，常袞〈賀劍南破西蕃表〉一文云：

> 今日伏見劍南西川節度使崔寧所奏露布，十一月七日于劍南大破吐蕃，斬首八千五百級，生擒九百四十二人，獲馬牛器械以千萬計者。階下以西戎負恩，連歲設備，近興武旅，遠鑠王師。故隴上或虞，邛南每捷，……伏以西蜀一隅，犬戎乘隙，聖謀潛運，藩師龔行，以我同力，出其不意，故得邊無遺鏃之費，狂寇有輿尸之凶。名王首將，既充俘馘，要塞堅城，亦入封守〔註111〕。

兵災頻仍，雖有天府之喻，然地處西南隅，所受的文治未深。前期的統計上，以梓州永泰縣、成都府成都縣、梓州射洪縣三地有典籍的出現。全期的統計上，以梓州永泰縣、益州、資州資陽縣、成都府成都縣的典籍較多。在發展上，後期亦有較爲

〔註111〕同註25，頁234。

全面性的特質，此點從各地分布的平均及卷數增加的情形可知。就分布地點而論，前期僅集中三地，後期則有十一處地點均有典籍的出現。就卷數增加而論，前期僅一百七十九卷，後期則達三百五十六卷，卷帙上升一倍之多。就個別發展上，梓州永泰縣、益州的卷數有些微的揚升。部數產生方面，僅全期統計中，以益州七部典籍較高，其餘均僅達二、三部而已。承上所言，劍南道有後期的發展上，有較全面性的發展，其原因恐與玄宗西幸蜀郡之事有關。安史之亂時，唐玄宗西遷蜀郡，蜀郡得以有較全面的發展，其後肅宗雖還都京都，但蜀郡業已開展，其中文治亦隨之開展。而印刷術的興起，也間接帶動蜀地的人文風氣，是以《新唐志》的唐人著錄中，有較多的蜀人典籍出現。

2、個別分類類目之卷、部統計：

分　　　類	卷數（舊）	卷數（新）	部數（舊）	部數（新）
甲部經錄・易類		17		1
甲部經錄・春秋		20		1
甲部經錄・經解		1		1
乙部史錄・起居		100		1
乙部史錄・儀注		10		1
乙部史錄・雜傳		70		1
丙部子錄・五行		21		4
丙部子錄・道家		1		1
丙部子錄・醫術		10		1
丙部子錄・雜家		10		1
丁部集錄・別集	79	96	3	10
丁部集錄・總集	100		1	

　　劍南道前期的典籍出現並不多，僅有四部，其中均集中於集部部份。後期典籍變化較高，集中於起居注類、別集類、雜傳類、五行類等類目，就部數總計而言，以別集類的十部較高，其餘則產生的部數並不多。值得注意的，前期中有總集類的典籍出現，而全期的統計中卻無此類典籍，其係因為李義府《古今詔集》一書，《舊唐志》列於總集類，《新唐志》卻列於起居注類，是以在全期的統計中，李義府的《古今詔集》已由總集類轉變至起居注類，是以在統計數據上，全期的統計中並未有總

集類一項。

（十）嶺南道：

1、細部地理區域之卷、部統計：

地　　　點	卷數（舊）	卷數（新）	部數（舊）	部數（新）
嶺南道：韶州曲江縣		70		4
嶺南道：桂州		6		2
嶺南道：岡州桂山縣		5		1
嶺南道：新州		1		1

　　嶺南道一地，地處東南一隅，其距京城較遠，開發較遲，前期並無典籍出現，又其地經濟未盛，盜賊擾尤，是以文治未盛。《全唐文》卷八四，懿宗〈分嶺南爲東西道敕〉云：

> 　　嶺南分爲五管，誠已多年，居常之時，同資御捍，有事之際，要別改張。邕州西按南蠻，深據黃洞，控兩江之獷俗，居數道之游民。……宜分嶺南爲東西道節度觀察處置等使，以廣州爲嶺南東道，邕州爲嶺南西道，別擇良吏，付以節旄。其所管八州，俗無耕桑，地極邊遠，近罹盜擾尤，其凋殘，將盛藩垣，宜添州縣。宜割桂州管內冀州、象州，容州管內藤州，岩州，并隸嶺南西道數管〔註112〕。

在此情形下，欲倡文治，不亦難乎？後期則略有起色，韶州曲江縣、桂州、岡州桂山縣、新州等地有少量著述典籍的出現，但總數難與北方各區相較，在文治撰著上並無特出之處。桂州開發，自元和十二年（817）以來，略有改革，《全唐文》載〈桂州裴中丞作訾家洲亭記〉一文指出：

> 　　桂州多靈山，……元和十二年（817），御史中丞裴公來蒞茲邦，都督二十七州諸軍州事，盜遁奸革，德惠敷施，期年政成，而富且庶〔註113〕。

故而嶺南一地雖開發較遲，然桂州一地亦逐漸有所進展，雖然其地產生的典籍卷數並不高，但亦有助於文化的全面普及化。文化的重心隨著經濟重心逐漸南移，嶺南一地於後期時已有文人典籍的出現，其中亦可從經濟的優劣窺知一二。

〔註112〕同註25，頁218。
〔註113〕同註25，頁352。

2、個別分類類目之卷、部統計：

分　　類	卷數（舊）	卷數（新）	部數（舊）	部數（新）
丙部子錄・儒家		5		1
丙部子錄・道家		1		1
丁部集錄・別集		71		5
丁部集錄・總集		5		1

　　嶺南道的文治並不盛行，前期並無典籍出現，後期以別集類最多，其次以總集類，然而卷數總計上並不如其他諸區，以別集類為例，也僅為七十一卷，五部，是以未如其他諸地。

　　以上就十道地理分區，試析論其中作者地理分布之異同，在《舊唐志》所載的唐人典籍中，共釐析出唐人籍貫者，達二百七十八部，一萬零四百一十一卷；《新唐志》所載的唐人典籍中，共釐析出唐人籍貫者，達一千三百二十四部，二萬一千一百五十四卷，二書所釐析出的籍貫分布，適巧可為作者著錄、卷數差異、分類轉變之考察，也得以為唐代文化區、線、點的分布情形稍作釐析。由於本節所運用之方法為一種史學計量法，隨著所掌握的材料而分析結論稍有不同，但亦提供前賢所未能統計的數據。嚴格說來，本文是一種新的嘗試，僅提出以為學界參考之用。

第四節　唐代目錄學的發展與創新

一、唐代目錄的發展

　　唐代目錄的編製可謂豐贍，王國良先生於〈唐五代書目考〉一文〔註114〕即羅列三十七種唐五代時的書目，其中除了《唐書經籍志》（劉昫等撰）、《經史目錄》（楊九齡撰）、《建業文房書目》（不著撰人）、《續貞元釋教錄》（釋恒安撰）等係五代時編製的，其餘三十三種書目皆是有唐一朝所編製的。王氏將此三十餘種書目依內容分正史經籍志、普通目錄與宗教目錄三類，各書分別評述卷數、存佚、作者、成書年代、內容、體例等，行文簡要，然亦可考見唐五代書目編製之大略。其後，喬好勤先生於《中

〔註114〕王國良：〈唐五代書目考〉，《書目季刊》第十六卷第二期（1982 年 9 月），頁 41～53。

國目錄學》一書中亦以專章評介隋唐五代目錄學〔註115〕，案：喬氏之文雖較爲深入，然評介書目的數量未如王氏之多。在種類上，喬氏吸收王重民先生《中國目錄學史論叢》一書〔註116〕的研究成果，提出專節討論「推荐目錄」的產生及其意義。「推荐目錄」雖擬稱目錄之名，而其係出於敦煌唐寫本伯二一七一號，並未有「目錄」之名，故其雖有「目錄」之實，實無「目錄」之名，雖然如此，評介「推荐目錄」卻對我們瞭解唐代目錄編製的全貌有著一定的意義。對於各種書目的評介並不是本節討論的重點，本文僅就王、喬二人所述，略復申述其中特點及其意義。

唐代的目錄編製有何特點呢？總的來說，不外乎藏書目錄、宗教目錄、推荐目錄三種，其中特點略申覆如後：

（一）藏書目錄

藏書目錄可分公藏與私藏兩個主體，其中又以公藏圖書所編製的目錄最受矚目。如上文所述，唐代公藏的圖書質量均高，適足以展現一代藏書之特色，其中又以秘書省、集賢院的藏書爲其大成。史志目錄的編製往往是在公藏的基礎下編製完成的，以《隋書‧經籍志》、《舊唐書‧經籍志》而論，《隋書‧經籍志》乃參考《漢書‧藝文志》、《七志》、《七錄》而編成，其中對於書籍的考佚，是參考當時秘書省的藏書製成，《大唐六典》卷十所記載秘書郎的職掌時，即以《隋書‧經籍志》所載的的卷帙爲舉例對象。《舊唐書‧經籍志》係參考《古今書錄》刪節而成，其中《古今書錄》的編製來自《群書四部錄》，而《群書四部錄》是開元年間，根據秘書省及對其他機構、民間藏書錄製的結果，由於集賢院的不斷繕寫，是以《舊唐書‧經籍志》所反映出的書籍，大抵與集賢院、秘書省的藏書近似，故而王國良先生所論的正史經籍志一類，大抵可以包含在藏書目錄的範圍之下，惟其性質特殊，故獨立言之。唐代的目錄編製，係建立在藏書的整理和校勘上，故其反映出的古籍著錄亦較爲客觀，然而至今存書有限，除了宗教典籍外，傳統四部書籍的著錄僅《隋書‧經籍志》、《舊唐書‧經籍志》外，其餘皆已亡佚，這對我們欲藉目錄以考察唐代公藏圖書機構的藏書特色而言，無疑是一項損失。《隋書‧經籍志》著錄中，其所考定爲亡佚的書籍，其中往往著錄在《舊唐書‧經籍志》中，這是因爲《舊唐書‧經籍志》的底本《古今書錄》在編製的過程中，係根據各公藏圖書機構的藏書，而且曾徵集民間異本編製而成，故其中異本復出，然其所反映唐代典籍的客觀著錄功能，卻是不容忽視的。

史志目錄在隋唐五代的發展變化又是如何呢？喬好勤先生《中國目錄學》一書

〔註115〕同註 47。
〔註116〕王重民：《中國目錄學史論叢》（大陸：北京中華書局，1984 年。

中有所總結：

> 史志目錄在隋唐五代的發展變化主要表現在四個方面：其一，著錄格
> 式日趨整齊劃一；其二，取消小序，主要通過分類來辨章學術；其三，圖
> 書注釋減少，趨向于作簡明、客觀的介紹，評論、辨偽更難得一見，各類
> 型目錄的分工日趨明顯；其四，分類體系由七分法變爲四分法，類目日趨
> 細密、定型，較少變化〔註117〕。

喬氏之論，大抵允當。然而，必須說明的是：史志目錄在唐代確立四部分法的體例，
個別的類目雖然日趨細密，較少變化，但個別書籍分類的變化卻有淆亂的情形，是以
其中衍生的問題不異類目的變化，故需從個別書籍的分類變化進行考量。其次，就類
目而言，雖大抵已經定型，但亦有些微的變化，這些變化在第三章會有詳細的說明。
而隨著圖書數量的增加，若要求其能依《漢書·藝文志》的考辨方式行之，勢不可能，
是以其中「評論、辨偽更難得一見」的說法有其客觀形式的限制。史志目錄在隋唐五
代的發展特色上，尚表現在作者的著錄上。《舊唐書·經籍志》在團體著作上，其作
者著錄部份往往以一人總纂其事，忽略其他編撰者的作用，《新唐書·藝文志》此方
面已經改變，對於個別編撰者的功能亦逐步肯定，這在觀念上無異是一大步轉變。

除了史志目錄外，尚有公藏目錄與私藏目錄二部份，公藏目錄係根據公家藏書
機構藏書所編製的，其中以秘書省、集賢院爲主，蓋其爲公藏機構的主力，圖書較
多，故需要編製目錄以供查檢，以秘書省藏書爲主體的目錄有《群書四部錄》、《古
今書錄》、《秘書閣書目》等，以集賢院爲主體的目錄有《集賢書目》、《天寶見在庫
書目》、《貞元御府群書新錄》、《新集書目》等，另外《河南東齋史目錄》疑其據集
賢院四庫書修撰而成；《四庫搜訪圖書目》亦據集賢院或秘書省的藏書而來，然未知
編於何時，故難定其所出。然而，並非公藏目錄即單據一地機構藏書而編寫完成的，
如《群書四部錄》、《古今書錄》雖其始撰係以整比內庫及秘書墳籍，而其後亦參有
禮部、國子監等其他機構的典籍編製而成的。唐時公藏目錄已亡佚多時，無從考較
其內容，除了《古今書錄》可藉《舊唐書·經籍志》窺見梗概，《群書四部錄》復可
從《古今書錄》區別其大概外，其餘公藏目錄皆僅能考見其編撰過程、著錄卷數，
至於內容已無從知悉了。

私藏目錄部份，最具代表性的是吳兢的《吳氏西齋書目》、杜信的《東齋籍》
等，杜信之書，其內容已不可考，說法已見王國良先生之文。吳兢之書，偶見高似
孫《史略》、王應麟《玉海》、馬端臨《文獻通考》引用，然全書亦難以考較全貌，

〔註117〕同註47，頁154。

否則持其對校唐志，所獲當或更多。

（二）宗教目錄

　　佛教、道教在唐代是頗為興盛的宗教，隨著書籍的增加，佛教、道教的目錄也就應運而生。王國良先生〈唐五代書目考〉一文於宗教目錄部份，即引證二十一種目錄，其中以佛教為主，其次是道經目錄。唐代佛教目錄為數不少，其中尚存於世者，釋靖邁《古今譯經圖紀》四卷、釋靜泰《大唐東京大敬愛寺一切經論》五卷、釋道宣《大唐內典錄》十卷、釋明佺等《大周刊定眾經目錄》十四卷、釋明佺等《大周刊定偽經目錄》一卷、釋智昇《續大唐內典錄》一卷、釋智昇《開元釋教錄》二十卷、釋智昇《開元釋教錄略出》四卷、釋智昇《續古今譯經圖紀》一卷、釋圓照《般若三藏續古今翻譯經圖紀》二卷、釋圓照《貞元續開元釋教錄》三卷、釋圓照《貞元新定釋教目錄》三十卷等，道經目錄如尹文操撰《玉緯經目》、玄宗御製《三洞瓊綱目》三卷、失名《開元道經目》一卷、失名《太清宮道藏經目錄》等，然均已亡佚多時，無從考見。今存敦煌唐寫本有多達數萬卷的佛經卷子，若能與現存唐代的佛教目錄對勘，當有所獲。

（三）推荐目錄

　　推荐目錄產生的原因是源於科舉制度之後，其特點是指導讀者研讀科舉考試所用的書籍，類似今日所謂《初學必讀古籍簡目》之類的目錄。最先對隋唐目錄開闢「推荐目錄」做專節討論者，應屬喬好勤先生《中國目錄學史》，其謂：

　　　　推荐書目大約產生于隋唐實行科舉制度之後。唐代楊松珍的《史目》、李肇的《經史釋題》、吳兢的《樂府古題要解》等在介紹圖書、指導治學方面對初學者都是非常有用的，已經具有了推荐目錄的某些特徵。但著錄之書未針對青年初學者的特點嚴加甄別挑選，由淺入深地排列，所以還不是真正的推荐目錄〔註118〕。

喬氏又說：

　　　　著錄這類圖書的現實意義，首先在于它與考試科目、學校學習課程相聯系，適應了科舉考試的需要〔註119〕。

推荐目錄既是因應科舉制度而產生，則推荐目錄對考察唐代科舉制度當有著旁證的作用。喬氏根據王重民先生的研究成果，舉敦煌唐抄本伯二一七一號的雜抄所附的

〔註118〕同註47，頁165。
〔註119〕同註47，頁165。

書目單爲例，分別說明其中的意義及特徵，茲不贅述。推荐目錄不僅可以考察科舉制度的用書外，尚反映出目錄基礎的擴大，但由於其係服務中下階層的初學者，故今所存的數量有限，僅可體現出唐代目錄編製的多元性。喬好勤先生雖以李肇的《經史釋題》、吳兢的《樂府古題要解》等書殊非推荐目錄，但不否認其對初學者仍然有用。若從廣義的推荐目錄而言，上述目錄的編製與傳統史志與公私藏書目錄不同，其並非以藏書爲主，雖然非積極有推荐目錄的特質，但仍較接近推荐目錄的本質，若加區隔，應該更接近專科目錄的性質。另外，必須注意的是類書的引書書目，雖然類書的引書並未專立引書目錄，但其所顯示出的書籍，往往係編撰者結合當時較受重視的書籍而編製完成的，故其所顯示的內涵意義與推荐目錄近似，尤其那些專爲科舉的需求所編製完成的類書，其所顯示的引書性質，更可和科舉用書相參看。

二、唐代目錄學說的發展

　　經過長期的嘗試，唐代的目錄學說也就逐漸開展，學者對於目錄的編製不再僅限於圖書的著錄，而將視野指向於辨章學術、指導治學的理念上。在目錄的分類上，亦要求能「剖析源流，各別其部」，故而對於書目類別的嘗試則趨於定則，其中確立四部分類的原則更是後來官方編修書目的典則。觀有唐目錄學說的發展有如下的認識：

（一）確立四部分類的典則

　　四部分類不始於唐代，魏祕書郎鄭默，始制《中經》，祕書監荀勗，又因《中經》更著《新簿》，分爲四部，總括群書，其後李充《四部書目》等延用之。初時的四部分法，其類目簡陋，以鄭默、荀勗之四部分類類目而言，其分類如下：

　　　　甲部：（1）六藝。（2）小學。

　　　　乙部：（1）古諸子、百家。（2）近世子家。（3）兵書。（4）兵家。（5）數術。

　　　　丙部：（1）史記。（2）舊事。（3）皇覽簿。（4）雜事。

　　　　丁部：（1）詩賦。（2）圖讚。（3）汲冢書〔註120〕。

　　其後李充襲用四部分類，而魏徵於〈隋書經籍志序〉批評其：「總沒眾篇之名，但以甲乙爲次。自爾因循，無所變革」〔註121〕四部分類法的類目簡陋，魏徵以七部分類爲「分類題目，頗有次序」〔註122〕於是乃綜合七部、四部分類的優點，別創子目爲五十五類，喬好勤先生評其：

〔註120〕魏徵等《隋書・經籍志序》，（台北：洪氏出版社，1977年6月），頁906。
〔註121〕同前註，頁906。
〔註122〕同前註，頁907。

　　　　創立了一個條理分明、結構謹嚴，能充份反映當時學術面貌，容納各
　　類圖書的分類體系，把四部法發展到一個比較成熟和完善的階段，給唐末
　　甚至明清各代書分類以深遠的影響〔註123〕。

綜合言之，魏徵的四部分類法給後世開創足供法式的天地。自魏徵的《隋書·經籍
志》的出現，四部分類已成爲往後官方編目的依據。在類目上，四部分法大致定型，
雖偶有改變，類目仍依循著魏徵所定的法式，故而唐代的目錄學發展亦隨著四部分
類法的確立而影響著後世的目錄編製。

（二）強調目錄的學術價值及其功用

　　　唐代的學者開始重視目錄的功用，他們不再滿足於單純的著錄書籍，而開始想
藉目錄以爲學者治學之基礎。如何賦與目錄在書籍著錄以外仍有其他功能？首先必
須藉目錄的分類部別，使其對於書籍的管理能達到剖析條流，各別其部的作用。魏
徵於《隋書·經籍志》史部簿錄類序說：

　　　　古者史官旣司典籍，蓋有目錄以爲綱紀。體制湮滅，不可復知。孔子
　　刪《書》，別爲之序，各陳作者所由。韓、毛二《詩》，亦皆相類。漢時劉
　　向《別錄》、劉歆《七略》，剖析條流，各有其部。推尋事蹟，疑則古之制
　　也。自是之後，不能辨其流別，但記書名而已。博覽之士，疾其渾漫，故
　　王儉作《七志》，阮孝緒作《七錄》，並皆別行。大體雖準向、歆，而遠不
　　逮矣。其先恣目錄，亦多散亡。今總其見存，編爲「簿錄」篇〔註124〕。

李瑞良《中國目錄學史》在引證此文之後，有所評論：

　　　　這篇序文在歷史上第一次提出書籍目錄的起源和效用問題，第一次論
　　證目錄事業具有辨析學術源流學科意義，並從學術史角度概述了古代目錄
　　學的源流得失〔註125〕。

其說可從。除此之外，目錄的考辨眞僞、明辨是非的功能也爲唐人所重視，釋智昇
《開元釋教錄·序》云：

　　　　夫目錄之興也，蓋所以別眞僞，明是非，記人代之古今，標卷部之多
　　少，摭拾遺漏，刪夷駢贅，欲使正教倫理，金言有緒，提綱舉要，歷然可
　　觀也〔註126〕。

〔註123〕同註47，頁173。
〔註124〕同註111，頁992。
〔註125〕李瑞良：《中國目錄學史》（台北：文津出版社，1993年7月），頁144。
〔註126〕釋智昇：《開元釋教錄》，《大藏經》第五十五冊〈目錄部〉，（台北，新文豐出版事

目錄的學術功能逐漸被肯定時，也象徵著目錄學說的逐步開展、成熟。

唐時目錄學說隨著目錄的編製而開始成熟，其中毋煚的〈古今書錄序〉更是早期目錄學說的代表作。毋煚積目錄編製的心得，對於目錄所能提供的學術價值有著更深一層的認識，〈古今書錄序〉云：

> 夫經籍者，開物成務，垂教作程，聖哲之能事，帝王之達典。而去聖已久，開鑿遂多，苟不剖判條源，甄明科部，則先賢遺事，有卒代而不聞，大國經書，遂終年而空泯。使學者孤舟泳海，弱羽憑天，銜石填溟，倚杖追日，莫聞名目，豈詳家代？不亦勞乎！不亦弊乎！將使書千帙於掌眸，披萬函於年祀，覽錄而知旨，觀目而悉詞，經墳之精術盡探，賢哲之睿思咸識，不見古人之面，而見古人之心，以傳後來，不其愈已〔註127〕。

目錄提供治學之門徑，即使是二十世紀的現在，目錄仍提供我們治學的入門途徑，否則面對浩瀚的書海，豈非如毋煚所云：「孤舟泳海，弱羽憑天，銜石填溟，倚杖追日」的感嘆？至於欲達到「將使書千帙於掌眸，披萬函於年祀，覽錄而知旨，觀目而悉詞，經墳之精術盡探，賢哲之睿思咸識，不見古人之面，而見古人之心。」的程度，自然就需要有解題形式的目錄，《古今書錄》的成書方式自是循此方式進行，然經採錄爲《舊唐書‧經籍志》時，經過刪錄解題，也就失去毋煚的原書面貌。

（三）圖書著錄略依時代先後爲次

陸德明在《經典釋文序錄》云：

> 五經六籍，聖人設教，訓誘機要，寧有短長？然時有澆淳，隨疾投藥，不相沿襲，豈無後先，所以次第互有不同〔註128〕。

又云「今欲以著述早晚，經義總別，以成次第。」〔註129〕可見陸德明對於圖書著錄應該依時代先後爲次已有明確的認識。雖然吳承仕《經典釋文序錄疏證》懷疑：

> 《序錄》云：「今以著述早晚，經義總別，以成次第」，適與錄略同，或劉、班亦以著述早晚爲次，亦未可知也〔註130〕。

但圖書著錄略依時代先後爲次的原則已大致確立。觀《隋書‧經籍志》、《舊唐書‧經籍志》的著錄即依此原則行之。然而，圖書著錄依著述早晚爲次，此立意雖爲良

業公司影大正藏原版，1983年），頁477。

〔註127〕毋煚《古今書錄序》，見於《舊唐書‧經籍志》，見註7，頁1965。

〔註128〕陸德明《經典釋文序錄》，見陸德明撰‧吳承仕疏《經典釋文序錄疏證》（台北：新文豐出版公司，1975年11月），頁10。

〔註129〕同前註，頁10。

〔註130〕同前註，頁11。

善，但是否可依其斷各書成書的早晚呢？答案恐怕是值得商榷的。蓋古書的確實成書年代並非詳載典籍，需要經過各種旁證，方能大致考證其大致的成書年代。其次，目錄經過不斷的傳抄，其中順序已多有改變（說法詳見第四章）雖然唐代目錄的圖書著錄原則已確立略依時代先後爲次，但不可一概而論，斷然以著錄的先後斷定各書的成書先後次序。

綜合以上所述，唐代學者對於目錄的編製功用及其原則有較爲進步的看法，至此，隋唐的目錄學在觀念上已然成熟。而在目錄學的應用上，也相對促成其他學科的進展，李瑞良先生於《中國目錄學史》中也一段總結：

> 隋唐時期的目錄學在實際應用中密切了目錄學與校讎學、史學和文學等學科的聯繫，促進了各個學科的發展，也充實了本學科的內容，成爲古典目錄學已趨成熟的一個標誌〔註131〕。

是以唐代在目錄學史的成就是一個重要時期。

第五節　小　結

目錄是文獻的記載，透過上述的探討，我們可以得知文獻轉移保存的過程受不同的因素而有所變化。而目錄的類目及其數量，不僅代表著目錄學說的演變，也代表著學術的興衰亡替。透過目錄所載錄圖書的撰者的地理分布情形，使我們稍稍瞭解一代文風的分布概況。雖然《新舊唐志》所載錄的唐人典籍是否就完全代表著唐代撰著風氣的概貌？恐怕還有些爭議。但是透過目錄所載錄的典籍，更進一步分析其撰者的籍貫分布，對於其整個文化面的分布情形多少是有些幫助，也間接開拓前人對於傳統目錄學研究的新途徑，當然這必須感謝電腦科技的進步，方能使統計的數據初步達到參考的目的。

傳統的目錄係以藏書爲著錄的對象，所以考訂藏書的機構對於我們瞭解圖書著錄的過程有些許的幫助，而各藏書機構都有其專責的職務，透過其職務、編製，使我們大致瞭解其藏書的約略情形，是以本章開闢專節以討論之。此外，唐代的目錄學說的進展，也帶動其他學科的進展，目錄的形式也有所不同，本章也開闢專節以討論之。是以本章的特點係讓讀者瞭解《新舊唐志》產生的背景，讓讀者對於其中背景及其學說的演進有所認識。

〔註131〕同註 116，頁 153。

第三章 《隋書‧經籍志》與《舊唐書‧經籍志》之比較研究

第一節 作者與修撰年代

一、《隋書‧經籍志》之作者及其修撰時間

　　《隋書》諸志，舊有二稱，一題作《五代史志》，一則冠《隋書》之名，二者並行。初始時，皆以《五代史志》爲名，後并入《隋書》，乃以《隋書》爲名。《隋志》的編撰，於劉知幾《史通》卷十二〈古今正史〉中有記載：

> 　　初，太宗以梁、陳、及齊、周、隋氏並未有書，乃命學士分修。事具於上。仍使秘書監魏徵總知其務，凡有讚論，徵多預焉。始以貞觀三年創造，至十八年方就，合爲一〈五代紀傳〉，并目錄凡二百五十二卷。書成，下於史閣。唯有十志，斷爲三十卷，尋擬續奏，未有其文。又詔左僕射于志寧、太史令李淳風、著作郎韋安仁、符璽郎李延壽同撰。其先撰史人，唯令狐德棻重預其事。太宗崩後，刊勒始成。其篇第雖編入《隋書》，其實別行，俗呼爲《五代史志》〔註1〕。

許鳴鏘先生於《隋書經籍志研究》一書中有所評論：

　　（一）就《舊唐書太宗紀》、〈令狐德棻傳〉考之，五代史撰成於貞觀十年，《史通》記於十八年者爲誤。

〔註 1〕劉知幾撰，浦起龍釋：《史通通釋》，（台北：里仁書局，1980 年，9 月 20 日），頁 371。

　　（二）據《舊唐書李延壽傳》所載，則同修《五代史志》者有敬播〔註2〕。許氏之說可從。

　　關於《隋志》的撰者，許鳴鏘先生《隋書經籍志研究》中亦有論及，根據許氏的研究，《隋志》的編撰者有魏徵、于志寧、李淳風、韋安仁、李延壽、令狐德棻、敬播、顏師古、孔穎達等人（詳見頁 33～35），至於對於《隋書‧經籍志》的編撰者，許氏的說明如下：

> 魏徵之撰〈經籍志序〉，既有明證，則志中之類分，當即其手定，……
> 至於補茸之人，一無可考，雖略知修撰十志諸人名氏，難以確指，亦唯闕
> 疑而已〔註3〕。

王國良先生於〈唐五代書目考〉一文亦指出：

> 今本《隋書‧經籍志》題長孫無忌撰，以其監修並領銜上進也。北宋
> 所見舊本，《隋書‧經籍志》有題魏徵撰者，殆因徵嘗官秘書監，且總知
> 修隋史之事乎！惟徵卒於貞觀十七年，距顯慶元年《隋志》之完成，前後
> 十二年，則魏氏是否曾撰《隋書‧經籍志》，在未得充分證據的情況下，
> 最好存疑了〔註4〕。

王氏、許氏的說法大抵可以代表目前學界對於《隋書‧經籍志》編撰者的看法。

　　另有一種說法則以「魏徵」為《隋書‧經籍志》的撰者，由於魏徵撰《隋書‧經籍志序》，其中若干原則定取始自魏徵，故以「魏徵」總其事，而言及《隋書‧經籍志》之撰者時，亦有以「魏徵」為代表，由於缺乏直接證據，是以筆者贊同許鳴鏘、王國良所主張「存疑」的看法。

　　《隋志》的編撰時代，未知其始撰之年，僅知其獻上朝廷之時，《舊唐書》卷四〈高宗本紀〉云：

> （顯慶）元年五月己卯，太尉長孫無忌進史官所撰梁、陳、周、齊、
> 隋《五代史志》三十卷〔註5〕。

至於《五代史志》的始撰年代，大抵以五代史修撰之後，方始編修《五代史志》，今據《舊唐書》卷三〈太宗紀下〉、《唐會要》卷六三所載，確知五代史修成於貞觀十

〔註2〕許鳴鏘：《隋書經籍志研究》，《國立臺灣師範大學國文研究所集刊》，二十九號，1985
　　　年6月，頁33。
〔註3〕同前註，頁35。
〔註4〕王國良：〈唐五代書目考〉，《書目季刊》第十六卷第二期（1982年9月），頁42。
〔註5〕劉昫《舊唐書》，（台北：洪氏出版社，1977年6月），初版，樂天人文叢書之七十六，
　　　頁75。

年，至於此年是否即是《五代史志》的始撰年代，則無直接證據得以證成其事。

二、《舊唐書‧經籍志》之作者及其修撰時間

關於《舊唐書》的編撰撰者、修撰時間，詳見《五代會要》卷十八云：

> 晉天福六年二月，敕……宜令戶部侍郎張昭（遠）、起居郎賈緯、秘書
> 少監趙熙、吏部郎中鄭受益、左司員外郎李爲先等修撰唐史，仍命宰臣趙
> 瑩監修。其年四月，監修國史趙瑩奉敕同撰唐史，起居郎賈緯丁憂，請以
> 刑部侍郎呂琦、侍御史尹拙同修。從之。……至開運二年六月，史館上新
> 修前朝李氏書，紀、志、列傳，共二百二卷，并目錄一卷，都計二十帙。
> 賜監修臣劉昫、史官張昭遠、直館王伸等繒綵銀器各有差〔註6〕。

據此其修撰時間爲晉天福六年二月起，至開運二年六月完成，修撰者爲張昭（原作
張昭遠，避劉知遠名諱，而作張昭）、賈緯、趙熙、趙受益、李爲光、呂琦、尹拙、
王伸等同修，趙瑩、劉昫等先後監修，後來編撰完成，劉昫以領銜上進，故而後世
以劉昫爲《舊唐書》之撰者，而趙氏及其他修撰人，名遂不顯，此事王國良先生於
〈唐五代書目考〉一文〔註7〕中已有申論，茲不贅引。

關於《舊唐書‧經籍志》的修撰情形，《五代會要》卷十八亦有論及：

> （晉天福六年）四月，監修國史趙瑩奏：……唐初以降，迄于開元，
> 圖書大備，歷朝纂述，卷帙實繁。若不統而論之，何彰文雅之盛？請下秘
> 書省，自唐以來，古今典籍，經、史、子、集原撰人名氏，四部大數報館，
> 以憑撰述〈經籍志〉〔註8〕。

是以在〈經籍志〉的編撰上，本欲記載歷朝纂述及有唐一代四部著錄，以編撰〈經
籍志〉，其後〈經籍志〉修成，結果卻大異其趣，《唐書‧經籍志序》云：

> 煚（即指毋煚）等《四部目》（即《古今書錄》）及《釋道目》（即
> 指《開元內外經錄》，並有小序及注撰人姓名，卷軸繁多，今並略之，但
> 紀篇部，以表我朝文物之大。其《釋道錄目》附本書，今亦不取，據開
> 元經籍爲之志。天寶已後，名公各著文章，儒者多有撰述，或記禮法之
> 沿革，或裁國史之繁略，皆張部類，其徒實繁。臣以後出之書，在開元
> 四部之外，不欲雜其本部，今據所聞，附撰人等傳。其諸公文集，亦見

〔註6〕王溥：《五代會要》，（臺灣商務印書館，1968年3月），臺一版，二冊，頁228。
〔註7〕參見註4，頁42。
〔註8〕參見註6，頁230。

本傳，此並不錄〔註9〕。

關於《唐書·經籍志》本欲網羅當時所存歷代典籍及唐代四部著述，然其後卻僅據《古今書錄》所載，錄存簡目而已，離其當初計劃稍有一段距離，關於此點，王國良先生於〈唐五代書目考〉一文中有一段中肯的評述：

> 趙瑩的原意，是要網羅當時所存之歷代典籍及有唐一代四部著述以編撰〈經籍志〉。惟中唐以迄五代，舊籍亡失殆盡，重加蒐集著錄，實非易事；又修史時間，前後僅四年又四個月，也略嫌倉促。故最後只好全取毋煚《古今書錄》，再加以刪節了事，實不足以副《唐書經籍志》之名〔註10〕。

《唐書·經籍志》所錄僅至開元，取材亦僅《古今書錄》刪節成簡目而成，在範圍上，實不足以副《唐書·經籍志》之名，至《新唐書·藝文志》成，則稍稍彌補此一疏失。雖然如此，但《唐書·經籍志》仍保留毋煚《古今書錄》之簡目，對於瞭解《古今書錄》的部份實情有所助益。

《唐書·經籍志》既是刪節《古今書錄》為簡目，則《古今書錄》的作者毋煚亦需加以介紹，毋煚編修《古今書錄》，其事見於《唐會要》卅六云：

> （開元）九年十一月十三日，左散騎常侍元行沖上《群書四部錄》二百卷，藏之內府。……其後毋照（即毋煚）又略為四十卷，為《古今書錄》〔註11〕。

毋煚的生平事蹟並不多見，《新舊唐書》中亦無其傳，若非《古今書錄》為《舊唐志》所刪錄，則其名必致不顯。關於毋煚的生卒籍貫，李萬健先生〈從《群書四部錄》到《古今書錄》—毋煚的目錄學生涯〉一文指出：

> 毋煚，唐洛陽（今河南洛陽）人（也有人說其為今之江蘇吳縣人）。約生于乾封三年（668），卒于天寶三年（744）〔註12〕。

李萬健先生該文中並未言及所持證據為何？故未能進一步還原其所出。其推測毋煚卒于天寶三年者，不知其所據，但毋煚卒於唐玄宗之世，則可確知。劉肅《大唐新語》卷十一云：

〔註9〕歐陽修等撰：《新唐書》，（台北：洪氏出版社，1977年6月），初版，樂天人文叢書之七十六，頁1966。

〔註10〕參見註4，頁43。

〔註11〕王溥撰：《唐會要》，（台北：世界書局，1989年4月）五版，《歷代會要》第一期書，頁658。

〔註12〕李萬健：〈從《群書四部錄》到《古今書錄》──毋煚的目錄學生涯〉，《中國著名目錄學家傳略》，（大陸：書目文獻出版社，1983年6月），北京一版一刷，頁44。

　　右補闕毋煚，博學有著述才，上表請修古史，先撰目錄以進。玄宗稱
善，賜絹百疋。性不飲茶，製代茶餘序，其略曰：「釋滯銷壅，一日之利
暫佳；瘠氣侵精，終身之累斯大。獲益則歸功茶力，貽患則不爲茶災。豈
非福近易知，禍遠難見。」煚直集賢，無何，以熱疾暴終。初，煚夢著衣
冠上北邙山，斬至山頂，回顧，不見一人，意惡之。及卒，僚友送至北邙
山，咸如所夢，玄宗聞而悼之，贈朝散大夫〔註13〕。

觀此，則僅知毋煚卒於玄宗之世，而未知確實卒年爲何？李萬健先生僅提出推測，
而未言及所持證據，其說聊備一說。至於其籍貫，李萬健先生提出洛陽、江蘇吳縣
二種說法，而目前大都偏向於「洛陽」一地，如劉兆祐先生於《宋史藝文志史部佚
籍考》一書中，論及《古今書錄》一書云：「煚（即指毋煚），洛陽人，官右補闕，
著有《開元內外經錄》〔註14〕。」又王國良先生〈唐五代書目考〉一文中指出：「煚
（即毋煚），洛陽人，歷任鄠縣尉，右補闕、右拾遺等職〔註15〕。」是以都以毋煚
爲洛陽人，今從其說。

　　毋煚爲唐代有名的目錄學家，其先參與《群書四部錄》子部的編訂，其後又獨
力完成《古今書錄》的增訂（《群書四部錄》的增訂），另外再編撰《開元內外經錄》，
在目錄編撰上的成就可觀。若非《舊唐書‧經籍志》採用《古今書錄》錄節而成，
則毋煚之名或將不彰，隨著《舊唐書‧經籍志》採用《古今書錄》刪節而成，使我
們得以藉《舊唐書‧經籍志》所錄，略窺毋煚《古今書錄》的著錄情形，此亦《舊
唐書‧經籍志》的附加價值所在。

第二節　著錄之比較

　　在圖書著錄上，《隋志》兼記六朝以來圖書流通的情況，《舊唐志》則著錄開元
一代藏書實況，以上書目均能客觀的反映當時圖書流通的實況，但其中亦稍有差別，
《隋志》雖以兼記六朝以來圖書，但並非完全反映當時現存圖書的全貌，其中亦參
酌《隋志》編撰者的個人主觀去取，《隋志》總序云：

　　　　其舊錄所取，文義淺俗、無益教理者，並刪去之。其舊錄所遺，辭義

〔註13〕劉肅：《大唐新語》，（台北：仁愛書局，1985年10月），頁166。
〔註14〕劉兆祐：《宋史藝文志史部佚籍考》，（台灣：國立編譯館中華叢書編審委員會編印，
　　　　1984年4月），頁683。
〔註15〕參見註4，頁43。

　　　　可采，有所弘益者，咸附入之〔註16〕。

而《舊唐志》採取《古今書錄》刪錄成簡目，而《古今書錄》復增錄《群書四部錄》
而成，而《群書四部錄》是參酌當時宮中圖書館及徵集民間異本所致，其較能反映
出當時的典籍概貌。以《舊唐志》考之《隋志》，其中《隋志》所錄亡佚之書，往往
有出於《舊唐志》者，本文則擬加以提出說明。

　　　在著錄上，《隋志》、《舊唐志》均志以書名、作者、卷數、分類等，而《舊唐
志》對《隋志》亦多以改動，其中緣於歷代傳抄刻寫、著錄方式等不同，而在著錄
上有所改動，本文擬加以整理其中變動之因，以明其中演變之跡。

壹、書　名

一、版本異同

　　　《隋書》的版本情形，簡述如下：

第一、《隋書》傳本：

1、北宋國子監刊本

　　案：王國維《五代兩宋監本考》卷中著錄。

2、北宋刊小字本

　　案：劉文興《苩盦經眼錄》、傅增湘《雙鑑樓善本書目》卷二著錄此本。

3、宋刊本

　　案：于敏中《天祿琳琅書目》卷二、晁公武《郡齋讀書志五卷，後志二卷》二上、
　　　　袁克文《寒雲手寫所藏宋本提要廿九種》（不分卷）、潘宗周《寶禮堂宋本
　　　　書錄》史部、江建霞《宋元書目行格表》卷上、張元濟《涵芬樓燼餘書錄》
　　　　史部（不分卷）、陳振孫《直齋書錄解題》卷四、瞿鏞《鐵琴銅劍樓藏書目
　　　　錄》卷八、瞿啓甲《鐵琴銅劍樓宋元本書影識語》卷二著錄此本。

4、南宋國子監刊本

　　案：王國維《五代兩宋監本考》卷下著錄。又邵懿辰等撰《增訂四庫簡明目錄標
　　　　注》卷五著錄有「南宋嘉定間刊本」，未知是否即此本？

5、宋刊元修本

　　案：傅增湘《雙鑑樓善本書目》卷二著錄此本。

6、宋刊配元覆本

〔註16〕魏徵等撰：《隋書》，（台北：洪氏出版社，1977年6月），初版，頁908。

案：陸心源《皕宋樓藏書志》卷十八、江建霞《宋元本書目行格表》卷上著錄此本。

7、宋刊元明遞修本

案：潘景鄭《著硯樓書跋》（不分卷）著錄此本。

8、元刊本

案：張金吾《愛日精廬藏書志》卷八、張鈞衡《適園藏書志》卷三、江建霞《宋元本書目行格表》卷上、柳詒徵《盍山書影》二輯上、繆荃孫《藝風藏書續記》卷四、羅振常《善本書所見錄》卷二、瞿鏞《鐵琴銅劍樓藏書目錄》卷八、瞿啓甲《鐵琴銅劍樓宋元本書影識語》卷二著錄此本。

9、元大德瑞州路刊本

案：陸心源《皕宋樓藏書志》卷十八、陸心源《儀顧堂題跋》卷二、張元濟《涉園序跋集錄》（不分卷）、張元濟《涵芬樓燼餘書錄》（不分卷）史部、張元濟《校史隨筆》（不分卷）、丁丙《善本書室藏書志》卷六、邵懿辰等撰《增訂四庫簡明目錄標注》卷五著錄此本。

10、元刊明修本

案：傅增湘《雙鑑樓善本書目》卷二、邵懿辰等撰《增訂四庫簡明目錄標注》卷五著錄。

11、明南監刊本

案：丁日昌《持靜齋書目》卷二、周中孚《鄭堂讀書記》卷十五著錄此本。

12、明景泰元年（1450）夏㫤刊本

案：邵懿辰等撰《增訂四庫簡明目錄標注》卷五著錄，此本爲天一閣藏本。

13、明嘉靖間補刊本

案：邵懿辰等撰《增訂四庫簡明目錄標注》卷五著錄此本。

14、明崇禎八年（1635）毛氏汲古閣刊本

案：丁日昌《持靜齋書目》卷二、潘承弼、顧廷龍《明代版本圖錄初編》卷七著錄此本。

15、清乾隆四（1739）年武英殿刊本

案：丁日昌《持靜齋書目四卷、續增一卷》卷二、沈德壽《抱經樓藏書志》卷十五有著錄，此本簡稱「殿本」。

16、揚州局本

案：邵懿辰等撰《增訂四庫簡明目錄標注》卷五著錄。

17、同文局本

案：邵懿辰等撰《增訂四庫簡明目錄標注》卷五著錄。

18、竹簡齋本

案：邵懿辰等撰《增訂四庫簡明目錄標注》卷五著錄。

19、南雍三朝本

案：劉承幹《嘉業堂善本書影》卷五有著錄。

20、校宋元明遞修本

案：潘景鄭《著硯樓書跋》有著錄。

21、點校本

案：此本為目前通用之本，附現代標點，卷末附有〈校勘記〉。

第二、單行本

1、《隋書・經籍志》四卷

成都御風樓刊本

案：繆荃孫《藝風藏書記》卷五著錄此本。

2、章宗源《隋書經籍志考證》三卷

手校本

案：潘景鄭《著硯樓書跋》（不分卷）、邵懿辰等撰《增訂四庫簡明目錄標注》卷五著錄。

抄本

案：朱緒曾《開有益齋讀書志》卷三、丁丙《善本書室藏書志》卷十四、邵懿辰等撰《增訂四庫簡明目錄標注》卷五著錄。

刻印本

案：崇文書局本、二十五史補編（開明書店排印本、中華書局重印本二種）。邵懿辰等撰《增訂四庫簡明目錄標注》卷五著錄。

3、姚振宗《隋書經籍志考證》五十二卷首一卷

快閣師石山房叢書（浙江圖書館本、開明書店本）二種，此本亦可歸於叢書本。

二十五史補編（開明書店排印本、中華書局重印本）・隋書部份。

4、《隋經籍志考證》一卷

櫟山館輯補書

5、其　他：

張鵬一《隋書經籍志補》二卷，

案：二十五史補編（開明書店排印本、中華書局重印本）・隋書部份。此本雖非《隋書經籍志》的單行本，亦非考證之書，然其所補以《隋書經籍志》為

主，故暫繫於此。

王仁俊《隋書經籍志補校》二冊

案：王國良〈唐五代書目考〉頁 52 引，至於其版本情況，待考。

康有爲《隋書經籍志糾繆》一卷

案：王國良〈唐五代書目考〉頁 52 引，至於其版本情況，待考。

第三、叢書本

1、日本文政八年（1825）刊八史經籍志本。

2、清光緒初鎮海張壽榮重刊八史經籍志本。

3、叢書集成本，即用八史經籍志本。又可分爲三種：

　　商務印書館加句讀後排印，而中多誤字。

　　新文豐出版社又據商務版縮印。

　　藝文印書館則據八史經籍志影印。

4、歷代藝文志本，民國初年上海書報合作社編印。民國四十五年，台北遠東圖書公
　　司翻印，改名《中國歷代圖書大辭典》。

5、歷代藝文志廣編本。

6、《隋書》八十五卷（唐）魏徵、長孫無忌等撰

　　二十史（南監本、北監本）

　　十七史

　　四庫全書‧史部正史類

　　摛藻堂四庫全書薈要‧史部

　　百衲本二十四史（商務印書館影印本、1958 年商務印書館縮印本）

7、《隋書》八十五卷附考證

　　二十四史（武英殿本、同文書局景武英殿本、五洲同文書局景武英殿本、竹簡
　　齋景武英殿本、涵芬景武英殿本）

　　二十五史

　　四部備要（排印本、縮印本）‧史部二十四史

8、《隋書》八十五卷附考異（唐）魏徵等撰，（清）薛壽撰《考異》

　　二十四史（五省官書局本）

　　上述簡目，係《隋書‧經籍志》的大致情形。各本間必有若干的差異，然無完
善校勘之作，故僅能靠點校本《隋書經籍志》末所附〈校勘記〉，略爲陳述點校本更
動之情形。

1、經部舉例

　　皇侃《禮記講疏》九十九卷

　　案：〈校勘記〉云：「原作《禮記義疏》，據《舊唐志》上、《新唐志》一改。」
　　　　（頁 949）是則改「義」作「講」。

　　皇侃《禮記義疏》四十八卷

　　案：〈校勘記〉云：「原作《禮記講疏》，據《梁書武帝紀》、《釋文敘錄》改。」
　　　　（頁 950）

　　何胤《政禮儀注》十卷

　　案：〈校勘記〉云：「原作『政理』。《姚考》：『《新唐志》作『何點《理禮儀注》
　　　　九卷』。考是書本名，當是《治禮儀注》。而本志則諱『治』作『政』。』
　　　　今補「儀注」二字。」（頁 954）

2、史部舉例

　　晉臨川王郎中劉彧撰《長沙耆舊傳讚》三卷

　　案：〈校勘記〉云：「原脫『耆』字。按：《水經》一五〈洛水注〉、《初學記》
　　　　二、《藝文類聚》二並引《長沙耆舊傳》，《御覽》二四八也引作《長沙耆
　　　　舊傳》。今據補。」（頁 994）

　　吳左中郎張勝撰《桂陽先賢畫贊》一卷

　　案：〈校勘記〉云：「『畫』原作『書』，據《舊唐志》上、《新唐志》二改。」（頁
　　　　994）

　　《漢南庾氏家傳》三卷

　　案：〈校勘記〉云：「原脫『庾氏』二字，據《舊唐志》上、《新唐志》二補。《舊
　　　　唐志》作『《庾氏家傳》三卷，庾守業撰。』」（頁 955）

　　宋侍中沈懷文撰《隨王入沔記》六卷

　　案：〈校勘記〉云：「『隨』原作『隋』，據《新唐志》三改。」（頁 955）

　　沈瑩撰《臨海水土異物志》一卷

　　案：〈校勘記〉云：「原脫『異』字，據《兩唐志》補。」（頁 995）

　　《梁武帝總集境內十八州譜》六百九十卷

　　案：〈校勘記〉云：「『總集』原作『總責』，一本作『總貢』。《姚考》云：『《梁
　　　　書‧王僧孺傳》，僧孺入直西省，知撰譜事，集十八州譜七百一十卷。案
　　　　此『總責』、『總貢』皆『總集』之誤。』今據改。」（頁 955）

3、子部舉例：

　　許澄撰《備急單要方》三卷

案：〈校勘記〉云：「『單』原作『草』，『澄』作『證』，據本書〈許智藏傳〉附
　　〈許澄傳〉改。」（頁 1054）

《西域波羅仙人方》三卷

案：〈校勘記〉云：「『域』原作『錄』，據《通志》六九〈藝文略〉改。」（頁
　　1054）

4、集部舉例：

晉尋（即潯字）陽太守《庾統集》八卷

案：〈校勘記〉云：「『統』原入『純』，據《晉書‧庾亮傳》及《世說新語‧賞
　　譽篇》改。」（頁 201）

　　由上舉證中可知，單是點校本《隋書‧經籍志》所改動的書名部份，即有若干例證。幸好此類變動尚保留在〈校勘記〉中，使我們得以瞭解其書原始面貌。版本的差異，往往造成著錄判別上的困擾，以《隋書》的版本如此之多（參見上文列舉），其個別差異自當更加混雜，對於著錄上的錯誤之處，各版本間改或不改，即可能衍生出若干差異存在，若能有較完善的〈校勘記〉可供參考，則對《隋志》各版本間的著錄變化，當有更清楚的認識，也有助於我們對《隋志》的利用。

　　《隋志》有章宗源、姚振宗從事考證的工作，對於其中變化尚能有所掌握，而《新舊唐志》卻缺乏類似之作，自來《新舊唐志》的研究即缺乏學界進一步的疏證整理，相對也減低其中的利用價值。前賢董理書目，率皆重視不同書目間的著錄差異，以明其演變缺佚之情形，而忽略同一書目間的各種版本所引發的若干變異，今暫舉《隋志》點校本間的改動的情形，以明版本取擇對圖書著錄的判別是有深刻的影響的，至於個別版本間的變化情形，並非本文所能釐盡的，故只能列舉數例，以明其要。

二、著錄差別

（一）缺字例

　　隨著時間的演進，目錄的製錄往往因傳抄、刻寫等過程，導致有缺字或訛增的情形出現。古書多簡稱，是以在傳抄的過程中，以意存取，因而有缺字、訛增的現象。如：張溫《三史略》一書，《舊唐志》作《三史要略》，《新唐志》亦作《三史要略》，今《隋志》缺一「要」字。又梁簡文帝撰《長春義記》一書，《隋志》、《新唐志》均作《春秋義》，則《隋志》、《新唐志》缺一「記」字。又《老子義綱》一書，《舊唐志》作《老子義疏理綱》，則《隋志》缺「疏理」二字。缺字的現象又可分下列各種情形，試舉例證如下：

1、簡省（或增錄）人名者

簡省（或增錄）人名之例，往往出於集部之書，《隋志》在著錄上，由於去六朝之時未遠，是以在書名的著錄上，往往依其官銜之稱，而不附人名，然時代湮遠，單是書寫官名已不容易為人所辨識，而同一官名往往有父子相承的情事，當時的環境已不復存在，是以《舊唐志》在著錄上，除了書寫官名外，往往另外加以人名，在著錄體例上，加注人名的作法是進步的。以《舊唐志》校之《隋志》，其中往往有增錄人名者，如：

作　者	隋　志（書名）	舊唐志（書名）
司馬道子	司馬道子集	晉會稽王集
晉彭城王	彭城王紘集	晉彭城王集
臨安恭公主	臨安恭公主集	臨安公主集
劉鑠	南平王鑠集	宋南平王集
陳卓	陳卓四方宿占	四方星占

此類為增減人名之例，其中以別集類為多。《隋志》多加人名，而《舊唐志》則略其人名，或僅以官銜稱之。

2、簡省朝代名者

簡省朝代名者，如《高貴鄉公集》一書，《舊唐志》改為《魏高貴鄉公集》；又《景初曆》一書，《舊唐志》改為《魏景初曆》；《西域圖記》一書，《舊唐志》改為《隋西域圖記》，所簡省者為朝代之名。此乃源於《隋志》、《舊唐志》在著錄差異方面，係按朝代先後排列，朝代名標識於書名之上，而各代之起始書名不同，是以有些差異。另書名上加立朝代名者，則明確表達為何朝之書，亦可區別後世同名異書之情形。

3、簡省性質者

《隋志》、《舊唐志》在著錄上，往往有相互簡省性質者，書名的簡省，在書籍的確認上，亦會造成不小的困擾。

書　名（隋志）	作　者	書　名（舊唐志）	案　語
徐州先賢傳贊		徐州先賢傳	
靈憲	張衡撰	靈憲圖	案：《舊唐志》作「圖」字者，標示其性質。
勸學	蔡邕撰	勸學篇	案：《舊唐志》作「篇」字者，標示其性質，下例同。

字屬	賈魴撰	字屬篇	
黃帝八十一難		八十一難經	案：《隋志》作《黃帝八十一難》，多「黃帝」二字爲全名，然缺「經」字爲其性質之異。
湘州圖副記		湘州圖記	案：《隋志》作《湘州圖副記》，多一「副」字，《舊唐志》有作《湘州圖記》，二書卷帙同爲一卷，同列地理類，且《隋志》著錄尚存其書，而無作《湘州圖記》，《舊唐志》收錄《湘州圖記》一書，而無《湘州圖副記》，今以二書相同，而言「副」者，原應對比「正」字而來，惟查無《湘州圖記》或《湘州圖正記》之書，不知爲何？
晉元嘉副詔		晉元嘉策	案：《隋志》加一「副」字。
喪服要集	杜預撰	喪服要集議	案：《舊唐志》加「議」字，標示此書性質。
淮南子	高誘撰	淮南子注解	案：《舊唐志》加「注解」者，標示性質。
甲辰儀	江左撰	甲辰儀注	案：《舊唐志》加「注」字者，標示性質。
梁賓禮儀注	賀瑒	梁賓禮	案：《隋志》作《梁賓禮儀注》，加一「儀注」者，爲標示其性質。
司徒儀	干寶	司徒儀注	案：《舊唐志》加「注」字，加註其性質。
洪州諸姓譜		洪州譜	案：《隋志》加「諸姓」二字者，點明其性質。
春秋穀梁傳	尹更始撰	春秋穀梁章句	案：《舊唐志》加「章句」二字者，點明其性質。
東方朔占		東方朔占書	案：《舊唐志》加一「書」字，爲標示其性質
尙書洪範五行傳論	劉向撰	尙書洪範五行傳	案：《隋志》標示加「論」字，爲標示其性質。
周易統略	鄒湛撰	周易統略論	案：《舊唐志》加「論」字，爲標示其性質。
周易乾坤義	劉瓛撰	周易乾坤義疏	案：《舊唐志》加一「疏」字，爲標示其性質。
毛詩序義疏	劉氏撰	毛詩序義	案：《隋志》加一「疏」字，爲加註其性質。
喪服文句義疏	皇侃撰	喪服文句義	案：《隋志》加一「疏」字，爲標明其性質。
周地圖記		周地圖	案：《隋志》加一「記」字，爲標示其性質。

吳越春秋	皇甫遵撰	吳越春秋傳	
七悟	顏之推	七悟集	案：《隋志》往往有缺「集」字之例，以下七例即屬於此。
文會詩	徐伯陽	文會詩集	
古今詩苑英華	梁昭明太子撰	古今詩苑英華集	
少學	楊方撰	少學集	
女訓		女訓集	
百國詩		百國詩集	
百志詩	干寶撰	百志詩集	
百一詩	李羹撰	百一詩集	
歌錄		歌錄集	
七林	卞氏	七林集	

　　從上述諸例，其所標示之性質者，以「集」「疏」「圖」「傳」「論」「章句」「篇」等為主，往往為書寫之中所常遺漏或省異之字，今釐析其性質如上。

4、簡稱全名不一例

　　古籍常常書多簡稱，故在著錄上或用全名，或用簡稱，往往取捨原則不一，詳略互見。以《舊唐志》校之《隋志》，其中全名簡稱不一的情形頗為嚴重，各書簡省不一處釐析如下：

《隋志》全名，《舊唐志》省稱之例

隋　　志（書名）	作　　者	舊　唐　志（書名）	案　　　語
何顒使君家傳		何顒傳	案：《舊唐志》作《何顒傳》者，簡省之例。
徐氏家傳祕方		徐氏家祕方	案：《隋志》作一「傳」字，與《舊唐志》所載近似。
晉公卿禮秩故事	傅暢	晉公卿禮秩	案：《隋志》加「故事」者，為其全稱。
黃帝問玄女兵法		黃帝問玄女法	案：《隋志》作「兵法」者，為其全稱。
黃素藥方		黃素方	案：《隋志》作「藥方」者，《舊唐志》省作「方」字，下例同。
阮河南藥方	阮文叔撰	阮河南方	
薛常侍家傳	荀伯子撰	薛常侍傳	案：《隋志》作《薛常侍家傳》，而《舊唐志》省作《薛常侍傳》，蓋「傳記」之作，往往兼及家人附傳，今未確知荀伯子所撰之書僅及個人傳記或亦

			有家人附傳，然考《隋志》、《舊唐志》所錄，其卷數、撰者均屬一致，故疑《舊唐志》所錄或係簡名。
論語釋疑	欒肇撰	論語釋	案：《論語釋疑》一書，《舊唐志》作《論語釋》，「釋」字乃解心中疑團，《隋志》作《論語釋疑》爲全稱。
經心錄方	宋俠撰	經心方	案：《隋志》作《經心錄方》者，「錄」字爲引錄、摘錄之意，記其醫方，則其書名《經心方》者亦可，是《隋志》所記爲全稱。
會稽後賢傳記	鍾離岫撰	會稽後賢傳	案：《會稽後賢傳記》，《舊唐志》缺一「記」字，則《會稽後賢傳記》爲全稱。
啓疑記	顧愷之撰	啓疑	案：《啓疑記》一書，《舊唐志》缺一「記」字，然疑《啓疑記》即《啓疑》一書之全稱。
齊甲子元曆		齊甲子曆	案：《隋志》作《齊甲子元曆》者，爲全稱。
梁元帝小集	梁元帝撰	梁元帝集	案：《隋志》作《梁元帝小集》者，爲全稱。
文林館詩府	北齊後主作	文林詩府	案：《隋志》作《文林館詩府》，亦可知其爲一館詩人之作，而非泛文林。《舊唐志》簡稱《文林詩府》，則失去詳盡著錄之稱。
士緯新書	姚信撰	士緯	案：《舊唐志》作《士緯》者，省稱之例。
三國志評	徐眾撰	三國評	案：《隋志》作《三國志評》者，全稱之名。《舊唐志》省略「志」字，則未必妥當。
世本王侯大夫譜	王氏注	世本譜	案：王玉德先生於〈《世本》的卷數、版本、注本及篇類考〉一文中指出：「疑新、舊《唐書》中的《世本譜》二卷，即《隋志》中《世本王侯大夫譜》二卷的簡稱。」〔註17〕
宋永初雜詔		宋永初詔	案：《隋志》作《宋永初雜詔》者，爲全稱之名。
周大象年曆	王琛撰	周天象曆	案：《隋志》作《周大象年曆》者，爲全稱之名，曆法往往以一年爲記，「大」「天」字形接而意念亦屬接近，往往有通用現象。

〔註17〕龐子朝、姚偉鈞、王玉德合著：《三網集》，（大陸武漢出版社，1991年4月），頁193。

周官禮駁難	孫略問‧干寶答	周官駁難	案：《隋志》作《周官禮駁難》，《周官》為三《禮》之一，故而云「周官禮」者為全稱之名。
周易盡神論	鍾會撰	周易論	案：《隋志》作《周易盡神論》者為全稱。
陳天嘉六年壽安殿四部書目		陳天嘉四部書目	案：《隋志》作《陳天嘉六年壽安殿四部書目》較《舊唐志》所作《陳天嘉四部書目》多出年代（天嘉六年）及藏書地（壽安殿），其為全稱可知。
春秋經傳說例疑隱	吳略	春秋詭例疑隱	案：《隋志》作《春秋經傳說例疑隱》，然《舊唐志》記作《春秋詭例疑隱》，「春秋經傳」與「春秋」之稱往往互用，然未知何以《舊唐志》作「詭例」者？若《隋志》所記「說例」者，似乎較合。
後魏孝文帝集	後魏孝文帝	後魏文帝集	案：《隋志》作《後魏孝文帝集》，《舊唐志》作《後魏文帝集》，後世往於前帝號名前加一「孝」字，其實一也。
顧道士新書論經	顧谷	顧道士論	案：《隋志》作《顧道士新書論經》，然《舊唐志》作《顧道士論》者，簡省無乃太過。
老子道德經	李耳撰‧河上公注	老子	案：《隋志》作《老子道德經》，而《舊唐志》作《老子》者，別名通用之故。
袞州山陽先賢讚	仲長統撰	袞州先賢傳	案：《隋志》作《袞州山陽先賢讚》者，較《舊唐志》多出「山陽」者，漢時有山陽縣，即今山東省金鄉縣西北四十里之地。顧祖禹《讀史方輿紀要》卷二、卷三十二有其記載，其中卷三十二記載其地相當於山東袞州府金鄉縣昌邑城，是以「袞州」「山陽」同屬一區，《隋志》保留全稱，《舊唐志》嫌其重複，故而簡省「山陽」二字。
尉繚子并錄		尉繚子	案：《隋志》作《尉繚子并錄》，《舊唐志》僅作《尉繚子》，目錄分合不同之故。
新渝惠侯義宗集	新渝惠侯義宗	劉義宗集	案：《隋志》作《新渝惠侯義宗集》，其時為劉宋之時，國姓「劉」，《舊唐志》僅作《劉義宗集》，不書官銜。
難孫氏毛詩評	陳統	難孫氏詩評	案：《隋志》作《難孫氏毛詩評》者，全稱之名。漢時有師法家派之別，而以毛詩最盛，《隋志》記作《難孫氏毛詩評》者，全其家派之名。唐朝以後，毛詩獨存，韓詩僅存外傳，故而言《詩》者，莫不以《毛詩》為宗。《隋

			志》著錄猶存古法，載以全稱，而《舊唐志》所記，則逐漸有以「詩」代「毛詩」之例。
譙子五教志		譙子五教	案：《隋志》作《譙子五教志》者，爲全稱之名。
敘同音義		續同音	案：「續」「敘」同音相近。《隋志》作《敘同音義》者，多「義」字，「音」「音義」往往亦相揉雜，或亦僅以「音」代之。
三統曆法	劉歆撰	三統曆	案：《隋志》作《三統曆法》，《舊唐志》作《三統曆》，「曆」「曆法」相近，從「曆法」者，當係全稱。
九宮行碁立成法	王琛撰	九宮行碁立成	案：《隋志》加一「法」字，爲全稱之名。
天文志雜占	吳雲撰	天文雜占	案：《隋志》作《天文志雜占》爲全稱之名。
春秋雜議難	孔融（漢）	春秋雜義	案：「議」「義」之別，爲偏旁無定例，《隋志》多一「難」字，爲全稱之名。

以上諸例爲《隋志》全名，而《舊唐志》省稱之例。

《舊唐志》全稱，《隋志》簡稱之例：

書抄	虞世南撰	北堂書抄	案：《舊唐志》所記爲全稱，加「北堂」者，以示所在地點。
史要	衛颯	史記要傳	案：《隋志》僅作《史要》，《舊唐志》加「要傳」二字。
史記音	鄒誕生撰	史記音義	案：《隋志》僅作《史記音》，《舊唐志》「音」作「音義」。
春秋辯證		春秋辯證明經論	案：《舊唐志》加「明經論」三字。
毛詩草木蟲魚疏	陸璣	毛詩草木鳥獸蟲魚疏	案：《舊唐志》加「鳥獸」二字。
顧子	顧夷	顧子義訓	案：《舊唐志》作《顧子義訓》者，爲全稱之例。
弔答儀	王儉	弔答書儀	案：《隋志》錄「書儀」之名，或僅稱「儀」字，《舊唐志》則加「書儀」之名，如《弔答儀》、《皇室儀》等書，《隋志》以「儀」稱之，或係簡稱。考《隋志》亦多作「書儀」之稱者，如《內外書儀》、《書儀》、《吉書儀》等，今此類之書，於敦煌出土唐抄本中有之，亦多以「書儀」之稱。

孔叢	孔鮒撰	孔叢子	案：《舊唐志》作《孔叢子》者，「子」爲通稱，如《孟子》、《符子》之稱者。《隋志》作《孔叢》者，省名也。
採璧	庾肩吾撰	採璧記	案：《隋志》作《採璧》者，省卻「記」字。
飛龍篇	崔瑗	飛龍篇篆草勢	案：《舊唐志》作《飛龍篇篆草勢》者，當爲全稱。若不審作者、卷數等著錄，則未必知《飛龍篇篆草勢》即《飛龍篇》之全稱，《舊唐志》加以「篆草勢」，可知其書爲記載篆、草之書者，或亦可以加註性質視之。
皇室儀	鮑行卿	皇室書儀	案：《隋志》作《皇室儀》者，當爲省稱。
霸朝集	李德林	霸朝別集	案：《隋志》作《霸朝集》，《舊唐志》「集」字作「別集」，意念相近。《舊唐志》所加雖可視爲全稱，然似乎爲後出以意定取。
文章始	姚察撰	續文章始	案：《舊唐志》作《續文章始》者，有別於任昉《文章始》一書，任書在前，姚書在後，故有此書名異稱。
交州雜事		交州雜故事	案：《隋志》作《交州雜事》者，省卻「故」字，《舊唐志》作《交州雜故事》者，以意定取，亦可視爲全名。
江淹集	江淹（文通）	江淹前集	案：《隋志》僅分《江淹集》九卷、二十卷二種，另有《江淹後集》十卷。《舊唐志》有《江淹前集》十卷、《江淹後集》十卷；《隋志》所云《江淹集》亦即《舊唐志》所云《江淹前集》，惟作十卷，與《隋志》所錄之本稍有出入。
宋拾遺	謝綽	宋拾遺錄	案：《隋志》作《宋拾遺》者，缺一「錄」字，或係簡稱。
肘後方	葛洪	肘後救卒方	案：《隋志》作《肘後方》者，缺「救卒」字，則《隋志》所錄爲簡稱。
服玉方法		服玉法并禁忌	案：《隋志》作《服玉方法》，惟《舊唐志》作《服玉法并禁忌》，此類爲方藥之書，并記禁忌之事，當以《舊唐志》所錄爲全名。
金匱錄	京里先生撰	金匱仙藥錄	案：《隋志》僅作《金匱錄》，《舊唐志》作《金匱仙藥錄》，「仙藥」之名，只爲強調之稱，但也可視爲全稱。
南華論	梁曠撰	南華仙人莊子論	案：《舊唐志》作《南華仙人莊子論》，《隋志》則僅作《南華論》，則《舊唐志》所記爲全稱。

後林	虞喜撰	後林新書	案:《舊唐志》作《後林新書》者,較《隋志》多「新書」之字,《舊唐志》當爲全稱。
春秋前雜傳	何承天	春秋前傳雜語	案:《舊唐志》加「雜語」者,或爲全稱。
春秋條例	劉寔撰	春秋左氏條例	案:《舊唐志》作《春秋左氏條例》爲全稱。
蒼頡	杜林注	蒼頡訓詁	案:《舊唐志》作《蒼頡訓詁》爲全稱。
離騷草木疏	劉杳撰	離騷草木蟲魚疏	案:《舊唐志》作《離騷草木蟲魚疏》作全稱。

　　以上諸例,爲《舊唐志》全稱,而《隋志》簡稱之例。

（二）改字例

1、改字多從意念相近之字取換：

　　此類係源於古書多簡稱,故而意念近而改換,說明如下：

隋志（書名）	作　者	舊唐志（書名）	案　　　語
春秋決事	董仲舒	春秋決獄	
三輔舊事	韋氏撰	三輔故事	案:「舊」「故」二字相近而改。
太一飛鳥曆		太乙飛鳥曆	案:「太一」往往與「太乙」二字互換。
迴文詩	謝靈運撰	迴文集	案:「詩」「集」意念接近,「集」之意念包含「文集」、「詩集」在內,今《舊唐志》以「集」代「詩」字。
州郡縣簿		州郡縣名	案:「名」「簿」常常互通,其中意念接近而改換。
推元辰厄會		推元辰厄命	案:「命」、「會」意念接近。
六藝問	鄭玄撰	六藝論	案:「問」「論」意念近
關令內傳	鬼谷先生撰	關令尹喜傳	案:《關令內傳》當爲《關令尹內傳》之省稱,「喜」字爲「關令尹」之名,此亦源於古書多簡稱,故省稱、全稱不一,又書名有所改稱。
婦人集鈔		婦人詩集	案:此書置於「總集類」,故《隋志》云「集鈔」較合,惟作「詩集」亦可。
七曜術算	甄鸞撰	七曜曆算	案:「曆」「術」意念接近。
諸國清賢傳		諸國先賢傳	案:「清賢」「先賢」意念接近。
輿駕東行記	薛泰撰	輿駕東幸記	案:「輿駕」指皇帝車駕,皇帝出巡曰「幸」,與「行」意念接近。
虞氏家記	虞覽	虞氏家傳	案:「家記」「家傳」意念接近。

越絕記	子貢	越絕書	案：「書」「記」意念接近。
楚國先賢傳贊	張方	楚國先賢志	案：「傳贊」，文體之名。「志」，記載之稱，意念接近而取捨不一之故。
襄陽耆舊記	習鑿齒	襄陽耆舊傳	案：「記」「傳」皆意念相近。
聖皇篇	蔡邕	聖草章	案：「篇」「章」意念相近。
商君書		商子	案：《商君書》即商鞅之書，商子即商鞅，今以「子」稱其書，與《曾子》、《荀子》之稱相同，亦指其人所著之書。
晉咸寧起居注	李軌撰	晉愍帝起居注	案：《晉咸寧起居注》以其年號稱之，《晉愍帝起居注》則以帝名稱之，《舊唐書校勘記》云：「『愍帝』，《隋志》、《新志》作『咸寧』。此處各書如以年代先後序列，則太始（265〜274）之後當為『咸寧』（275〜279），似以《隋志》、《新志》為是。」（頁2020），今其說可從。
婦人訓誡集	徐湛之	婦人訓解集	案：今點校本《舊唐志》已據改為《婦人訓誡集》。
陳尚書雜儀注		陳尚書曹儀注	案：「雜儀」「曹儀」意念接近。
武昌先賢志	郭緣生撰	武昌先賢傳	案：「志」「傳」意念接近。
尚書駁議	王肅撰	尚書釋駁	案：「駁議」「釋駁」意念接近。「駮」同「駁」，「釋」近於「議」故而互近而改。
春秋申先儒傳論	崔靈恩撰	春秋申先儒傳例	案：「論」「例」意念接近。
魏武本紀并曆		魏武本紀年曆	案：《舊唐志》、《隋志》俱主「本紀」「年曆」合一。
四時採藥及合目錄		四時採取諸藥及合和	案：《隋志》所錄，乃合「目錄」為一體，《舊唐志》所錄意念接近，惟不知其是否合「目錄」為一體。

此類書名異稱，往往有其演變之跡可尋。變化之由，係因書籍多簡稱之故。

2、改字從字形接近之例而誤換：

改字之例中，其中有因字形接近而誤換者，如桓威《渾輿經》一書，《舊唐志》改為《渾興經》，蓋「輿」「興」字形接近而誤換，「渾興」不知何義，當為「渾輿」之誤，又「渾輿」或即為「渾儀」，今《舊唐志》作《渾興經》者，當誤，《隋志》所錄較接近事實。又《薄蕭之集》，《舊唐志》改作《薄肅之集》，「蕭」「肅」字形接近，《新唐志》亦作《薄肅之集》，則當以《蕭蕭之集》為是，然其人生平事蹟未知，猶待詳考。

3、改字或以意擬測而擅改：

隋　志（書名）	作　者	舊唐志（書名）
劉涓子鬼遺方	龔慶宣撰	劉涓子男方
喪服經傳	陳銓注	喪服紀
春秋成奪	潘叔度	春秋成集
科錄	元暉等撰	祕錄
樂譜集	蕭吉	樂府集解
桓玄僞事		桓公僞事
四聲韻林	張諒撰	四聲部
狐剛子萬金決	葛仙公撰	狐子方金訣
禮記禮義	鄭小同撰	禮記義記
喪服變除圖	射慈撰	喪服天子諸侯圖

　　以上所改之字不知其原因爲何？如《桓玄僞事》改爲《桓公僞事》，《科錄》或作《祕錄》，此類或以意改之，並未能確實釐清其所改之因。

4、改字從字音接近而改：

　　改字之例，亦有字音相同而改者，如崔浩《曆術》一書，《舊唐志》改作《曆疏》，「疏」「術」同音相近而改。

（三）互倒例

　　書名著錄，往往有前後字誤倒之例，此亦因古籍本多簡稱；或係傳抄過程中產生的變化所衍生出的問題。誤倒之例往往是意念接近，或也許是抄錄者家諱所致，而前後字互換，例：

隋　志	作者	舊唐志	案　語
君臣相起發事		君臣相發起事	案：「起」「發」二字相換，其意念不變。
解文字		解字文	
禮論問答		禮論答問	
漢朝議駁		漢朝駁義	案：「駁」「駮」二字爲古今異字，二字通用，「議」「義」爲偏旁無定例，《新唐志》亦從《隋志》作《漢書議駁》，是以《舊唐志》或當據《隋志》、《新唐志》改作《漢書議駁》爲是。
後漢書讚論	范曄	後漢書論贊	案：「讚」「贊」爲偏旁無定例，二字往往通用。
毛詩答雜問		毛詩雜答問	案：「雜答」「答雜」二字互倒。
帝王要略	環濟撰	帝王略要	案：「要略」「略要」二字相倒。

　　從上述例證中可知，書名著錄有互倒之例，往往其意念可通，然互倒之例外，尚有古今異字或偏旁無定的變化，更增添書名著錄的差異性。

三、避諱與否

　　古籍中往往有因避諱而省改文字，遂造成書籍異文，其中往往與事實本貌有一段差距。目錄著錄圖書，其中反映客觀的圖書著錄實況，若其中摻入避諱之故，更動書名、作者的著錄，往往造成同書異名或作者異名的情況，若再經過書寫習慣的訛誤，往往據原貌更遠。在圖書著錄上，《隋志》、《舊唐志》避諱的情形是如何呢？以《舊唐志》、《隋志》的對勘中，我們可以發現避諱對圖書著錄上的影響。

（一）避隋煬帝諱：

　　隋煬帝諱「廣」，陳新會先生《史諱舉例》卷八〈歷朝諱例〉中提到：「廣改為大，或為博，廣川縣改長河，廣武縣改雁門。」〔註18〕以《舊唐志》校之《隋志》，其中亦有避「廣」作「博」字例，如曹憲《廣雅音》一書，《舊唐志》作《博雅》，《博雅》即《廣雅》也，茲引段玉裁《廣雅疏證序》以為論證，其說如下：

> 張君（霖案：係指張稚讓）進表《廣雅》，分為上、中、下，是以《隋書·經籍志》作三卷。而又云梁有四卷，不知所析何篇。隋曹憲音釋，《隋志》作四卷，《唐志》作十卷，今所傳十卷之本音與正文相次，然《館閣書目》云：「今逸，但存音三卷」是音與廣雅別行之證，較然甚明，特後人合之耳。又憲避煬帝諱，始稱《博雅》，今則仍名《廣雅》，而退音釋於後，從其朔也〔註19〕。

是則《隋志》業已改正，而《舊唐志》仍避隋諱。

（二）避唐高祖之父李昞諱：

　　陳新會先生《史諱舉例》卷八〈歷朝諱例〉舉高祖之父李昞諱例云：「昞、炳、丙、秉，皆改為景。」〔註20〕，如錢大昕《廿二史攷異》指出《宗景集》云：「宗炳，字少文，避諱改為景。」（頁1187），「炳」避為「景」，即避高祖父李炳之諱。

（三）避唐高祖諱：

　　陳新會先生《史諱舉例》卷八〈歷朝諱例〉舉高祖諱例云：「淵改為泉，或為

〔註18〕陳新會：《史諱舉例》，（台北：文史哲出版社，1987年元月三版）卷八，頁145。
〔註19〕段玉裁：《廣雅疏證》，《爾雅·廣雅·方言·釋名--清疏四種合刊》，（大陸：上海古籍出版社，1989年1月），頁340。
〔註20〕同註18，頁147。

深。」〔註21〕，《隋志》、《舊唐志》往往有改「淵」為「泉」字，如《詩神泉》一書，即改「淵」為「泉」字，《廿二史攷異‧隋書二》卷三十四云：「詩神泉一卷本名神淵（見後漢書趙長君撰），唐人避諱改。」〔註22〕另外如《江泉之集》、《江智泉集》等書亦皆避唐高祖諱，改「淵」字為泉字。

　　雖然《舊唐志》有改「淵」為「泉」字例，但並非所有「淵」字均為「泉」字，如《陶淵明集》即不避「淵」字。除了避「淵」為「泉」字外，另有以字行之者，如《許淵集》一書，《舊唐志》改作《許彥回集》，許淵，字彥回，蕭齊人。《新唐志》改為《許淵集》，是則雖避唐高祖諱「淵」字，然非逕改「淵」為「泉」字，在避諱的情況下，以字行之例較逕改之例為高明。《隋志》在避唐高祖之諱時，顯然要較《舊唐志》完善，以《舊唐志》未避「淵」字之《陶淵明集》一書，《隋志》在著錄上作《陶潛集》，此亦較逕改「淵」為「泉」之例為善。

（四）避太宗諱：

　　陳新會先生《史諱舉例》卷八〈歷朝諱例〉舉唐太宗諱例：「世改為代，或為系，從世之字之字改從云，或改從曳。民改為人，或為甿，從民之字改從氏」〔註23〕從《隋志》、《舊唐志》的比勘中，有避「世」「民」二字者，前者如《魏晉世語》、《帝王世記》、《鄭世翼集》、《續帝王世記》等書，《舊唐志》均避「世」作「代」字；後者如崔寔《四人月令》、李淳風《續齊人要術》、《四民福祿論》、賈思勰《齊人要術》等皆有避「民」為「人」的情事。就避「世」字例而言，《舊唐志》雖有部份避太宗諱，但並非所有均避「世」為「代」字，如劉義慶《世說》、劉孝標《續世說》、虞世南《虞世南集》、朱敬則《十世興王論》、明粲《明氏世錄》、無名氏《世本譜》、宋衷《世本》、無名氏《梁諸侯世子凶儀注》、《世本別錄》、《司馬氏世家》、宋均《帝譜世本》、桂顏《桂氏世傳》等書，《舊唐志》並不避「世」字，是以可見其避諱的情形並非絕對不容相錯的，而是偶然為之；或為後世改正之後的結果。

　　若就避「民」字之例，《舊唐志》則完全避此諱字。相較之下，唐世避諱並非十分嚴謹的，陳新會先生《史諱舉例》卷八〈歷朝諱例〉云：

　　　　唐制，不諱嫌名，二名不偏諱。故唐時避諱之法令本寬，而避諱之風
　　則甚盛。武德九年，有「世及民兩字不連續者，並不須避」之令。顯慶五
　　年，有「避名不諱，今後繕寫舊典文字，並宜使成，不須隨義改易」之詔。

〔註21〕同註18，頁147。
〔註22〕錢大昕：《廿二史攷異》，斷句本《隋書》（二十五史）附，（台北：新文豐出版公司），頁1183。
〔註23〕同註18，頁147。

然唐人注史記、兩漢書、文選，撰晉、陳、北齊、周、隋、南、北八史，

於唐廟諱，多所改易，古籍遂至混淆。〔註24〕

驗之《舊唐志》所載，其避諱情形並非不容相錯，甚至避「世」爲「代」字之例，較之不避「世」字之例爲少，故而不得以宋、清避諱之例衡諸唐代避諱情形。

（五）避高宗諱：

承上所云，唐高宗時，雖有明詔云避名不諱，然在《舊唐志》的著錄上，亦有避「治」爲「理」者，如魏徵撰《群書治要》一書，《舊唐志》避「治」爲「理」，作《群書理要》，但又並非《舊唐志》所有「治」字皆有避諱，如李文博《治道集》一書即不諱唐諱，再度驗證唐諱並非絕然嚴謹的。

（六）避玄宗諱：

唐玄宗諱「隆」「基」二字者，陳新會先生《史諱舉例》卷八〈歷朝諱例〉舉玄宗諱例云：「隆州改閬州，大基縣改河清」〔註25〕，衡之《舊唐志》，蓋有避「隆」爲「崇」例、改「隆」爲「興」例，前者如《隆安記》、《晉隆和興寧起居注》、《晉崇安元興大亨副詔》、《晉崇寧起居注》、《晉崇和興寧起居注》等例，詳細論列見第四章第三節；後者如《庾景興集》，羅士琳等《舊唐書校勘記》卷二九云：

沈本景作曇，云：「《新書》興作隆。」按隋志亦作曇，蓋《隋志》亦

作曇，蓋曇作景者，傳寫之訛；隆作興者，唐人避諱所改也〔註26〕。

蓋此皆避唐玄宗諱例。

避諱對圖書著錄多少造成同書異名的現象，然而唐朝時避諱的現象並非絕然不容相錯，其中亦有或避或不避者，詳見上文。圖書著錄貴在反映圖書實況，若經過避諱的改變，外加傳抄的訛誤，其離書名本貌更遠，如上述所舉《庾景興集》一書，實則作《庾曇隆集》，蓋「興」字避玄宗「隆」字而改字，又「景」字爲「曇」字之訛誤，以至於《庾景興集》一書，距其本貌《庾曇隆集》有大異其趣的書名著錄。圖書著錄經過避諱手續後，得以藉避諱字例還其本貌，是以清代·王士禎《池北偶談》卷十九〈談藝九〉中主張：

古今避諱有沿襲不改者，如秦始皇諱政，以正月爲征月。晉諱司馬昭

諱，樂府以昭君爲明君。唐祖諱虎，改虎林爲武林。呂后諱雉，以雉爲野

雞，武后諱曌，以詔書爲制書，鮑照爲鮑昭。楊行密據揚州，州人改蜜爲

〔註24〕同註18，頁145～146。

〔註25〕同註18，頁148。

〔註26〕羅士琳等：《舊唐書校勘記》，《唐書經籍藝文合志》附（臺灣：世界書局，1963年4月），初版，頁461～462。

蜂糖。錢元瓘璩瀫浙，浙人改一貫爲一千之類。皆當改正〔註27〕。
書文中因避諱而改字例，後世得據原字改正，此法雖有擅改圖書之失，但也間接保存實況，否則以注文校記的方式註明避諱字，亦不失爲另一種折衷的方式。

四、書寫習慣：

廣義的書寫，包含抄寫、刻寫（或名寫刻）在內。由於今本《隋書》、《舊唐書》業已經過若干傳抄、刻寫等過程，由於抄手或刻工們書寫習慣的不一致，常導致文獻載錄有所差別，或古今異字，或音同而轉，或形近而誤，甚至只是單純的書寫習慣改變，其形式各異，所產生出的情形自異，今析論如下：

（一）古今異字：

1、「針」「鍼」例：

「鍼」字爲較古之字，然其筆劃較多，書寫稍繁，後世則多不書「鍼」字，而以「針」字取代，以《舊唐志》校之《隋志》，其間亦有改「鍼」字爲「針」字者，如張子存《赤烏神鍼經》一書，《舊唐志》改「鍼」字爲「針」字，即爲此例。

2、「辭」「詞」例：

「辭」字爲古常用字，然亦筆劃較繁，後世多以「詞」字取代，以《舊唐志》校之《隋志》，亦多有此例，其中楚詞類之書，《隋志》全作《楚辭》，然《舊唐志》全作《楚詞》，此點亦往往因字劃繁複而改，由於此類變化僅僅爲古今用字繁簡不一之故，雖然字有差別，但因爲古今通用之故，往往著錄之書並不會因此原因而誤淆。

3、「沉」「沈」例：

如《謝沈集》，《舊唐志》改爲《謝沉集》，「沈」「沉」可視爲一字異體，此亦書寫習慣上的變化所致。

4、「寧」「甯」例：

「甯」「寧」爲一字異體，亦爲古今異字，古體多從「甯」字，後則多改用「寧」字，《隋志》有《范寧集》、《范寧啓事》二書，《舊唐志》「寧」作「甯」字。

5、「鎖」「瑣」例：

《隋志》作《古文瑣語》，《舊唐志》作《古文瑣語》，「鎖」「瑣」爲一字異體，亦即古今異字。

6、「駮」「駁」例：

《隋志》作《毛詩駮》，《舊唐志》作《毛詩駁》，「駮」「駁」為古今異字。

就書寫習慣所造成的變化而言，古今異字所造成的差異，往往係一字異體所導致的，是以在書寫習慣上，率多有避繁就簡的情形存在。就所造成的異文現象，雖然部份的差異存在，但就著錄的正確性而言，卻無正誤之別。著錄本是客觀的反映圖書的實況，而此類雖造成書名的異名現象，但所反映的圖書著錄並不需要進一步考證功夫，方能釐清二書之間確係同書。另外的書寫習慣的情形中，有些是經過偏旁轉換、同音、形 近所衍生的轉換，在這些變化中，就有部份是有正誤之別的，實需經過進一步考證，方能明白其間情形。

（二）偏旁無定：

以《舊唐志》校之《隋志》，其中多有偏旁無定的情形出現，試舉例如下：

1、「紀」「記」例：

《隋志》有和包撰《漢趙記》，楊雄撰《蜀王本紀》、《曆記》、《喪服要記》等書，是則《舊唐志》改《隋志》「記」為「紀」字，然而此類並非所有《舊唐志》均改《隋志》「記」字為「紀」字，如楊曄《華夷帝王世紀》；郭季產《續晉紀》；《梁末代紀》；韋昭《洞紀》；《天啓紀》等，《舊唐志》改「紀」為「記」字，是而「紀」「記」二字，《隋志》、《舊唐志》均有互改例，二字相淆之故，源於偏旁無定之故，此例亦為同音異字、古今異體之例，亦即為古今通用之字。

2、「揚」「楊」例：

《隋志》有《揚雄集》一書，《舊唐志》改為《楊雄集》，《新唐志》又改為《揚雄集》。「楊雄」之「楊」究竟為「楊」或「揚」字，歷來均有混淆的情形。今日姓氏之中，僅有「楊」姓而無「揚」姓，是以「揚雄」之「揚」，自來均以「揚」姓罕見，而改為「楊」姓，其後又因古寫多從「揚」字，或則又改回入「揚」字，是以「揚雄」之姓往往成為千古疑團，究其原因，為古寫偏旁無定之故。

3、「贊」「讚」字：

如《會稽先賢像贊》、張勝《桂陽先賢畫贊》、《陳留先賢像贊》，《舊唐志》改「贊」為「讚」字，「贊」「讚」亦有通用的情形，一般而言，「贊」字為古字，「讚」字為後出之字，此類變化往往亦有可能係近世版本刻抄所造成的情形，而未必是唐時即有此異。

4、「鍊」「瑓」例：

《隋志》有《王瑓集》一書，《舊唐志》作《王瑓集》，此點變化為近世點校本

所生的變化，蓋鉛字墨色稍淡，以至於「日」字偏旁變爲「王」字，實則當以《王暕集》爲是，又《新唐志》亦著錄爲《王暕集》，且古本《舊唐志》亦作《王暕集》，由此可證《王暕集》爲正確。

5、「決」「訣」：

《隋志》多作「決」字，《舊唐志》則多改作「訣」字，如《五藏決》、《狐子雜決》，《舊唐志》改作《五藏訣》、《狐子雜訣》，「決」「訣」偏旁無定所衍生的變化。

6、「拘」「鉤」例：

《隋志》有楊方撰《五經拘沈》一書，《舊唐志》改爲《五經鉤沈》，又《新唐志》作《五經鉤沉》，「沈」「沉」爲古今異字，詳見上文。是則以《五經鉤沈》爲是，蓋「拘沈」之義未知，而「鉤沈」爲探求幽深之理，又《晉書‧楊方傳》云：「(楊)方補高梁太守，在郡積年，著《五經鉤沈》」，可證楊方所撰之書爲《五經鉤沈》而非《五經拘沈》，則《隋志》所記爲誤。

7、「麟」「驎」例：

《隋志》有《桓麟集》一書，《舊唐志》作《桓驎集》，是則「麟」「驎」偏旁無定之故。「驎」「麟」有通用的情形，作「麟」者如《春秋、哀公、十四年》云：「西狩獲麟」，《公羊、哀公、十四年》云：「麟者，仁獸也」；又《詩、周南、麟之趾》、《說文》、《文選、張衡、東京賦》、《玉篇》、《龍龕手鑑》等，俱有作「麟」字者。作「驎」者，如《詩、魯頌、駉傳》云：「青驪驎曰驒」；又《爾雅、釋畜》、《廣韻》、《集韻》、《正字通》等俱有作「驎」字者，「麟」「驎」二字自古即有通用的情形，如「騏驎」或作「騏麟」等即屬於此。

8、「敦」「燉」例：

如《敦煌實錄》一書，《舊唐志》改爲《燉煌實錄》，「敦」「燉」往往有通用之實，如「燉煌」一詞，或作「敦煌」，前者如《史記‧匈奴傳》卷一百十云：「左方兵直雲中，右方直酒泉燉煌郡。」〔註28〕後者如《漢書‧地理志下》云：「敦煌郡，縣六，敦煌。」顧祖禹《讀史方輿紀要、陝西、附考》中有詳盡的考證。「敦」或作「焞」，俗作「燉」，二字由於通用之故，往往有相互轉用的情事。

9、「鈔」「抄」例：

如謝靈運《詩集鈔》、荀萬秋《禮論鈔略》、賀瑒《禮論要鈔》、另不題撰人《禮

〔註28〕司馬遷：《史記》，(台灣：藝文印書館據清乾隆武英殿刊本景印)，頁1190。

論要鈔》等，《舊唐志》均改「鈔」爲「抄」字。

10、「臟」「藏」例：

《隋志》有《三部四時五藏辨診色決事脈》一書，《舊唐志》作《三部四時五臟辨候診色脈經》，則「藏」字改爲「臟」字。

此外，尚有「議」「義」之例，如《隋志》有《毛詩雜議難》一書，《舊唐志》作《毛詩雜義難》；《隋志》作《禮議雜記故事》，《舊唐志》作《禮義雜記故事》等。偏旁的不定，亦起於書寫習慣的一種轉變，此種轉變隨著時間的更迭，往往各有專屬之詞，如「藏」改作「臟」字等，而有些偏旁的轉變則有正誤之分，如「鉤沈」作「拘沈」者，雖僅偏旁有別，而實則異字，是以偏旁之別，亦需加以釐正。

（三）音近之故：

以《舊唐志》校之《隋志》，其中亦有音近相轉之例，試說明如下：

1、「繁」「煩」例：

《隋志》有楊方《吳越春秋削繁》一書，《舊唐志》改爲《吳越春秋削煩》，「繁」「煩」音近而相淆，其簡化原因或則因「繁」字多筆劃，而取同音字劃較爲簡省的「煩」字取代。

2、「循」「脩」例：

《隋志》有《阮脩集》一書，《舊唐志》改爲《阮循集》，惟《新唐志》仍作《阮脩集》，「脩」「循」音近而誤淆，惟當從《隋志》、《新唐志》改。

（四）形近之故：

目錄著錄往往因形近而訛誤，以《舊唐志》校之《隋志》，其中往往有形近之故，而誤改爲它字者，因而衍生出同書異名的現象，說明如下：

1、「女」「文」例：

《舊唐志》有作《文訓集》者，入總集類，惟據《隋志》當作《女訓集》，《舊唐志校勘記》云：「『女』字各本原作『文』，據《隋志》、《新志》改。」（頁2084），是則有「女」字訛作「文」字者，「女」「文」字形接近而誤改。

2、「撫」「總」例：

《隋志》有諸葛穎《巡撫揚州記》一書，《舊唐志》改作《巡總揚州記》，《新唐志》作《巡撫揚州記》，是則《舊唐志》誤「撫」字爲「總」字。

3、「夬」「史」例：

《隋志》有《宗夬集》，《舊唐志》改作《宗史集》，《新唐志》作《宗夬集》，則

《舊唐志》誤改「夬」字爲「史」字。

4、「許」「訐」例：

《隋志》有《劉許集》一書，《舊唐志》改爲《劉訐集》，《新唐志》作《劉許集》，是則《舊唐志》誤改「許」字爲「訐」字。

以上各例，率皆因字形接近而誤改，此類同書異名的現象，往往一字之差即有正誤之別，是以其例雖非甚多，然需進一步校勘並考證，方能得其事實，是以此類變化尤需注意。

貳、作　者

一、著錄差別

（一）名字不一例

書　名	隋　志	舊唐志	案　　語
水經	酈善長注	酈道元注	
阮河南方	阮文叔	阮炳	
毛詩駁	王基	王伯興	案：點校本附《舊唐書經籍志校勘記》云：「『興』字各本原作『輿』，《校勘記》卷二八云：「考《三國志王基傳》，基字伯輿，『興』與『輿』字形相似而誤。唐人避玄宗之諱，故稱其字耳。此書《隋志》、《新志》均作「王基撰」，據改。」（頁2017）是以《舊唐志》原當作「王伯輿」，「輿」「興」二字相近而誤，此係名、字取用不一例，其中尚涉及避諱而改以字稱。

名字取用不一，往往和避諱之故相關，亦可以說和整個著述體例有關。

（二）避諱不一例

《隋志》、《舊唐志》俱修於唐代，其中避唐諱的情形時處可見，此點從書名的避諱情形可知（詳見上文及第四章第三節），在作者的著錄上，亦往往有避諱情形，然不似書名避諱般妄改諱字，在作者的避諱上，雖也有妄改諱字者，但大都數是以字稱之，此點在避諱上是較爲溫和的作法。

《隋志》修於唐代，其中亦偶有避隋諱的情形出現，如徐野民《史記音義》一書，《舊唐志》作「徐廣」，《隋書經籍志校勘記》云：

　　《廿二史考異》：徐野民即徐廣。隋人諱「廣」字，稱徐氏字；唐人諱「民」，稱徐氏名。今書中或稱徐廣，或稱徐野民之處，一律不加改動

〔註29〕。

「廣」字係避隋煬帝「楊廣」名諱，《隋志》不稱「楊廣」者，係避隋煬帝諱。值得注意的，《隋志》修於唐太宗之世，太宗諱字為「世」「民」者，而《隋志》此處不諱「民」字，反避隋諱，亦足以反證唐代避諱現象並非嚴不可諱礙。此處暫舉隋諱，至於作者著錄上避唐諱的情形，詳見第四章第三節有所議述。

（三）撰、注、集解等名稱不一

書　名	隋　志	舊唐志	案　語
幽通賦	項氏注	項岱撰	案：《新唐志》作《幽通賦注》，「班固撰，項岱注」，當據以改正。
山海經圖讚	郭璞注	郭璞撰	
九宮行棋經	鄭玄注	鄭玄撰	
尚書洪範五行傳論	劉向注	劉向撰	
爾雅圖	郭璞撰	郭璞注	
穀梁傳	張靖注	張靖集解	
水經	郭璞注	郭璞撰	案：《水經》舊題「桑欽撰」，有酈善長注本，今題作「郭璞」者，亦當為注本，而以《隋志》所錄為是。
淮南子	高誘注	高誘撰	案：《淮南子》為淮南鴻烈撰，故高誘當為「注」，而非「撰」字。造成此一原因，係因《舊唐志》書名作《淮南子注解》，故而於作者項僅作「高誘撰」，而非「高誘注」，此係著錄上所衍生的問題。
周易講疏	張譏注	張譏撰	
春秋經	士燮撰	士燮注	案：《春秋經》為古經書之一，當為士燮注，而非其「撰」。
三禮目錄	鄭玄撰	鄭玄注	案：《三禮目錄》有臧鏞堂刊本、拜經堂刊本二種版本，均題作鄭玄撰，故應題為鄭玄撰，而非鄭玄注，故以《隋志》所錄為是。
春秋成奪	潘叔度撰	潘叔度注	
象經	何妥注	何妥撰	
莊子	司馬彪注	司馬彪撰	
乾象曆	闞澤撰	闞澤注，闞洪撰	

〔註29〕同註 16 附，頁 993。

象經	王裕注	王裕撰	案：《隋志》、《舊唐志》俱作「王裕注」，獨《舊唐志》作「王裕撰」，或當從《隋志》、《新唐志》改。
六藝論	鄭玄撰	鄭玄撰	
史記	司馬遷撰	司馬遷作	
穆天子傳	郭璞注	郭璞撰	
春秋穀梁章句	尹更始撰	穀梁俶解，尹更始注	
孔子家語	王肅解	王肅注	

　　作者著錄一致外，尚有「撰」「注」「作」「集解」「解」等些許的差異存在，其中所表達的意念稍有不同，如「撰」「注」最易混淆，其中「注」者，表示前有所本，今僅據前書加以注解而成，而「撰」者，表示前無所出，撰著自己身所出，此類變化，雖不影響作者的判斷，但對書籍的性質往往有所影響，故在書目使用上，仍需個別釐清其中差異。

二、版本異同

（一）點校本舉例

1、經部舉例

　　吳太尉范順問，劉毅答《尚書義》二卷

　　　　案：《隋書經籍志校勘記》云：「原作『范順問吳太尉劉毅答』。侯康《補三國藝文志》：『吳太尉』三字當上屬。《吳志孫皓傳》有太尉范慎，又見〈孫登傳〉注，即其人也。順慎古通。」今據改〔註30〕。」是則為位置異位也。

　　宋尚書功論郎何始眞撰《春秋左氏區別》三十卷

　　　　案：《隋書經籍志校勘記》云：「『始』原作『足』，據《通典》、《禮典序》改。」（頁 950）是為改字例。

2、史部舉例

　　徐眾撰《三國志評》三卷

　　　　案：《隋書經籍志校勘記》云：「『眾』原作『爰』，據《魏志臧洪傳》注及《舊唐志》上、《新唐志》二改。」（頁 993）是改字例。

　　劉邵《律略論》五卷

〔註30〕同註 16 附，頁 949，以下相同出處者，不另出注文。

案：《隋書經籍志校勘記》云：「『劉邵』原作『應劭』，據《魏志劉邵傳》及《舊唐志》、《新唐志》二改。」（頁 9944）是誤入例。

3、子部舉例

宋衷注《揚子法言》十三卷

案：《隋書經籍志校勘記》云：「『注』原作『撰』，據《舊唐志》上、《新唐志》三改。」（頁 1051），是爲「注」「撰」不一例。

宋處士王叔之撰《莊子義疏》三卷

案：《隋書經籍志校勘記》云：「『王』原作『李』，據《釋文敘錄》、《舊唐志》下、《新唐志》三及《冊府》六〇六改。」（頁 105），此爲改字例。

4、集部舉例

《蘇順集》二卷

案：《隋書經籍志校勘記》云：「『蘇』原作『籍』，據《後漢書》本傳及《舊唐志》下、《新唐志》四改。」（頁 1100）是改字例。

晉金紫光祿大夫《何楨集》一卷

案：《隋書經籍志校勘記》云：「『楨』原作『禎』，據《舊唐志》下、《新唐志》四改。」（頁 1100）是爲偏旁近似，誤入他字。

點校本《隋書經籍志》，其所改諸例，均信而有據。在正確性而言，點校本《隋志》較他本爲善，但就反映原始面貌而言，點校本《隋志》更動較多，反而失去原貌。幸好其中更動部份，猶存在於卷末〈校勘記〉中，而得以還原其原貌。從〈校勘記〉中可以看出，其據《新唐志》、《舊唐志》的著錄更正《隋志》的若干缺失，相較之下，《隋志》、《舊唐志》的著錄上，係正誤互見的。

（二）監本舉例：

楊守敬《隋書・考證》中，即以監本、南監本、閣本等對校，其中《隋書・考證》卷三十二〈經籍志〉指出監本的若干錯誤。楊氏所舉實例，有如下情形：

1、改字例：

《周易講疏》十三卷，注國子祭酒何妥撰。監本何妥訛何安，南監本訛何晏，惟閣本作何妥。

按：妥本傳歷國子祭酒，撰《周易講疏》十三卷〔註31〕。

案：若從閣本，則其作者無誤，若從監本，則有誤矣！

〔註31〕同註22附，頁486，以下相同出處者，不另出注文。

2、偏旁相近而誤例：

　　《毛詩義問》十卷，注魏太子文學劉楨撰。監本楨訛禎。

　　　　按：魏志：劉楨，字公幹，爲司空軍謀祭酒掾屬，五官將文學。（頁486）

　　　　案：監本「楨」訛作「禎」字，偏旁相近之故。

　　又《隋書‧考證》卷三十二：

　　　　《毛詩草木蟲魚疏》二卷，注烏程令吳郡陸璣撰。監本璣訛機，按宋晁公武
　　　　《郡齋讀書志》，《毛詩草木鳥獸蟲魚疏》二卷，吳陸璣撰；或題曰陸機，非
　　　　也。（頁486）

　　　　案：「璣」訛作「機」，偏旁相近之故。

　　又《隋書‧考證》卷三十三：

　　　　《交州雜事》九卷，注：記士燮及陶璜事。監本璜訛黃。按：《晉書‧陶璜
　　　　傳》：孫皓時，璜爲蒼梧太守，遂陷交趾，因爲交州刺史。璜有謀策，開置
　　　　三郡及九眞屬國三十餘縣，入晉，封宛陵侯。（頁502）

　　《隋書‧考證》卷三十三：

　　　　經籍志二：漢皇德紀三十卷。注：漢有道徵士侯瑾撰。監本瑾訛謹。按後漢
　　　　文范傳，侯瑾，字子瑜。（頁502）

　　　　案：「瑾」訛作「謹」字，偏旁相近之故。

3、字形相近而逕改例：

　　《隋書‧考證》卷三五：

　　　　祕書監柳曇集五卷。監本曇訛誓。按《康熙字典》：曇即辟字，北齊所造也。
　　　　（頁539）

案「曇」爲僻字，故而監本以相近之「誓」字代替。楊守敬以若干版本對校，其中
可以看出版本差異對書目著錄的影響，然僅偶一爲之，並非全面比勘。若能收集較
全版本進行對校，則不僅得以釐清版本沿承關係，更可補正版本傳抄刻寫上所衍生
出的差異，然此類〈校記〉尚無完善之本，殊爲可惜。

（三）南監本舉例

　　《隋書‧考證》卷三十二云：

　　　　《周易講疏》十三卷，注國子祭酒何妥撰。監本何妥訛何安，南監本訛何晏，
　　　　惟閣本作何妥。按：妥本傳歷國子祭酒，撰《周易講疏》十三卷。（頁486）

　　　　案：「妥」字訛作「晏」字，爲改字例，然其中曲折未知。

（四）**閣本舉例**

《隋書‧考證》卷三十二云：

《周易講疏》十三卷，注國子祭酒何妥撰。監本何妥訛何安，南監本訛何晏，惟閣本作何妥。按：妥本傳歷國子祭酒，撰《周易講疏》十三卷。（頁486）

案：《隋志》著錄《周易講疏》一書，其中監本作「何安」，南監本訛作「何晏」，閣本作「何妥」，楊守敬取閣本以正它本之誤。

楊守敬雖取監本、閣本、南監本對校《隋書》，然其係全書校勘，故而在〈經籍志〉中，僅言及數例，未能確實校勘，然其所舉數例中，亦足以見版本差異對書目著錄上的影響。

三、詳略互見

（一）《隋志》詳於《舊唐志》之著錄者：

《隋志》著錄，其中有較《舊唐志》詳細者，此點可補《舊唐志》著錄之不全者，其中情形可分另可分為下列幾點：

1、《隋志》有作者之名，而《舊唐志》無作者之名：例：

書　名	隋　志	舊唐志	案　　語
七曜本起	甄叔遵	無	
太公六韜	姜望撰	無	案：《新舊唐志》俱無撰者之名，而《隋志》作「姜望撰」者，依託也。
太公陰謀	魏武帝解	無	
毛詩表隱	陳統	無	案：《隋志》、《新唐志》俱作陳統撰，則《舊唐志》當據《隋志》、《新唐志》補「陳統」之名。
毛詩雜義難	賈逵撰	無	案：《隋志》作賈逵撰，《舊唐書》無撰者之名，當據以補正。
王氏江左世家傳	王褒	無	
四分曆	李梵撰	無	
左氏經傳釋例	穎容	無	案：《隋志》、《新唐志》作穎容撰，則《舊唐志》當據以補正。
甲辰儀注	江左	無	
名醫別錄	陶氏撰	無	
周易立成占	顏氏	無	
尚書大事	范汪撰	無	案：《隋志》、《新唐志》俱作范汪撰，則《舊唐志》當據以補正。

易律曆	虞翻	無	
帝王集要	崔安	無	案：《隋志》作崔安撰，《新唐志》作崔宏撰，獨《舊唐志》不註撰者，查後魏有崔宏者，字玄伯，少有雋才，號冀州神童，見載於《魏書》卷二十四、《北史》卷二一，或即此人。崔安之名待查，或即崔宏之訛，今暫定為崔宏撰。《隋志》此處著錄雖有疑誤，但《舊唐志》無撰人名，顯然有失。
春秋土地名	京相璠	無	案：《隋志》、《新唐志》俱作京相璠撰，《舊唐志》無撰者名，當據以補正。
春秋外傳國語	孔晁注	無	案：《隋志》作「孔晁注」；《新唐志》作「孔晁解」，則作者為「孔晁」可知，今《舊唐志》無撰者之名，當據以補正。
春秋雜議難	孔融（漢）	無	
神仙服食藥方	抱朴子撰	無	
梁皇帝實錄	謝昊	無	案：《隋志》、《新唐志》俱作謝昊撰，《舊唐志》無撰者之名，當據以補正。
清虛真人王君內傳	華存撰	無	案：《舊唐志》、《新唐志》均無撰者名，《隋志》作華存撰者，當可補《舊唐志》、《新唐志》之誤。
袖中記	沈約	無	案：《隋志》、《新唐志》作沈約撰，則《舊唐志》當據以補正。
鳥情占	王喬	無	案：《新舊唐志》俱無撰者之名，則《隋志》作王喬撰者，可補《新舊唐志》之失。
集鈔	丘遲	無	案：《隋志》、《新唐志》作丘遲撰，則《舊唐志》當據以補正。
黃石公三略	下邳神人撰‧成氏注	無	
黃帝素問	全元起注	無	案：《隋志》、《新唐志》俱作全元起注，則《舊唐志》當據以補正。
聖證論	王肅	無	案：《隋志》、《新唐志》作王肅撰，則《舊唐志》當據以補正。
遁甲立成法	臨孝恭	無	案：《隋志》作臨孝恭撰，疑即劉孝恭之誤，《舊唐志》無撰人之名，則其失也。
漢官解故	王隆撰‧胡廣注	無	案：《隋志》、《新唐志》所錄相同，則《舊唐志》當據《隋志》、《新唐志》改。
齊甲子元曆	宋氏	無	

樂府歌詩	秦伯文	無	
鄭志	魏侍中鄭小同撰	無	
鄭記	鄭玄弟子撰	無	
歷代三寶記	費長房	無	案：《隋志》、《新唐志》俱作費長房撰，則《舊唐志》當據以補正。
燕志	高閭撰	無	案：《隋志》、《新唐志》作高閭撰，則《舊唐志》當據以補正。
三都賦	（詳右案語）	無	案：《隋志》有二本，一作「張載及晉侍中劉逵、晉懷令衛權注左思《三都賦》三卷」，另作「綦毋邃注《三都賦》三卷」（同見頁 1083），二書俱作三卷，惟《隋志》作「梁亡」，今《新舊唐志》俱有《三都賦》三卷，然未註撰人姓名，不知究竟是《隋志》何本？

以上俱係《隋志》有著錄人名，而《舊唐志》無撰人之名，其中未附案語者，係《隋志》所錄可補《舊唐志》之不載者。

2、《隋志》、《舊唐志》俱有作者之名，而《隋志》詳於《舊唐志》者：

書　　名	隋　　　志	舊　唐　志
百一詩	應璩撰・應貞注	應璩撰
七林	卞景撰	卞氏
宋衡陽王義季集	宋衡陽王義季	宋衡陽王
燕丹子	燕太子喜	燕丹子
孟子	孟軻撰・鄭玄注	鄭玄注
占夢書	周宣等撰	周宣
公孫尼子	公孫尼子	公孫尼撰
江氏家傳	江祚等	江統撰
漢書音	包愷等撰	包愷撰

從上述舉證中，我們得以據《隋志》所錄補《舊唐志》之不備。

（二）《舊唐志》詳於《隋志》之著錄者：

承上所言，《隋志》的作者著錄上，有若干得以補充《舊唐志》之處，反之，《舊唐志》的作者著錄上，亦有多處得以補充《隋志》之處，舉例如下：

1、《舊唐志》有作者之名，而《隋志》無作者之名：例：

書　名	隋志	舊唐志	書　名	隋志	舊唐志
三元遁甲圖	無	葛洪	六代詩集鈔	無	徐陵
太史公萬歲曆	無	司馬談	太極左仙公葛君內傳	無	呂先生注
仙人馬君陰君內傳	無	趙昇	四時錄	無	王氏
正訓	無	辛德源 志	玉房祕決	無	沖和子
白虎通	無	漢章帝	石氏星簿經讚	無	石申甫
名數	無	徐陵	因果記	無	劉泳
式經	無	謝琨	江都集禮	無	潘徽等撰
百官階次	無	范曄	西京記	無	薛冥 志
何子	無	何楷 撰	赤烏神鍼經	無	張子存
周氏冥通記	無	陶弘景	周易譜	無	袁宏撰
周易釋序義	無	梁蕃	周書	無	孔晁注
法書目錄	無	虞龢	長洲玉鏡	無	虞綽等
兗州先賢傳	無	仲長統	後魏儀注	無	常景
春秋文苑	無	沈宏	春秋嘉語	無	沈宏
春秋叢林	無	李謐	洞仙傳	無	見素子撰
胡非子	無	胡非子撰	韋氏家傳	無	皇甫謐
孫子算經	無	甄鸞撰注	徐氏家傳祕方	無	徐之才
晉令	無	賈充等撰	晉咸康起居注	無	李軌
眞人水鏡	無	陶弘景	婦人書儀	無	唐瑾
張丘建算經	無	甄鸞	梁令	無	蔡法度
清虛眞人裴君內傳	無	鄭子雲	陸史	無	陸煦
陶神論	無	釋靈佑	鳥情逆占	無	管輅
策集	無	謝靈運	華陽子自序	無	茅處玄
隋律	無	高穎等	隋開皇令	無	裴正等
集苑	無	謝琨	遁甲開山圖	無	王琛
漢名臣奏事	無	陳壽	劉子	無	劉勰

樂略	無	元燮	薛常侍家傳	無	荀伯子
禮大義	無	梁武帝	纂文	無	何承之
尹文子	無	尹文子	五經通義	無	劉向撰
天啓紀	無	守節先生	氏族要狀	無	賈希景撰
北齊律	無	趙郡王叡	四海耆舊傳	無	李氏撰
甘氏四七法	無	甘德撰	竹譜	無	顧烜撰
孝友傳	無	梁元帝撰	金韜	無	劉祐撰
封禪錄	無	孟利貞撰	春秋外傳國語	無	左丘明撰
相馬經	無	伯樂撰	紀年	無	汲冢書
夏侯陽算經	無	甄鸞注	徐王八代效驗方	無	徐之才撰
晉八王故事	無	盧綝撰	晉雜議	無	荀顗等撰
書林	無	夏赤松撰	桓公僞事	無	應德詹撰
桐君藥錄	無	桐君撰	眞言要集	無	釋賢明撰
神仙服食經	無	京里先生	國郡城記	無	周明帝撰
國親皇太子親傳	無	賈冠撰	婦人詩集	無	顏竣撰
梁科	無	蔡法度撰	淮南王食經	無	諸葛穎撰
產圖	無	崔知悌撰	莊子文句義	無	陸德明撰
黃帝八十一難經	無	秦越人撰	會稽先賢像讚	無	賀氏撰
樂經	無	季玄楚撰	鄧析子	無	鄧析撰
韓詩外傳	無	韓嬰撰	雜藥方	無	陳山提撰
獻賦集	無	卜鑠撰	靈人辛玄子自序	無	辛玄子撰
鶡冠子	無	鶡冠子撰	書鈔	無	虞世南撰
內典博要	無	虞孝景撰			
文府	無	徐陵撰、宗道寧注			
內訓	無	辛德源、王劭等撰			
投壺經	無	郝沖、虞譚法撰			

　　從上述例證中，可以看出《舊唐志》在作者登錄上，得以補《隋志》者，亦不在少數，茲舉證如上。

2、《隋志》、《舊唐志》俱有作者之名，而《舊唐志》詳於《隋志》者：

書　名	隋　　志	舊　　唐　　志
禮記義	何氏	何佟之
姓苑	何氏	何承天
春秋公羊墨守	何休撰	何休撰，鄭玄發
春秋左氏膏肓	何休撰	何休撰，鄭玄箋
古文孝經	孔安國傳	孔子傳，曾子受、孔安國傳
今書七志	王儉	王儉撰，賀縱補
急就章	史游撰	史游撰，曹壽解
文章始	任昉撰	任昉撰、張績補
東宮典記	宇文愷	宇文愷等
南越志	沈氏撰	沈懷遠撰
通語	殷興（晉）	文禮撰、殷興續
禮記略解	庾氏	庾蔚之
春秋公羊論	庾翼難	庾翼難，王愆期答
五經異義	許慎撰	許慎撰，鄭玄駁
梁賓禮	賀瑒	賀瑒等撰
慎子	慎到撰	慎到撰，滕輔注
淨住子	蕭子良撰	蕭子良撰，王融頌
琴譜	戴氏	劉氏、周氏等
春秋公羊傳	嚴彭祖述	公羊高傳，嚴彭祖述

　　上述例證，為《舊唐志》較《隋志》著錄詳盡者，其中多可補《隋志》之不足者。又《隋志》、《舊唐志》俱有作者之名，然《隋志》或多簡稱，如何氏、沈氏、庾氏、項氏等，其中《隋志》所云何氏者，即有何佟之、何承天二者之別，二者並非同人，而《隋志》一律作何氏者，未能釐清其中分別，今《舊唐志》則詳載其名，以為區別。

四、書寫習慣：

　　書寫習慣所衍生的變化，已見於上述「書名」的部份，而在作者著錄上，同樣也反映出此種變化，說明如下：

（一）偏旁無定

書 名	隋 志	舊唐志	案 語
字統	陽承慶	楊承慶	案：《新舊唐志》俱作「楊承慶」。點校本《隋書經籍志校勘記》卷二十七：「『陽』原作『楊』，據《魏書・陽尼傳》改。」（頁951）是則各本皆作「楊承慶」撰，而點校本據《魏書・陽尼傳》改，所以衍生出不一的情況。
韻略	陽休之	楊休之	案：《隋志》、《新唐志》俱作「陽休之」。
洛陽伽藍記	楊衒之	陽衒之	案：《新舊唐志》俱作「陽衒之」。
蜀王本記	揚雄	楊雄	案：《隋志》俱作「揚雄」，《舊唐志》則改「揚雄」為「楊雄」無一例外者。
景初曆	楊偉撰	楊禕	案：《隋志》、《新唐志》俱作「楊偉撰」，疑《舊唐志》作「楊禕」者誤。
靖恭堂頌	李暠	李嵩	案：《隋志》、《新唐志》俱作「李暠」，疑《舊唐志》作「李嵩」者誤。
薄蕭之集	薄蕭之	薄肅之	案：《隋志》、《新唐志》俱作「薄蕭之」，疑《舊唐志》作「薄肅之」者誤。
詩集	顏峻撰	顏竣	案：《新舊唐志》俱作「顏竣」。
先聖本紀	劉紹	劉滔	案：《新舊唐志》俱作「劉滔」。
漢書音	夏侯詠	夏侯泳	案：《新舊唐志》俱作「夏侯泳」。
張悛集	張悛	張俊	案：《隋志》、《新唐志》俱作「張悛」，疑《舊唐志》作「張俊」者誤。
江惇集	江惇撰	江淳	案：《隋志》、《新唐志》俱作「江惇」，疑《舊唐志》作「江淳」者誤。
魏景初曆	楊偉撰	楊禕	案：《隋志》、《新唐志》俱作「楊偉」，則疑《舊唐志》作「楊禕」者誤。
禮記音	射慈	謝慈	案：《隋志》、《新唐志》俱作「射慈」，《舊唐志》作「謝慈」者，誤改。

書寫習慣中，往往偏旁相近而誤入，以《新唐志》校之，其中同於《隋志》者固多，而同於《舊唐志》者亦有之。

（二）字形接近

書　名	隋志	舊唐志	案　　語
釋俗語	劉霽	劉齊	案：點校本附《舊唐書經籍志校勘記》云：「『霽』字各本原作『齊』，據《隋志》及《梁書》卷四七〈劉霽傳〉改。」（頁2083），是以點校本已然改正。然其本字作「劉齊」，故仍屬字形接近而訛誤之例。
爾雅音	江灌撰	江灌注	案：《新舊唐志》俱作江灌撰，然《隋志》作江漼者，字形接近而誤入。
詔集區別	宗幹	宋幹	案：《新舊唐志》俱作宋幹撰，然《隋志》作宗幹者，字形接近之故。
離騷草木蟲魚疏	劉杳	劉沓撰	案：《新唐志》、《隋志》同。《隋志》作劉杳者，《舊唐志》或作劉沓、劉香（如《壽光書苑》）者，皆因字形接近而誤入。
壽光書苑	劉杳	劉香撰	

在《隋志》、《舊唐志》的作者著錄上，其中亦因字形接近而造成作者著錄上的差異，甚至《隋志》同作「劉杳」，而《舊唐志》分作「劉沓」「劉香」二人，此皆因字形接近而誤入，故鏨出以為其例。

（三）同音異字

書　名	隋　志	舊唐志
會稽典錄	盧豫	盧預
書圖泉海	張式	張氏
禮記	業遵注	葉遵

上述諸例，係同音異字而互換。

（四）姓名錯置

書　名	隋　志	舊唐志	案　　語
梁　典	何之元	何元之	案：《隋志》、《新唐志》俱作何之元，《舊唐志》卻作何元之，此係作者之名錯置之故。

作者姓名錯置的情形並不多見，不似書名著錄上，往往前後二字互換（詳見上文），由於作者前後名字錯置的情形並不多見，故此類變化可能係書寫過程中的訛誤。

參、卷　數

章學誠《文史通義》卷三〈篇卷〉云：

> 向、歆著錄，多以篇卷爲計。大約篇從竹簡，卷從縑帛，因物定名，
> 無他義也。而縑素爲書，後於竹簡，故周秦稱篇，入漢始有卷也。第彼時
> 竹素並行，而各篇必有起訖；卷無起訖之稱，往往因篇以爲之卷；故《漢
> 志》所著幾篇，即爲後世幾卷，其大較也〔註32〕。

章氏所云僅稱「其大較也」，然而，若拘泥於「所著幾篇，即爲後世幾卷」之論，則
未免有失。王欣夫先生於《文獻學講義》評述章氏此文，即謂：

> 韋氏（霖案：誤植，當作章氏爲是）說《漢志》所著幾篇，即後世幾
> 卷，恐尚不可拘泥〔註33〕。

亦即此意。然王氏所評則或略去章氏所云「其大較也」之文，而逕以「故《漢志》
所著幾篇，即爲後世幾卷」爲章氏之意，故有「恐尚不可拘泥」之評，是則稍誤章
氏之意。

取《舊唐志》對校《隋志》，其中有如下的認識：

一、佚殘之本重出

《隋志》注文所錄，多記亡佚之書，以《舊唐志》校之，《隋志》小注所錄率
多重出，其中各類重出之卷數總計，詳見下文。《隋志》係以當時秘書省典籍爲著錄
對象，而魏徵等人編撰目錄之時，率以意定取，魏徵《隋書・經籍志》序云：

> 其舊錄所取，文義淺俗，無益教理者，並刪去之。其舊錄所遺，辭義
> 可采，有所弘益者，咸附入之〔註34〕。

《隋志》編撰既以意定取，故而未能完全反映出當時藏書的全貌，而《舊唐志》考之，
則多補《隋志》之失，對於考察圖書流傳的亡佚情形，是有所助益的。就著錄所反映
出的藏書實況，《舊唐志》所載圖書以當時宮中各藏書機構復參以民間藏書編製而成，
故而往往亡本佚本間出，就此點論，《舊唐志》的價值亦不容抹煞的。

二、《舊唐志》所錄與《隋志》、《新唐志》不合

《舊唐志》與《隋志》、《新唐志》所錄卷數不合，其中詳細例證參見第四章第

〔註32〕章學誠：《文史通義校注》，（台北：里仁書局，1984 年 9 月 10 日），頁 305。
〔註33〕王欣夫述：《文獻學講義》，（臺灣商務印書館，1992 年 1 月），臺灣初版第一次印刷），
　　　　頁 184。
〔註34〕同註16，頁 908。

三節舉證，此處不擬重出，讀者可自行參看。《舊唐志》與《隋志》、《新唐志》不一者，往往係《舊唐志》所錄有誤，故宜參看並加以釐正。

三、《隋志》所錄與《新舊唐志》不合

書　名	作　者	隋　志	新舊唐志
丁纂集	丁纂	4 或 1	2
九州春秋	司馬彪	10	9
十三州志	闞駰	10	14
十六國春秋	崔鴻	100	120
三十國春秋	蕭方等	31	30
三史略	張溫	29	30
三統曆法	劉歆撰	3	1
千歲曆祠	任氏	1	2
女訓		16	6
中書集	王筠撰	11	10
五經宗略	元延明	23	40
五經析疑	邯鄲綽	28	30
卞裕集	卞裕	15 或 13	14
卞粹集	卞粹	1 或 5	2
毛詩	毛萇撰	20	10
古今樂錄	釋智匠	12	13
左氏經傳條例	劉寔	11	10
老子指歸	嚴遵志	11	14
宗夬集	宗夬	9	10
東平王蒼集	劉蒼	5	2
後周趙王集	後周趙王撰	8	10
後周滕王集	後周滕王撰	8	12
後漢書	劉昭注	125	58
春秋經傳訓注	孔衍訓注	14	13
春秋穀梁傳集解	張靖集解	10	11

春秋釋例	穎容撰	10	7
神異經	東方朔撰	1	2
高允集	高允	21	20
張悛集	張悛	5 或 1	2
彭城王集	彭城王	2	8
隋書	王劭	60	80
集苑		45	60
劉之遴後集	劉之遴	21	30
論語	鄭玄注、虞喜讚	9	10
謝瞻集	謝瞻	3	2
禮記要鈔	緱氏撰	10	6
禮議	傅伯祚撰	2	1

上述諸例，係《隋志》所錄與《新舊唐志》不合，其中若《隋志》所錄卷數高於《新舊唐志》者，則《新舊唐志》所錄疑爲殘本。反之，《新舊唐志》所載卷數高於《隋志》者，則當存疑。由於此一部份爲《新舊唐志》所錄一致，在第四章第三節中並無論及，故特此舉例，以明其中差異之處。

　　上文係就《隋志》與《舊唐志》的著錄差異提出說明，然而其中尚有若干變動因素必須說明：

（一）版本因素：

1、《隋志》版本差異

　　點校本：

　　　元暉《科錄》二百七十卷

　　　案：《隋書經籍志校勘記》云：「原脫『二百』二字，據《魏書·元暉傳》及《舊唐志》下、《新唐志》三補。」（頁1052）

點校本《隋志》所更動的卷數著錄並不多見，僅此一例，未如書名、作者之更動頻繁。

2、《舊唐志》的版本差異

　　《舊唐志》的版本變動情形，詳見第四章第三節說明，茲不贅述。

（二）與正史著錄相較：

1、《隋志》所錄卷數與宋、齊、梁、陳、隋諸史相較

《隋志》所錄卷數，與宋、齊、梁、陳、隋諸史相較，其中頗有相異者，羅振玉於《五史斠議》中有所申議，茲引數例如下：

《毛詩章句義疏》四十卷，魯世達撰〈世達傳〉作四十一卷。

《集注周官禮》二十卷，崔靈恩撰《梁書‧靈恩傳》作四十卷。

《禮記講疏》四十八卷，皇侃撰《梁書‧武帝大同四年紀》及〈侃傳〉作五十卷。

《三禮義宗》三十卷，崔靈恩撰《梁書‧靈恩傳》作四十七卷。

《三禮雜大義》三卷，注答問五十卷，何胤撰，亡《梁書‧胤傳》作五十五卷。

王元規續沈文阿《春秋左氏傳義略》十卷〈元規傳〉作十一卷。

《經典大義》十二卷，沈文阿撰〈傳〉作十八卷。

《玉篇》三十一卷，陳左將軍顧野王撰〈野王傳〉作三十卷〔註35〕。

上述僅舉經部典籍數例，以明其間差異。羅氏尚撰有《唐書藝文志斠義》二卷，想必對《唐書‧藝文志》有獨到見解，惟未見其書。觀《五史斠義》所錄，則可想見《唐書藝文志斠義》的型式亦同於此。羅氏對《隋志》的斠證，尚有若干實例，其中以集部典籍較多，限於篇幅，僅舉數例以明之，此外相近之作另有錢大昕《二十二史考異》可供稽考，讀者可自行參看。

2、《舊唐志》所錄卷數與《新舊唐書》所錄相較

《舊唐志》所錄卷數亦有與《新舊唐書》所錄不一者，如《劉子玄集》，《舊唐志》作「十卷」，《舊唐書‧劉子玄傳》作「三十」卷，《新唐志》亦作「三十」卷，是則《舊唐志》缺一「三」字；又《太宗文皇帝政典》作「三」卷，《舊唐書‧令狐德棻傳》卷七十三云：「延壽嘗撰《太宗政典》三十卷表上之」（頁 2600），《新唐志》亦作「三十」卷，則《舊唐志》誤題；又如《袁朗集》一書，《舊唐書‧文苑傳》作「十四」卷，《舊唐志》作「四」卷，《新唐志》作「十四」卷，是則《舊唐志》所錄亦偶與《新舊唐書》所錄略有差異，由於此類之書並無人如羅振玉《五史斠義》般對《隋志》之董理，是以筆者僅就所見，舉例如上。

《隋志》、《舊唐志》所錄，既以反映當時圖書為主，其中著錄自當正確，方能達到運用的功用，然《隋志》、《舊唐志》既多差異，其中亦多正誤互見，在圖書著錄上，所反映的功用大打折扣，而《隋志》已然有疏證之作，惟《舊唐志》卻無人董理，故欲提昇《舊唐志》的使用效益，自當加以疏證為是。

〔註35〕羅振玉：《五史斠義》，《羅雪堂先生全集》六編，第一冊，台灣大通書局印行，1976年，頁 316～319。上述數例同。

肆、分　類

王余光《中國文獻史》第一卷云：

> 中國文獻內容的變化與文獻類別的演變是密切相關的，文獻類別的演變正是文獻內容變化的一個具體表現〔註36〕。

透過類別的變化，數量的增減，我們可以考見一代學風之轉移。唐代目錄編撰，是《七略》爲重的七分法轉移至四部分類的重要關鍵時期。《隋書．經籍志》更是目錄學史上前有所承，後有所啓的轉變關鍵。大抵言之，《隋書．經籍志》是以六部分類爲主，惟道經、佛經爲附錄，有卷帙統計而無簡目，故仍以經、史、子、集爲分類重點，初步確立經、史、子、集四部名目，比之荀勗之《中經新簿》、李充《晉元帝四部書目》仍以甲、乙、丙、丁四部爲次，《隋書．經籍志》更是明確表現出各部內容，其後《群書四部錄》、《古今書錄》的沿承，而《舊唐志》更是依據《古今書錄》簡編而成，更是奠定目錄學史上四部分類之地位。

在瞭解四部分類類目演變前，必須先瞭解《隋書．經籍志》各類類目及其內容。《大唐六典》卷十有一段記載，即是說明《隋志》的類目及其內容：

> 秘書郎掌四部之圖籍，分庫以藏之，以甲乙景丁爲之。部目：甲部爲經，其類有十，一曰易，以紀陰陽變化；二曰書，以紀帝王遺範；三曰詩，以紀興衰誦嘆；四曰禮，以紀文物體制；五曰樂，以紀聲容律度；六曰春秋，以紀行事褒貶；七曰孝經，以紀天經地義；八曰論語，以紀先聖微言；九曰圖緯，以紀六經讖侯；十曰小學，以紀字體聲韻。乙部爲史，其類一十有三，一曰正史，以紀紀傳表志；二曰古史，以紀編年繫事；三曰雜史，以紀異體雜記；四曰霸史，以紀僞朝國史；五曰起居注，以紀人君動止；六曰舊事，以紀朝廷政令；七曰職官，以紀班序品秩；八曰儀注，以紀吉凶行事；九曰刑法，以紀律令格式；十曰雜傳，以紀先賢人物；十一曰地理，以紀山川郡國；十二曰譜系，以紀氏族繼序；一三曰略錄，以紀史策條目。景部爲子，其類一十有四，一曰儒家，以仁義教化；二曰道家，以紀清淨無爲；三曰法家，以紀刑法典制；四曰名家，以紀循名責實，五曰墨家，以紀強本節用，六曰從橫家（即縱橫家），以紀辯說譎詐；七曰雜家，以紀兼敘眾說；八曰農家，以紀播植種藝；九曰小說家，以紀芻辭輿誦；十曰兵法，以紀權謀制變；十一曰天文，以紀星辰象緯；十二曰歷數，以紀推步氣朔；十三曰五行，以紀卜筮占候；十四曰醫方，以紀藥餌鍼灸；

〔註36〕王余光：《中國文獻史》，（大陸：武漢大學出版社，1993年一版一刷），頁36。

十四日醫方，以紀藥餌鍼灸。丁部為集，其類有三，一曰楚詞，以紀騷人

怨刺；二曰別集，以紀詞賦雜論；三曰總集，以紀類分文章〔註37〕。

　　案：《大唐六典》於類目下復有統計部、卷數，其所載同於《隋志》，故可確知其分類內容亦同於《隋志》。除了從《大唐六典》中可以得知《隋志》各類類目之分類內容外，《隋志》於各類後均有序文，以闡明各類各家之學術源流，對我們認識分類內容外，也提供我們學術發展的簡史。《隋志》類目後為《群書四部錄》所承襲，而毋煚《古今書錄》編製時，對於《群書四部錄》全然承襲《隋志》分類頗有微詞，〈舊唐志序〉轉載〈古今書錄序〉中云：

　　　　（《群書四部錄》）所用書序，咸取魏文貞；所分書類，皆據《隋經籍

　　志》。理有未允，體有未通。此則事實未安，五也〔註38〕。

是以毋煚對《群書四部錄》全然承襲《隋志》處，自當有所修改。《舊唐志》刪錄《古今書錄》成簡目，其中分類自然承襲《古今書錄》，今以《隋志》較之《舊唐志》，其中分類不一處，當視為毋煚對於《隋志》所做的更動，是以《隋志》與《舊唐志》在分類上的對校結果，對於我們認識毋煚的目錄學說或評其價值成果可以有進一步的認識。《古今書錄》雖對《隋志》分類有所改易，但《隋志》對於後世四部分類及其類目，均奠立可供依循的法式，故而姚振宗在《隋書經籍志考證》一書中指出：「（《隋志》）雖為前代志經籍，亦即為當代立法程。」〔註39〕其說正確。

　　承上所言，以《隋志》與《舊唐志》對校，其中分類可視為毋煚對《隋志》的一種更動，是以究竟《隋志》與《舊唐志》在分類上有何變化？特說明如下：

一、分類類目的演變

　　就分類類目而言，《隋志》和《舊唐志》間類目上有少許的變化，如：

經　部：

　　《舊唐志》改《隋志》緯書類為讖緯類；此僅類目名稱有所改變，並未影響其中內容。增經雜解類、訓詁類二類，而在類目順序上，列小學類為第十二，新增經雜解類位於第十、訓詁類為第十一，其他則未有改變。

史　部：

　　《舊唐志》改《隋志》古史類為編年類；改霸史類為偽史類；改舊事為故事；改略錄為目錄；改譜系類為譜牒類，以上類目的變化均僅是類目名稱的改變。

〔註37〕唐玄宗敕撰：《大唐六典》，（台北：文海出版社，1974年6月）四版，頁213～216。
〔註38〕同註5，頁1964。
〔註39〕姚振宗：《隋書經籍志考證》，《二十五史補編》，（臺灣：開明書店）。

在類目順序上，《舊唐志》列《隋志》雜史入第四；列霸史（即偽史）入第三；列雜傳入第八；列儀注入第九；列刑法入第十；列略錄（即目錄）入第十一；列譜系（即譜牒）入第十二；列地理入第十三，雖然在類名和次第上略有改變，但在整體史部類目上並未有其他增減類目。

子　部：

《舊唐志》改《隋志》兵法類為兵書類；曆算為曆數，又分醫方為經脈、醫術類二類，增雜藝術類、事類二類。案：改兵法類為兵書類、曆算為曆數，則僅是類目名稱的改變，分醫方為經脈、醫術二類則為分類原則更見細緻，至於增雜藝術類及事類二類，則緣於二類書籍份量增加，為求得分類類目得以實際反映圖書情況，則據以新增之目。在類目次第上，改兵法（即兵書）類入第十二；天文類入第十；至於醫方分為第十六經脈類、第十七醫術類；新增之雜藝術類則入第十四；事類則入第十五類。

集　部：

集部類目一致，次第亦未更動。

若就《舊唐志》與《隋志》類目上的改變，除了經部、子部略有增加變動外，其餘諸部均只有類目的次第及名稱上的差異，並不能細審其中分類間的變化，故欲審分類間的變化，惟有從個別典籍的變化上著手。

二、個別典籍分類之演變

毋煚在編撰《古今書錄》時，究竟對《隋志》的分類做多少的改變？從《舊唐志》與《隋志》的比勘中可以得知其梗概。其中，類目的演變如上文所述，其中除了子部外，其餘皆依循《隋志》的分類類目，在比勘上並無多少變動，是以欲考察《舊唐志》與《隋志》的分類變動，惟有從個別典籍分類之演變以進行蠡測。

（一）經部典籍分類不同的情形

禮　類：

1、禮類與儀注類：

《隋志》有王肅《何堂議》三卷，亡。《舊唐志》有《何堂義》，列於儀注類。

2、禮類與論語類：

《謚法》之書，《隋志》分列禮類與論語類二類。

春秋類：

1、春秋類與地理類：

《春秋土地名》一書，《隋志》重出於春秋類與地理二類。

2、春秋類與法家類：

　　董仲舒《春秋決事》一書，《隋志》列於春秋類，《新舊唐志》列於法家類，書名作《春秋決獄》，案：董仲舒《春秋決事》一書，引春秋大義爲決斷刑獄依據，就分類原則而言，春秋類「以紀行事褒貶」、法家類「以紀刑法典制」，《隋志》、《舊唐志》均依此原則行事，《隋志》依「行事褒貶」之原則，入《春秋決事》爲春秋類；《新舊唐志》則採「刑法典制」之原則，列其書於法家類，二者各有所據，很難論斷孰是孰非，若從分類原則互異的觀點而論，《隋志》以《春秋決事》一書有「春秋」之名，故列於春秋類，然董仲舒引《春秋》爲決獄標準，決獄之書本當歸於刑法類，惟《春秋》一書自始自終未入格式律令之書，董仲舒僅取其用，《隋志》編撰者自然明白此點，故類分群籍，是以順理成章列《春秋決事》一書入春秋類。反之，毋斅於編撰《古今書錄》的編輯似乎更加彈性，不在限於書名類分群籍，而依其內容性質進行類分。承上所言，董仲舒雖取《春秋》爲決斷標準，然決斷標準存乎一心，甚至有牽強附會之事，其雖用《春秋》大義，然離本質或多出入；而決斷之事，本當入格式律令之類，然《春秋》未入刑書之列，故參酌其說，移入法家類。

論語類：

1、論語類與禮類混淆，說法詳上。

2、論語類與經解類：

　　經解類爲《舊唐志》新增的項目，然而並非《隋志》並未有此類書籍，只是限於分類類目並未有經解一類。究竟《舊唐志》獨立出《隋志》那一類的典籍爲經解類呢？從校勘中，我們可以發現《舊唐志》的經解類是獨立《隋志》的論語類而來，如譙周《五經然否論》、張譏《遊玄桂林》、沈約《謚法》、樊文深《質疑》、又許愼《五經異義》、鄭小同《鄭志》、沈文阿《經典大義》；又不題撰人的《白虎通》、《五經通義》等書。此類書籍皆從《隋志》中論語一類中分化而來，別無例外。從類目的安排上，《舊唐志》釐析出經解一類，其較《隋志》置於論語一類的安排是較爲合理的。

3、論語類與詁訓類：

　　詁訓類亦是《舊唐志》新增的項目，其中典籍亦是釐析《隋志》中的論語類《爾雅》部份典籍獨立而出的，如《爾雅》、《小爾雅》、《爾雅圖》等典籍，在《舊唐志》新增類目中，可知《舊唐志》對於經解、詁訓二類典籍的分類均較《隋志》清楚，尤其是《爾雅》類典籍，《隋志》雖無詁訓類，但有小學類，原該置於小學類，然卻置於論語類，在分類性質上，不如《舊唐志》置

於詁訓類，亦不如《新唐志》置於小學類，因此《舊唐志》在《爾雅》類典籍的安排上較爲合理。《隋志》亦無經解類，故而《舊唐志》對於經典大義之書列於經解類，在分類上亦有改進之處。

從上述舉證中，可知經部典籍分類變化的情形並不嚴重。在類目的安排上，《舊唐志》新增的經解、詁訓類均較《隋志》的編輯理念上有更進一步的認識。

（二）史部典籍分類不同的情形

正史類：

1、正史類與編年類：

正史類「以紀紀傳表志」，編年類「以紀編年繫事」，《舊唐志》改《隋志》正史類入編年類如下：環濟《吳紀》、沈約《齊紀》。案：從歷來目錄編製者對於正史的認識，可見其對正統政權的認識，在表現手法上，正史類自司馬遷《史記》以來，大抵確立以紀傳體之體。編年之體，傳自左氏，故《隋志》以古史目之。紀傳、編年俱爲體式，故劉知幾《史通》卷二有「二體」之稱，惟正史類繫以紀傳，評以正統，評量不一，往往與編年誤合，校以《隋志》、《舊唐志》有之；校以《舊唐志》、《新唐志》亦復有其例（說法見於下章）。取裁不一，分繫亦異。

2、正史類與雜史類：

譙周《古史考》、張勃《吳錄》、《三國志評》三書，《隋志》置於正史類，《舊唐志》皆置於雜史類。這其中不僅涉及分類的變化，也涉及正統的認知。

3、正史類與僞史類：

陳壽撰《三國志》一書，《隋志》列於正史，《舊唐志》三書分列，其中《蜀書》、《吳書》列於僞史類，則毋暌以魏爲正統，蜀、吳皆以方國之史視之。

古史類：

《舊唐志》作編年類，類目類名不一，然類別一也。

古史類與正史類：

說明如上。

雜史類：

1、雜史類與正史類：

同是《小史》一書，《隋志》列於雜史類，而《舊唐志》列於正史類，《舊唐志》不知據何而分。

2、雜史類與編年類：

《舊唐志》往往改《隋志》雜史類典籍入編年類，如《山陽公載記》、《魏武

本紀》、《樓鳳春秋》、《漢皇德紀》、《梁末代紀》等書屬之。

3、雜史類與起居注類：

謝吳、周興嗣各撰有《梁皇帝實錄》，《隋志》置於雜史類，《舊唐志》置於起居注類。案：實錄之書，大抵歸於起居注類（或作實錄類），然各書目標準亦頗不一，有歸於偽史類者，如劉延明撰《燉煌實錄》，有歸於雜史類者，如上述所舉《梁皇帝實錄》者，按其性質，當入起居注類。

4、雜史類與地理類：

如題作沈氏撰《南越志》一書，《隋志》列於偽史類，《舊唐志》列於地理類，核其名，當入地理類。

儀注類：

儀注類與譜牒類：

如《國親皇太子序親簿》一書，《隋志》入儀注類，《舊唐志》入譜牒類。案：儀注類以「紀吉凶行事」；譜牒類以《紀氏族繼序》，依此原則，《舊唐志》所改為是。

刑法類：

刑法類與儀注類：

例：《晉雜議》一書，《隋志》列於刑法類；《舊唐志》改入儀注類。案：刑法類以「紀律令格式」；儀注類「以紀吉凶行事」，「雜議」之書不似律令格式，《舊唐志》所改近似。

雜傳記類：

1、雜傳記類與譜牒類：

雜傳記類由於其內容複雜難辨，故而列於雜傳類，是以雜傳記類之書，往往隨目錄編撰者的認識不同，而與他類典籍互換。《舊唐志》改《隋志》雜傳類的部份典籍入譜牒類，如：《明氏世錄》、《江氏家傳》、《暨氏家傳》、《庾氏家傳》等屬之。此家傳、世譜一類典籍，《舊唐志》列於譜牒類自有其深意，惟後來《新唐志》復從《隋志》，改此類典籍入雜傳類。

2、雜傳記類與雜家類：

《隋志》雜家類與雜傳記類往往重出，如《高僧傳》、《感應傳》二書即是。

地理類：

《舊唐志》或改《隋志》地理類典籍入雜傳記類者，蓋分類觀念有所不一之故。又《隋志》地理類、春秋類二類偶亦重出，說明如下：

1、地理類與雜傳記類：

《會稽記》一書,《隋志》入地理類,《舊唐志》改入雜傳記類。

2、地理類與春秋類:

《春秋土地名》一書,《隋志》、《舊唐志》俱重出地理類與春秋類。核以書名,《春秋土地名》一書所記當以《春秋經》中的地名為重點,本當歸於春秋類,惟「土地」之名與地理一類相稱,是以又重出地理類,《舊唐書》並仍其舊,亦重出春秋、地理二類。地理類由於性質特殊,是以重出或改入它類者並不多見。

譜系類:

譜系類與它類相淆之處亦不多見,僅見《竹譜》一書,《隋志》入於譜系類,《舊唐志》改入農家類,案:譜系之書,所類當以「紀氏族繼序」為是。《竹譜》雖有「譜」字,然與「氏族繼序」無關,當從《舊唐志》歸入農家類為是。

簿錄類:

簿錄類,所紀以「史策條目」為主,《隋志》簿錄類中有《書品》一書,《舊唐志》改入小學類,從簿錄者,當從其形式而定;從小學類者,當從其內容而定,所取不一之故。

(三)子部典籍分類不同的情形

儒家類:

儒家類的分類原則為「以仁義教化」,此係就內容的性質而論,《舊唐志》對《隋志》列於儒家類的典籍中,有做部份的調整,說明如下:

1、儒家類與道家類:

《牟子》一書,《隋志》列於儒家類,而《舊唐志》列於道家類,後來《新唐志》亦置《牟子》之書於道家,於是《牟子》之書遂入道家類。《牟子》一書,由儒家類而入道家類,緣於其師法未明,如《子思子》一書,題作孔伋撰,孔伋為孔子後世,故歷來均列入儒家類,是以師法嚴明者,其類別愈容易掌握。

2、儒家類與總集類:

《婦人訓誡集》一書,《隋志》重出儒家類與總集類,其中分說,詳見下文。目錄的編製,往往是卷帙一多,其中難免有相互重出之處。重出於何類?往往有助於我們認識分類接近之類別。

一般說來,儒家類的典籍尚無大量不一之處,是而《隋志》對儒家類的見解多已為後來目錄所接受,雖然其中難免有些差異(釐析如上),但大體上並無太多的差異。

道家類:

道家之書，以紀「清淨無爲」，然而就《隋志》的編製而言，道家之書或重出二類之中，如張譏撰《遊玄桂林》一書，《隋志》重出道家類與論語類，核其書名，或當近於道家、地理之書，然絕不類論語之書可知。重出之因，或則目錄編撰者一時不察所致。就《隋志》道家類的分類而論，雖其中有重出之處，但其中大部份的典籍都爲《舊唐志》所接受，並無置入它類的情事。就分類的觀念來看，《隋志》對道家類的典籍，其掌握的能力爲後來目錄編撰者所肯定的。

雜家類：

　　《隋志》雜家類的典籍分類，《舊唐志》多所調整，其類改入小說家、事類、道家類與情形居多，入儒家、小學類者亦或有之，說明如下：

1、雜家類與小說家類：

　　《舊唐志》改《隋志》雜家類典籍入小說家類者，如劉霽《釋俗語》、張華《博物志》二書。《釋俗語》、《博物志》二書，《新唐志》亦入小說家類，在分類概念上，顯然是認同《舊唐志》所作的調整。另外，《隋志》本身亦有重出者，如《雜語》、《雜書鈔》、《俗說》等書，《隋志》分別入雜家類與小說家類，可見此二類典籍亦經常互入。

2、雜家類與事類：

　　《隋志》並無事類一項，故而列事類之書入雜家類。《舊唐志》在分類上，獨立出《隋志》雜家類的類書部份，分列事類一項，在分類體系上，則有後出轉精的情形出現。獨立出的典籍如《皇覽》、《要錄》、《類苑》、《長洲玉鏡》、《玄門寶海》、《華林遍略》、《壽光書苑》等書。唐代類書的編製頗爲興盛，且卷目多達百卷以上者不乏其數，如《文思博要》一千二百一十二卷、《三教珠英》一千三百一十二卷、《策府》五百八十二卷、《搖山玉彩》五百卷、《碧玉芳林》四百五十卷等等，《舊唐志》所載唐人事類一類撰著即多達四千四百三十卷；《新唐志》所載唐人類書一類典籍爲六千四百七十二卷，所增典籍如此之多，自然不得不另分一類，而不能單單以附屬於雜家類，是以從類書數量的增加，可以看出《舊唐志》在類目上獨立出事類一項是必要的做法。

3、雜家類與道家類：

　　《舊唐志》往往改《隋志》雜家類典籍入道家類，如《淨住子》、《眞言要集》、《歷代三寶記》、《內典博要》等書，由於雜家類典籍所收較雜，故後來目錄編撰者往往對前代入雜家類典籍重加以釐析，故而有改入它類者，此改《隋志》雜家類入道家類的作法，雖然有四部典籍，然而尙難形成系統。《舊唐志》

雖改上述四書入道家類，其原因係《舊唐志》在道家的分類意念上，與《隋志》有根本上的差別，《隋志》對於道釋之書，另別立佛錄、道錄以包融道釋之書，然僅有其目，而無其書。觀上述四書，亦屬道釋之書，由於《隋志》道家類僅收錄老、莊等道家之書，而無錄道教之書（亦無釋類之書），故上述四書不得據以攔入道家一類，是以《隋志》在分類歸屬上，入之雜家類，是以此類分類上的演變，僅是分類範圍上的差異所致。若然《隋志》在分類意念上，以道家類包括道教、釋教之書，或當入上述四書爲道家類，而非無類可據，是以入之雜家一類。

4、雜家類與雜傳類：

二類據以「雜」爲名，所錄必以複雜難辨著稱，所不同者，雜家類分屬子部；雜傳類則入之史部。《隋志》於此二類之中，或有不能釐析者，如裴子野《眾僧傳》、虞孝敬《高僧傳》、王延秀《感應傳》三書，《隋志》重出雜家、雜傳二類。而《舊唐志》亦有改《隋志》雜家類典籍入雜傳類的情事，如元暉等撰《科錄》一書，《隋志》入於雜家類，《舊唐書》作《祕錄》，入雜傳類，二書俱題「元暉等撰」，亦同爲「二百七十卷」，故可知爲同書而異名，《舊唐書》所入雜傳類，亦可見雜家、雜傳亦多難認定，是以有此分類上的變化。

5、雜家類與儒家類：

如《立言》、《內訓》、《墳典》、《典言》四書，《隋志》入於雜家類，而《舊唐志》改入儒家類，其分類未成系統，僅爲單純的認知差異所致。而其中《內訓》一書，《新唐志》更入雜傳記類，是以可見雜家類性質之岐出而難辨。

6、雜家類與小學類：

顏之推《纂要》一書，《隋志》入雜家類，《舊唐志》改入小學類，《纂要》一書性質待考，然此例亦可看出雜家類典籍猶與經部小學類相揉。

從上述舉例中，我們可以得知：子部典籍中，以雜家一類常和它類誤近，不僅《隋志》中有與它類典籍重出，而《舊唐志》對《隋志》雜家一類亦多改入它類。《舊唐志》在改入它類的變化中，以獨立出「事類」的變化最大，承上所言，事類（即類書）的編修，在唐代頗爲盛行，就唐人類書編製的數量而論，其不再能附屬於雜家一類，是以《舊唐志》在類書卷帙增多的情形下，獨立出事類一項，也是一種時勢所趨。雜家類由於所入典籍難辨，故而後世目錄編撰者，常改前代雜家類入於它類，試就《舊唐志》對《隋志》雜家類的改變，釐析如上。

五行類：

五行類以紀「卜筮占侯」之書。由於其係以「卜筮占侯」爲判定之標準，「卜筮」之書又往往與「易類」之書相揉；其次，《隋志》有《相貝經》、《相馬經》之書，《隋志》往往列於五行類，核其名，當非「卜筮占侯」之書，而近於農書，是則又與農書雜揉。究竟《舊唐志》對《隋志》五行類典籍做了多少調整？又《隋志》本身重出情形又是如何呢？說明如下：

1、五行類與易類：

承上所言，五行之書係掌「卜筮占侯」之書，又「卜筮」之書與易類相近，如《周易玄品》一書，《隋志》入於五行類，而《舊唐志》改入易類，核其名，既以「周易」爲名，所入當歸於易類爲是，《舊唐志》所改爲合。

2、五行類與雜家類：

如《瑞應圖記》、《祥瑞圖》、《張掖郡玄石圖》三書，《舊唐志》改入雜家類。《瑞應圖記》、《祥瑞圖》之書，核其名，與「卜筮占侯」之類近似，蓋瑞應之兆，往往爲占卜之結果，《舊唐志》改此二書入雜家類，則未必切合。而《張掖郡玄石圖》一書，核其書名，不似占卜之書，則《舊唐志》入之雜家類，或可參考採用。

3、五行類與農家類：

五行類既掌卜占之書，原當與農家之書有較大的差異，然《舊唐志》卻有改《隋志》五行類典籍入農家類，如《相馬經》、《相貝經》者。如前所述，五行類既以掌卜占之書，《相馬經》、《相貝經》雖皆有「相」字，然所相與所謂吉凶卜占之事無關，而與農事有關，故《舊唐志》入於農家類，當係以此爲區別。

五行類既與災異祥瑞、卜筮占侯相關，故難免與周易之書淆亂。然周易之書雖與卜筮略有相關，但自來即列入經部，故書名有「周易」者，不論其性質是否有略帶災異祥瑞、卜筮占侯之性質，仍當列入經部爲是。否則，同係「周易」之書，一列經部易類，一列子部五行類，難免有體例不一的情形。而《瑞應圖記》、《祥瑞圖》既記祥瑞之事，當入五行類，則《舊唐志》改二書入雜家類，作法未必允當。又《相貝經》、《相馬經》之書，雖有卜相性質，然與吉凶災異無涉，故《舊唐志》改入農家類，自然有其見解的。綜合以上所述，《舊唐志》改《隋志》五行類典籍入易類、雜家類、農家類，雖然有部份是合於實情，然其中亦有部份並非允當的。此外，尚有《海中仙人占災祥書》一書，《隋志》重出，當據以改正。

兵書類：

兵書類與雜藝術類有互入的情事，如周武帝《象經》、王裕注《象經》、不著撰人《投壺經》等，《隋志》入兵書類，《舊唐志》改入雜藝術類。《象經》之書，當為棋藝之屬。《隋志》無雜藝術一類，故而列《象經》之書入兵書類。兵書類乃紀「權謀制變」，棋藝征戰，亦近於此類，故而《隋志》列《象經》之書入兵書類，其中分類意念近似之故也。《舊唐志》獨立出雜藝術類，《象經》之書，乃有類可分，入之雜藝術類。《舊唐志》獨立出雜藝術類，並非是因為唐人撰著多此類之書，其雜藝術類之書，多是牽合舊志它類之書而來，與傳統因為卷帙增多，而不得不別立它類的原因不同。雜藝術類的獨立成類，其代表目錄編撰者觀念的一種成熟，也由於其獨立之故，解決舊志牽合它類，導致類目與內容略有不合之失，如上述《象經》即屬此類。

醫家類與經脈類：

《隋志》僅分醫家類，而無有經脈一類，《舊唐志》復從醫家類獨立出經脈一類，在分類上更見細緻，如《黃帝鍼灸經》、《灸經》、、《五藏決》、《玉匱鍼經》等書。此外，《隋志》醫家類有《神仙服食經》、《服食諸雜方》等二書重出。

（四）集部典籍分類不同的情形

《舊唐志》對於《隋志》的別集部份，其認知是一致的，其間並無改變的情形。至於總集部份，因為其類目特殊，往往在分類的意念上，隨目錄編撰者的認知不一，是以其中變化較別集多樣化。一般說來，別集類是「紀詞賦雜論」，所紀往往為一人之作；而總集類「以紀類分文章」，所紀則為多人合集。在分類理念上，總集類係就其分類形式而分，是以若就其性質而論，往往其內容可歸於它類，故而在傳統的目錄學分類的演化上，總集類典籍往往隨不同目錄編製者，而歸入它類，《隋志》、《舊唐志》的分類變化，亦有總集類典籍分類不一的情事。在《隋志》、《舊唐志》的比勘上，可以分為二種情形，一為《隋志》本身的重出情形；二為《舊唐志》對《隋志》總集類典籍重新有所安排，說明如下：

1、《隋志》總集類與它類典籍重出：

此類例證有三：

漢名臣奏	三十卷	總集類、刑法類重出。
貞順志	一卷	總集類、儒家類重出。
正流論	一卷	總集類、儒家類重出。

《隋志》總集類典籍重出的情形並不太多見。

2、《舊唐志》對《隋志》總集類典籍的分類改變：

《舊唐志》對《隋志》總集類典籍所做的調整如下：

（1）改總集類入雜家類：

此類如漢明帝畫，陳思王讚《畫讚》一書，從作者的著錄上，我們僅能瞭解此書爲「漢明帝畫，陳思王讚」對於其形式是否是以「類分文章」的形式，尚難以進一步考證。但是書名以《畫讚》爲名，加上作者欄的著錄，可以可以得知其內容有二：一爲畫：漢明帝所畫。二爲讚：陳思王所讚。此爲畫、文合一的形式，既爲畫、文合一，其性質則非單純的文字表達，亦非總集類「類分文章」的分類定義所能涵蓋其範圍。然而，若依後世分類的認識而論，圖畫一類的分類，當歸入雜藝術類，然《舊唐志》在此一分類意念上，尚無此認識（此一意念，是《新唐志》後才有的分類概念。）又雜藝術類與雜家類的意念相近，是以《舊唐志》入雜家類。若就分類的演進而論，圖畫一類的典籍入雜藝術類當是最理想的分類方式，《舊唐志》在分類的認識上，雖然尚無獨立出雜藝術類一項，但將《畫讚》入雜家類而非總集類，在分類的理念上，雖然是一種折衷的作法，但可說是對圖畫一類的分類有著進一步的認識。

（2）改總集類入儒家類：

《舊唐志》改《隋志》總集類入儒家類有三，一是《集誡》，二是《誡林》，三是《女誡》。承上所言，總集類的分類係重其形式，往往依其內容而分，得以歸入它類。《集誡》、《誡林》二書，從其「集」、「林」二字可知，二書所錄，當爲集合眾家爲之。就其形式而論，或當入總集類爲是。然而依其性質而論，「誡」字與儒家的「仁義教化」意念往往有所相涉，是以《舊唐志》在分類意念上，取其「仁義教化」的內涵，而入歸儒家類。《女誡》之書，亦取「仁義教化」之意，而入儒家類。《舊唐志》於雜傳一類設有「列女」子目，然《女誡》之書卻不入雜傳類，可知目錄的編製並非絕然不容相錯的。從目錄的分類中，也可以考察出作者對於分類體系的整體安排，然而有些典籍的分類亦會隨編撰者的誤合，而歸入它類的。上述三書都因爲「誡」等有關於「仁義教化」意念的字眼，而歸入儒家類。但是，《舊唐志》並非所有書名中有「誡」字者，均是入於儒家類，其中《眾賢誡集》、《雜誡箴》、《婦人訓誡集》等入於總集類，《老子宣時誡》入於道家類等等，另入於儒家類者，尚有武后的《百僚新誡》一書。一書往往有具有多種性質，故而《眾賢誡集》、《婦人訓誡集》二書，從其「集」字入於總集類；《老子宣時誡》一書，從其「老子」性質而入於道家類，取捨標準不一，而入歸它類。又《婦人訓誡集》一書，可以有三種分類標準，一爲從其「婦人」性質而入於雜傳類中的「女則」一項；其次，從其「訓誡」之意而入於儒家類；又可從「集」字入於總集類。是以，

在分類意念上，類目之間並非是絕然不容相錯的，往往一念之間，而分類自
異，與「誡」字具有相似意念的「諫」字，《隋志》、《舊唐志》的分類情形又
是如何呢？考《隋志》有何望之《諫林》、虞通之《善諫》二書；《舊唐志》
有何望之《諫林》、虞通之《善諫》、魏徵《諫事》、于志寧《諫苑》四書，然
無有置於儒家類者，皆置入雜家類，取其「兼敘眾說」之意。從傳統的目錄
分類中，其中分類的意念在使人即類求書，別無滯礙，然而同一種意念往往
有多種分類型態，是以釐清其間個別典籍的演變，有助於我們認識目錄間的
承襲與轉化。

集部典籍分類的變化往往集中於總集類，總集類的分類原則是「類分文章」，然所謂
的「類分文章」，也僅是文章表現的一種型態，至於依其內容而論，往往得據以分入
它類。同一類的分類意念亦會隨目錄編撰者的取捨，而有不同的歸類，如上述所舉
「諫」「誡」諸例即是。自古以來，總集類的分類往往即與它類相涉，故瞭解其間的
變化，對於我們掌握分類原則的差異多少能有部份的幫助。

　　以上是純就類目上的演變進行釐測，然而各類卷帙的變化又是如何呢？《隋志》
往往參考舊志，舊目所有而今書不存者，往往注云「梁□□卷亡」或「宋□□卷亡」，
是以小注所錄，或皆亡佚（或重出之書）。考《隋志》小注已云亡佚之書，而又重出
於《舊唐志》所錄，其各類卷帙統計如下：（各類統計依卷帙多寡排序）

集部・別集類	一七八五（卷）	集部・總集類	八四〇（卷）
子部・雜家類	二四七（卷）	史部・正史類	一九九（卷）
史部・起居注	一一八（卷）	子部・儒家類	九八（卷）
子部・醫家類	七六（卷）	經部・禮類	六一（卷）
經部・論語類	五七（卷）	子部・五行類	五〇（卷）
經部・春秋類	四八（卷）	史部・雜史類	四五（卷）
子部・兵書類	四一（卷）	經部・緯書類	四〇（卷）
子部・道家類	三九（卷）	經部・小學類	三九（卷）
子部・法家類	二二（卷）	經部・詩類	一三（卷）
子部・醫方類	一二（卷）	子部・名家類	一一（卷）
子部・縱橫類	一〇（卷）	子部・天文類	六（卷）
史部・刑法類	五（卷）	子部・曆數類	三（卷）
史部・職官類	一（卷）		

　　從以上卷數可知，《隋志》小注所錄舊目，往往於《舊唐志》所著錄，各類總計達三千八百六十六卷，為《隋志》小注著錄二萬一千九百三十七卷的百分之十七強，其中以集部居多。《隋志》小注多異本或亡本，何以《隋志》小注所錄，而《舊唐志》著錄又多為所出呢？承上所言，《舊唐志》底本為《古今書錄》，《古今書錄》復增錄《群書四部錄》而來，開元年間，纂修《群書四部錄》之時，嘗徵集皇室各藏書機構及民間異本（說法詳見第二章第二節），而《隋志》所錄，僅及祕書省圖書，此從《大唐六典》卷十著錄秘書省職務中，取《隋志》各類卷數統計可知；而《隋書‧經籍志序》亦言及《隋志》所收多隋代祕府藏書，從上述推論可知：《隋志》、《舊唐志》在圖書著錄上，所取用材料來源有所不同，是以《隋志》小序所錄典籍往往重見於《舊唐志》的著錄上，這並非指《隋志》著錄有所疏失，而應歸功於《群書四部錄》等編撰時，徵集皇室各藏書機構及民間圖書，導致異本重出。《隋志》所反映的典籍既屬於秘書省的藏書，而《隋志》所記已佚之書，往往重現於《舊唐志》的著錄上，其中又以集部之書重出的現象最多，承第二章第二節所論，秘書省圖書以史部居多，佔百分之三十四，其次，以子部佔百分之三十；集部佔百分之二十四，居第三位，可見集部圖書並非是秘書省收錄圖書的主要部份。《舊唐志》著錄的原始來源既是皇室各藏書機構及民間異本，而所見又多《隋志》著錄已經亡佚之書，其中又以集部居多，既有集部之書，而《隋志》著錄「亡佚」，可見當時秘書省藏書是缺錄的，也可看出集部之書並非秘書省藏書的主要部份。

　　以《舊唐志》考之《隋志》著錄部份，究竟何類典籍的亡佚情形最嚴重呢？試說明如下：

子部‧醫家類	三九二三	子部‧五行類	一二五六
集部‧總集類	一一三五	史部‧儀注類	一〇七〇
集部‧別集類	八六五	子部‧雜家類	八二三
史部‧地理類	七一一	經部‧禮類四	六四七
史部‧正史類	六二二	經部‧春秋類	五三二
史部‧雜傳類	五一九	子部‧天文類	四八一
子部‧兵書類	四〇三	史部‧起居注	三七一
史部‧刑法類	三五〇	經部‧小學類	三四四
經部‧易類	三四〇	經部‧詩類	二七六
史部‧舊事類	二三〇	經部‧論語類	二二七

子部・曆數類	二二六	史部・職官類	二〇五
史部・古史類	一八五	史部・雜史類	一七一
史部・譜系類	一五三	經部・書類	一四八
子部・道家類	一二九	史部・霸史類	一〇九
子部・小說家	一〇五	史部・簿錄類	八二
經部・緯書類	七一	經部・樂類	七〇
子部・儒家類	五一	經部・孝經類	四九
集部・集部類	二五	經部・經解類	二〇
子部・法家類	一九	子部・農家類	一五
子部・醫方類	九	集部・楚辭類	九
子部・兵家類	三	子部・縱橫類	三
子部・墨家類	二		

以上合計一萬六千九百八十四卷，可見《隋志》著錄，而《舊唐志》不著錄的典籍亦屬不少，當然上述統計或有些微的差異（如同書異名而筆者未考出者）然而其中差異當屬不大。依上述統計可以看出，醫家類、五行類、總集類的典籍散佚的情形最為嚴重。《隋志》本文的著錄典籍為三萬七千三百四十七卷，加上注文著錄，共有五萬九千二百八十四卷（《隋書・經籍志志序》云八萬九千六百六十六卷，復刪去文義淺俗、無益教理者，則刪去之數達三萬零三百八十二卷），從以上數據得知，若純粹以史志目錄為考察個別典籍存亡的重要依據，則未必能確實考察書籍存佚，畢竟如《隋志》所記已佚典籍，往往間出《舊唐志》的著錄，又《隋志》編輯之時，已根據個別原因，將一些典籍的存在情形做一番抉擇，而非確實反映出典籍存在的實況。若就整體典籍反映的情況而論，各類的存佚概況，又適足以反映出學術的興衰轉移。從目錄編撰者對分類類目的安排，不僅可以看出編撰者對典籍分類的認識，也可以從新增類目看出分類類目不得不增的必然性，如上述所言「事類」（即類書）即屬於此。

以《舊唐志》考之《隋志》，《隋志》各類的典籍亡佚情形如上，而《舊唐志》新增典籍的分類情形又是如何呢？試列各類統計如下：

丙部子錄・醫術類	三三八七	丁部集錄・總集類	三二四一
丙部子錄・事類	三一二四	丁部集錄・別集類	二四七〇
乙部史錄・正史類	一八五八	乙部史錄・雜史類	一三三六

乙部史錄‧雜傳類	八七七	甲部經錄‧禮類	八〇四
乙部史錄‧儀注類	六八〇	乙部史錄‧譜牒類	六〇九
甲部經錄‧春秋類	五九六	丙部子錄‧道家類	五二一
乙部史錄‧故事類	四七九	甲部經錄‧易類	四六三
乙部史錄‧地理類	四五三	乙部史錄‧刑法類	四三八
乙部史錄‧起居注	四三四	甲部經錄‧小學類	三六六
丙部子錄‧雜家類	三五二	乙部史錄‧編年類	三四八
丙部子錄‧五行類	三四二	丙部子錄‧儒家類	二九〇
乙部史錄‧目錄類	二二七	甲部經錄‧論語類	二一五
丙部子錄‧農家類	一七九	甲部經錄‧書類	一五七
丙部子錄‧經脈類	一三五	丙部子錄‧兵書類	一一一
甲部經錄‧詩類	一〇〇	乙部史錄‧職官類	九八
甲部經錄‧樂類	七七	甲部經錄‧孝經類	七二
乙部史錄‧僞史類	五二	丙部子錄‧曆算類	五二
甲部經錄‧經解類	四四	丙部子錄‧法家類	四三
丙部子錄‧小說家	四一	丙部子錄‧天文類	三八
丙部子錄‧雜藝術	三五	甲部經錄‧讖緯類	二八
丙部子錄‧名家類	二五	甲部經錄‧詁訓類	一九
丙部子錄‧縱橫家	五		

　　以上總計二萬五千二百二十一卷，增錄典籍約爲《舊唐志》的總卷數的二分之一。在增加的部份，以醫術類、總集類、事類、別集類居多，其次以史部典籍亦占多數。就卷數而言，總集類、事類的個別卷帙均較它類爲多，是以增加的總卷數亦爲數不少，別集類的卷數增加，代表著個別知識份子的增加。又《隋志》本身無雜藝術類，然《舊唐志》雜藝術類的典籍增加不多，其故源於《舊唐志》的雜藝術類是牽合《隋志》其他諸類的典籍，再與以重新劃入雜藝術類，說法詳見上文。讖緯類的典籍增加亦屬不多，讖緯一類典籍，至劉宋大明中以來，即受朝廷的禁制，《隋志‧經籍志》卷三十二云：

　　　　至宋大明中，始禁圖讖，梁天監已後，又重其制。及高受禪，禁之踰切。煬帝即位，乃發使四出，搜天下書籍與讖緯相涉者，皆焚之，爲吏所糾者至死。自是無復其學，祕府之內，亦多散亡。今錄其見存，列于六經

　　　之下，以備異說〔註40〕。

在此環境下，讖緯類的典籍的發展自然就大受限制了。

第三節　結　論

　　　《隋志》著錄，多記存佚，然其所記存佚之書，往往得見於《舊唐志》中，是則《舊唐志》可補《隋志》之不足，對於圖書流傳之考察，有所助益。從上述比勘上，《舊唐志》、《隋志》多詳略互見、正誤相雜，其中得以收相互補苴之效，而今學者，往往重《隋志》而輕《舊唐志》者，導致《舊唐志》價值之不彰，千古以來，《舊唐志》往往「過」多於「褒」，而不為學界所重視。

　　　一般而言，評《舊唐志》者，率以其書僅錄開元以前著述，而缺錄開元以後典籍為譏，故其書價值不彰，此係劉昫等編撰《舊唐志》時，採用《古今書錄》復刪錄簡目而成，故而缺錄開元以後典籍。然《舊唐志》雖有斷限不善之失，但其採用《古今書錄》刪錄而成，卻間接保存《古今書錄》簡目，使得今人對《古今書錄》的著錄情形稍有瞭解，這未嘗不是一種貢獻。

　　　《漢志》以後，諸史無志，私家書目，亡佚殆盡，欲考經籍之存佚，首藉《隋志》，故而歷來重視《隋志》者，無不以其得以考見經籍之源流為議說，茲摘引朱彝尊《經義考·著錄篇》所云，以為論證：

　　　　　班固依《七略》而作藝文，誠良史用心，而史家體例之不可少者也。其後惟袁山松撰《後漢書》有〈藝文志〉，顧不傳，自晉以下，國史皆無述焉。至《隋書》始勒成〈經籍志〉，附著《七錄》之目於下，經典是以略存，而劉知幾《史通》反訕之，詆騁其繁富，凡撰志者，宜除此篇，抑何見之褊乎！〔註41〕。

貶抑《隋志》者，歸其原因有二：

　　　一、目錄之作，置於史志，於理未安。

　　　二、《隋志》錄書，往往憑撰者主觀去取，啟後世任意廢書之習。

其中前者以劉知幾《史通·書志篇》發之；後者以姚名達《中國目錄學史·史志篇》主之。案：劉知幾《史通·書志篇》云：

〔註40〕同註 16，頁 941。

〔註41〕朱彝尊，《經義考》（台北：臺灣中華書局據揚州馬氏刻本影印　1979 年 2 月台三版），
　　　冊八，卷二九四，頁 1。

　　　　而近世有著《隋書》者，乃廣包眾作，勒成二志，騁其繁富，百倍前
修。非唯循覆車而重軌，亦復加闊眉以半額者矣。但自史之立志，非復一
門，其理有不安，多從沿革。唯藝文一體，古今是同，詳求厥義，未見其
可。愚謂凡撰志者，宜除此篇〔註42〕。

《四庫全書總目提要》卷八八，史部史評類〈史通〉部份云：

　　　　子元（即子玄，避康熙諱改）之意，惟以褒貶為宗，餘事皆視為枝贅。
故表歷（曆）書志兩篇，於班、馬以來之舊例，一一排斥，多欲刪除，尤
乖古法〔註43〕。

其意在此。至於《隋志》錄書，往往憑撰者主觀去取，事見姚名達《中國目錄學史》，
引述如下：

　　　　其書（指《隋志》）原名《五代史志》，限於梁、陳、齊、周、隋五
代，故凡此五代之官私目錄皆在其包羅之中。且有藏書以備考核，故能
分別存亡，且又以意去取耳。其去取之例，自謂：「其舊錄所取，文義淺
俗，無益教理者，並刪去之。其舊錄所遺，辭義可采，有所弘益者，咸
附入之。」憑主觀為鑑別，有異於班固之全抄《七略》實啟後世任意廢
書之惡習〔註44〕。

相較之下，《舊唐志》取《古今書錄》刪錄而成，而《古今書錄》復據宮中藏書及有
司百官藏書編製而成，其所能反映出典籍的客觀存在現實，較《隋志》完善。故而
《隋志》登錄亡佚或殘缺之書，往往至《舊唐志》中，佚本或全本間出，是以考察
梁、陳、齊、周、隋等朝代典籍之亡佚情形，自當參考《舊唐志》所錄，方能明白
典籍流通之概況。

　　　　就個別著錄而言，《隋志》、《舊唐志》各有擅場之處，然歷來《舊唐志》卻不
受重視，本文就其個別著錄上之差異，各舉例證，以明典籍著錄過程中所衍生出的
若干情況。歷來學界對於《隋志》的重視，以至於條理疏證之作完善，也加深《隋
志》的使用價值；反觀《唐志》，由於長期缺乏學界的重視，是以其書價值往往不受
重視，若能如《隋志》般加以董理疏證，則自能開發《唐志》使用上的便利，使《唐
志》得到應有的地位。

〔註42〕同註1，頁61～62。
〔註43〕紀昀等撰：《四庫全書總目》，（大陸：北京中華書局，1992年5月），五刷，頁751。
〔註44〕姚名達：《中國目錄學史》，《中國文化史叢書》，（臺灣商務印書館，1988年2月），
　　　　臺九版，頁214。

第四章　《舊唐書・經籍志》與《新唐書・藝文志》之比較研究

第一節　作者及其修撰時間

　　《舊唐志》的編撰者及其修撰時間，詳見第三章，茲不贅述。此節僅就《新唐志》的編撰問題，略述如下。

　　關於《新唐書》的編撰者，《新唐書》附曾公亮〈進唐書表〉一文指出：

　　　　刊脩官翰林學士兼龍圖閣學士、給事中、知制誥臣歐陽脩，端明殿學

　　士兼翰林侍讀士、龍圖閣學士、尚書吏部侍郎臣宋祁，與編脩官禮部郎中、

　　知制誥臣范鎭，刑部郎中、知制誥臣王疇，太常博士、集賢校理臣宋敏求，

　　祕書丞臣呂夏卿，著作佐郎臣劉義叟等，並膺儒學之選，悉發祕府之藏，

　　俾之討論，共加刪定，凡十有七年，成二百二十五卷〔註1〕。

承上所言，則知《新唐書》撰者，又據歐陽修《歐陽永叔表奏書啓四六集》卷二〈辭轉禮部侍郎札子〉一文指出，《新唐書》紀、志部份，率爲歐陽修所統理，其中自也包括〈藝文志〉部份，故而歷來提及《新唐書・藝文志》者，即以歐陽修爲其編撰。

　　歐陽修，字永叔，自號醉翁，晚年號六一居士。其著作有《易童子問》、《詩本義》、《詩譜補亡》、《歐陽參政書目》等；亦曾預修《新唐書》、《崇文總目》、《五代史記》、《太常禮書》等，詩、詞、文俱名於世。歐陽修的傳記資料頗爲豐富，本文旨在討論其《新唐志》的載錄，故不多廢筆墨於他務，僅討論歐陽修的金石、文獻

〔註1〕《新唐書》第八冊，頁 6472。歐陽修〈辭轉禮部侍郎札子〉一文所載亦大同小異，
　　　惟可看出《新唐志》紀、志部份爲歐陽修所主其事。

方面的成就。

　　歐陽修於至和元年（1054）八月入館編修，任「刊修官」，嘉祐五年（1060），《新唐書》撰成。如前所述，歐陽修主要擔任紀、志的編撰，其中〈藝文志〉的部份，增補《舊唐書‧經籍志》所未錄的「二萬八千四百六十九卷」典籍，初步彌補了《舊唐書‧經籍志》的斷限疏失，使人們得以對唐代文獻有更深一層的認識。陳清泉先生等編撰之《中國史學家評傳》中，對於歐陽修《新唐志》有如下的評論：

> 《新唐書‧藝文志》著錄唐代圖書時，「甲部經錄」將「圖緯」改爲「讖緯類」；「乙部史錄」將「古史」改爲「編年類」；「霸史」改稱「偽史類」；「略錄」（「書目」）改稱「目錄類」。「雜傳」中舊分十餘種子目，極爲繁蕪；新志僅保留「女訓」一項，其餘均刪去。其仙靈、高僧、鬼神等目，則由史部雜傳移歸丙部子錄的道家類。子錄之「事類」，改稱「類書類」。這樣，分類、命名都比以前確當；對後世目錄學，頗有啓發〔註2〕。

《中國史學家評傳》此一評論則有過度抬高《新唐志》價值的情形，案：改「略錄」爲「目錄」、改「古史」爲「編年」、改「霸史」爲「偽史」、改「圖緯」爲「偽史」等項，均爲毋煚《古今書錄》即已辦到，其功自當歸於毋煚，而非歐陽修。從《新舊唐志》的比勘上，未必如《中國史學家評傳》所云：「分類、命名都比以前確當」，說法詳見下文。《新唐志》的文獻著錄，其成就最顯者，應歸於著錄圖書卷數的大幅增加，至於類目上，往往在《古今書錄》即已定型，不能盡歸他的成績，陳清泉先生等強調此一項目，並非十分適宜的。而且，在分類的轉移上，陳氏僅云「其仙靈、高僧、鬼神等目，則由史部雜傳移歸丙部子錄的道家。」卻也未能詳確考見其分類之演化情形，筆者於下文中復有申論。陳氏以《新唐志》較之《群書四部錄》以前之類目，反忽略《舊唐志》之分類類目，其評論則稍有疏失。在目錄的編製上，歐陽修尚曾參與《崇文總目》、《歐陽參政書目》等，其在目錄的編製上，頗有稱述之處。

　　除了目錄的編製外，歐陽修在文獻整理的成就校勘、辨偽等，蕭魯陽先生於〈歐陽修在古籍整理上的貢獻〉一文中有深入的討論，蕭氏分五點以進行論述，茲舉其大要如下：

　　（1）校理古籍難以臆斷爲定。

　　（2）死校活校兩法并用。

　　（3）重視方志和金石文物資料。

　　（4）獎拔古籍整理人才。

〔註2〕陳清泉等：《中國史學家評傳》，（大陸：中州古籍出版社，1985年3月），頁488。

（5）聚眾之善以補緝之〔註3〕。

蕭氏之文頗有論證，讀者可自行參看。王余光先生《中國文獻史》第一卷云：

> 歐陽修曾廣泛考辨經書，并能擺脫漢唐以來經典注疏的束縛，陳述自
> 己的意見，開了宋代辨偽學的先風。他曾利用金石文字勘校古書，對史書
> 補闕糾謬，所作《集古錄》，為我國金石學的開山之作〔註4〕。

從以上的論點可知：歐陽修主要在古籍的整理上，約略可歸納為辨偽、校勘、目錄
三點，其在文獻整理的成就是值得肯定的。

第二節　《群書四部錄》與《古今書錄》之研究

《舊唐志》的編製係運用《古今書錄》刪錄成簡目，基本上，其能實際反映出
《古今書錄》的初貌。《新唐書》的編製係改進《舊唐書》的若干缺失，其中的〈藝
文志〉自然也不例外。究竟《新唐志》的編製來源是如何呢？歷來有不同的說法，
欲解答此一問題，必須從《新唐志》的體例著手。案：《新唐志》在著錄典籍上，分
有著錄、不著錄兩部份，歷來對於著錄部份，總是認為其根據也是來自《古今書錄》
或《舊唐志》，如王重民先生《中國目錄學史論叢》云：

> 《新唐書‧藝文志》的每個類目內，分「著錄」與「未著錄」兩部分。
> 「著錄」是指《古今書錄》原有的著錄，「未著錄」是指歐陽修所增入的
> 唐代著作。《藝文志》著錄了開元時代藏書53915卷，比毋煚自己所稱的
> （也是《舊唐書‧經籍志》著錄的）51852卷較多一些，拿《藝文志》的
> 著錄和《經籍志》比較，所著錄的圖書數目也確是多些，注解說明也詳細
> 些，（其中還有一些是歐陽修用自己的意見改動的）因此，疑歐陽修所據
> 的《古今書錄》是一個經過增訂的本子〔註5〕。

案：王重民先生惑於《舊唐志》與《新唐志》著錄之典籍，其卷數差距達二千餘卷，
又受傳統觀念影響，以《新舊唐志》係根據《古今書錄》改編，對於其中卷數差距
並無合理的解釋，乃以「疑歐陽修所據的《古今書錄》是一個經過增訂的本子」作
為推測。喬衍琯先生於〈新唐書藝文志考評〉一文中有另外的見解：

> 其實以班固刪節《七略》，且又稍加增損改易而成《漢志》的例子來

〔註3〕蕭魯陽：〈歐陽修在古籍整理上的貢獻〉，《史學月刊》，1983年二期，頁38～42。
〔註4〕王余光：《中國文獻史》第一卷，（大陸：武漢大學出版社，1993年3月），頁94。
〔註5〕王重民：中國目錄學史論叢》，（大陸：北京中華書局，1985年），頁107。

看，《新唐志》對《古今書錄》或《舊唐志》，也會稍加增損改易，而不必照單全收。所以不僅比《古今書錄》多出兩千多卷，也有刪減改易的地方，下文會有論述〔註6〕。

王、喬二人均有感於《舊唐志》與《新唐志》著錄部份在卷數統計上，似乎不能自圓其說，而有增補刪改之說。他們二人均以《新唐志》著錄是以《古今書錄》或《舊唐志》為底本，然而歐陽修在〈新唐志序〉中，僅僅提到馬懷素、褚無量整比內庫圖書之事，並無一言提及毋煚《古今書錄》的編製情事。馬懷素、褚無量所整比的圖書目錄係《群書四部錄》，但卻不是表示歐陽修《新唐志》著錄部份即依據《群書四部錄》，相反地，歷來對於《新唐志》根據《古今書錄》編製已著錄典籍的看法亦是有所根據的，以《新唐志》的已著錄典籍中亦錄有開元九年（721）以後之典籍，其時《群書四部錄》業已成書，故絕非完全根據《群書四部錄》，但若說其完全根據《古今書錄》，則何以〈新唐志序〉未有片語隻字論及《古今書錄》？其次，就卷數統計而論，《舊唐志》明言根據《古今書錄》修撰而成，《古今書錄》載錄凡三千六十部，五萬一千八百五十二卷（見於〈舊唐志序〉），而《新唐志》已載錄典籍達五萬三千九百一十五卷（見於〈新唐志序〉）其中差距達二千餘卷。故而，審視《新唐志》載錄典籍是根據《古今書錄》的看法，必須從〈新唐志序〉著手，案：〈新唐志序〉中並無直接道及《新唐志》是根據《古今書錄》增錄而成，唯一言及《新唐志》著錄部份，僅僅提出「而藏書之盛，莫盛於開元，其著錄者，五萬三千九百一十五卷，而唐之學者自為之書者，又二萬八千四百六十九卷。嗚呼！可謂盛矣！〔註7〕」是則僅提到「開元著錄」，而《古今書錄》、《群書四部錄》俱屬於開元左右之目錄，因此，並不一定就是根據《古今書錄》編製而成。再者，若《新舊唐志》全是依據《古今書錄》，然而《新唐志》已著錄典籍，其分類何以有若干程度的差別？這其中必是某一部目錄係經過某種程度的改編。而《舊唐志》明言根據《古今書錄》，且載錄的部數、卷數均有明確的計數，故而，屬於未定的《新唐志》所改編的成份較大。

既然《新唐志》已著錄典籍確知係據「開元著錄」，則其中有二種可能：

第一，若能找到《新唐志》已著錄部份係根據《古今書錄》的論證，則《舊唐志》的著錄即有錯誤（可能是節本），但〈古今書錄序〉已明言其著錄凡三千六十部，五萬一千八百五十二卷，既與《舊唐志》的著錄接近，故此一可能性不大。而〈新唐志序〉僅言：「而藏書之盛，莫盛於開元，其著錄者，五萬

〔註6〕喬衍琯：〈新唐書藝文志考評〉，《國立政治大學學報》五七期，1988年5月，頁43。
〔註7〕參見註1，頁1423。

三千九百一十五卷。」（頁 1423）是則僅言根據「開元著錄」，而無明言根據《古今書錄》修製而成，顯然歷來說法值得商榷。

第二，若《新唐志》已著錄部份不全是根據《古今書錄》，尤其是多出的二千餘卷典籍究竟是從何而來？《群書四部錄》載錄「四萬八千一百六十九卷」，《古今書錄》增新目「六千餘卷」，然而〈古今書錄序〉僅言「五萬一千八百五十二卷」，其中差距「二千三百餘卷」。喬好勤先生於《中國目錄學史》中已注意此一現象，他認為毋煚對於《群書四部錄》必有刪除，〔註8〕其說可從。《古今書錄》刪錄《群書四部錄》為何書？今已不得詳考。《新唐志》已著錄典籍達「五萬三千九百一十五卷」，且云根據「開元著錄」，則較接近的推測是根據《古今書錄》、《群書四部錄》的綜合，再刪去重複卷帙而來。案：《古今書錄》較《群書四部錄》增加六千餘卷，若《古今書錄》並無刪錄，則總卷數當為「五萬四千一百六十九卷左右」，其距《新唐志》已著錄典籍「五萬三千九百一十五卷」已然未遠，若加上卷數的可能改變、重複等因素，則《新唐志》已載錄部份當非全據《古今書錄》，而可能是《古今書錄》、《群書四部錄》復刪去重複著錄之書所編成的。至於《新唐志》列於著錄部份，而《舊唐志》未載其書，則可能是《古今書錄》刪錄《群書四部錄》的典籍；但由於今本《舊唐志》已有殘缺，因此也可能是《舊唐志》遺漏的部份，若參以《群書四部錄》與《古今書錄》的斷限差異，則有助於我們更進一步釐清《群書四部錄》與《古今書錄》的差別。

如前文所述，《舊唐志》的編寫來源乃據《古今書錄》刪節而成，而《古今書錄》復據《群書四部錄》增改，然《群書四部錄》、《古今書錄》俱已亡佚，不復存其原貌。《舊唐志》刪錄毋煚《古今書錄》解題，僅存簡目。《古今書錄》尚且如此，而《群書四部錄》則更難考證。所幸毋煚〈古今書錄序〉仍保留在〈舊唐志序〉、《全唐文》中，我們可以略知《古今書錄》的編輯梗概。今據〈舊唐志序〉中所載，說明《古今書錄》與《群書四部錄》之間的編輯差異如下：

> 于時秘書省經書，實多亡缺，諸司墳籍，不暇討論。此其事有未周，一也。其後周覽人間，頗睹闕文，新集記貞觀之前，永徽已來不取；近書採長安之上，神龍以來未錄。此則理有未弘，二也。書閱不遍，事復未周，或不詳名氏，或未知部伍。此則體有未通，三也。書多闕目，空張第數，既無篇題，實乖標榜。此則例有所虧，四也。所用書序，咸取

〔註8〕喬好勤：《中國目錄學史》，（大陸：武漢大學出版社，1992 年，6 月），頁 140。

魏文貞，所分書類，皆據《隋經籍志》。理有未允，體有不通。此則事實
未安，五也〔註9〕。

毋氏提出事、理、體、例、類等五項改進《群書四部錄》的地方，歷來討論毋煚的
目錄學思想，或言及《古今書錄》及《群書四部錄》的差異時，率皆以此發題，如
胡昌斗先生〈毋煚目錄學思想及其書目實踐初探〉一文即以事、理、體、例、類目
和大小序等五種為題，逐一申覆《古今書錄》與《群書四部錄》的差異（頁74）大
抵言之，胡氏對於毋煚的《古今書錄》是肯定的態度，其云：

> （毋煚）在《群書四部錄》的基礎上經其正誤、補闕、拾遺、改書
> 序、增書類、精寫解題，從而編纂成一部簡明實用的新書目——《古今書
> 錄》〔註10〕。

毋煚的〈古今書錄序〉雖言及改進《群書四部錄》之處，但其書已佚，《舊唐志》也
僅錄存簡目，故對於原書如何精寫解題、修改書序、改正舊誤之失處，目前已經不
得而知，至於類目之變化，由於〈古今書錄序〉謂《群書四部錄》是根據《隋經籍
志》而來，故可由《隋志》與《舊唐志》類目的差異得知，其中比對之結果，業已
詳見第三章，茲不贅述。今日略可考見者，係《古今書錄》較《群書四部錄》著錄
數量的差異。

　　歷來研究《群書四部錄》與《古今書錄》的差異時，往往據〈古今書錄序〉的
記載，去討論《群書四部錄》與《古今書錄》編輯原理的差異，卻無論著進一步根
據〈古今書錄序〉所載的斷限條件，去釐析出《古今書錄》增錄《群書四部錄》典
籍的部份。案：《古今書錄》係改編《群書四部錄》而來，其中斷限差異在毋煚〈古
今書錄序〉一文中可知，在批評《群書四部錄》的選書原則時提到：「新集記貞觀之
前，永徽已來不取；近書採長安之上，神龍已來未錄〔註11〕。」故在書籍選錄上，「永
徽新集，神龍近書，則釋而附也；」〔註12〕是以毋煚所增典籍有二部份：

一、新集部份：

　　永徽（高宗）以來的別集，其中包含高宗、武則天、中宗、睿宗、玄宗等朝之
別集，又別集之收錄多係以作者卒後，方始編輯成冊，此係隋唐目錄編製的通例，

〔註 9〕《舊唐書》，頁 1964。

〔註10〕胡昌斗：〈毋煚目錄學思想及其書目實踐初探〉，《四川圖書館學報》，1984 年二期，
　　　　頁 74。

〔註11〕參見註 8，頁 1964。

〔註12〕同上註，頁 1965。

劉毓崧《通義堂文集》卷十一云：

> 《隋書・經籍志》之例，所紀書目，以撰述之人卒於隋義寧二年（618）
> 以前者爲斷，其唐初始卒者，一概不收〔註13〕。

小注亦云：

> 唐初諸人，如陳叔達、蕭瑀、虞世南、魏徵之流，皆卒於顯慶元年（656）
> 以前（筆者案：顯慶元年爲《隋書・經籍志》書成之年。），並有文集，
> 而《經籍志》絕不闌入；他如陸德明、孔穎達、顏師古等詮釋經史之書，
> 俱用此例，足見其界限之嚴矣〔註14〕！

毋煚既云《群書四部錄》所收不錄永徽以後新集，而《古今書錄》所增爲永徽以後新集，根據上述所論，毋煚所增新集作者，其卒年當爲永徽年間以後，是以只要證明別集作者卒年在永徽以後，即可釐析出《古今書錄》增錄《群書四部錄》之別集部份。

二、近書部份：

經、史、子三部的增錄上，毋煚所增以神龍元年（705）以後成書者爲新增的典籍。神龍爲唐中宗年號，故而成書時代爲神龍以後典籍，其爲毋煚所增可知。神龍之後，有景龍、景雲、太極、先天、開元等年號，若經、史、子三部著錄中，其成書年代爲神龍年間以後者，可知其爲毋煚所增。

筆者擬在此原則下，試圖釐清《古今書錄》增錄《群書四錄》的典籍如下：

一、永徽以來新集

一	蘇瓌集	蘇瓌撰	十卷	案：《歷代人物年里碑傳綜表》，頁 137，以其卒於景雲元年（710）。蘇瓌生於，卒諡文貞，尚有撰著《中樞龜鏡》一卷。事跡見於《舊唐書》卷八十八、《新唐書》卷一二五本傳、盧藏用《太子少傅蘇瓌神道碑》等。
二	蘇味道集	蘇味道撰	十五卷	案：《歷代人物年里碑傳綜表》，頁 139，以之卒於神龍元年（705）。事跡見於《舊唐書》卷九四、《新唐書》卷一一四本傳。
三	魏知古集	魏知古撰	二十卷	案：《歷代人物年里碑傳綜表》，頁 139，以之卒於開元三年（715）。事跡見於《舊唐書》卷九八、《新唐書》卷一二六本傳。

〔註13〕劉毓崧：《通義堂文集》，《求恕齋叢書（十六）》，第十六函，第八冊，卷十一，頁 3。
〔註14〕同上註，頁 3。

四	薛曜集	薛曜撰	二十卷	案：生卒年不詳，事跡見於《舊唐書》卷七三、《新唐書》卷九八、《唐郎官石柱題名考》卷一九、《唐詩紀事》一三等。薛曜曾修《三教珠英》，其書修於聖曆中，故其卒年亦在永徽以後可知。另其與王勃有交往詩，而王勃生於貞觀二二年（或云永徽元年）則確知其卒年在聖曆後。
五	薛元超集	薛元超撰	三十卷	案：《初唐四傑年譜》二三○以之卒於嗣聖一年（684）十二月卒。事跡見於王勃《中書令汾陽公薛振行狀》、《舊唐書》卷七三、《新唐書》卷九八。又薛氏曾預修《晉書》，而《全唐詩》卷三九載其詩一首，《全唐文》載其文四篇。
六	駱賓王集	駱賓王撰	十卷	案：駱賓王，生平事跡見於《舊唐書》卷一九○上、《新唐書》卷二○一本傳、《義烏縣志》卷一四、郗雲卿《駱賓王文集序》等。駱氏另擅長駢文，以〈為徐敬業討武曌檄〉聞名於世，其集《駱賓王集》乃是其後郗雲卿所集，雖其卒年未詳，然在武周之後可以確知。
七	閻鏡機集	閻鏡機撰	十卷	案：生卒年未詳。閻氏係武周時閻朝隱之兄，朝隱生平事跡見於《舊唐書》卷一九○中、《新唐書》卷二○二《閻朝隱傳》。閻朝隱卒於睿宗太極元年（712），雖不得反證其必卒於永徽之後，然大抵未遠，故繫於此。
八	閻朝隱集	閻朝隱撰	五卷	案：閻朝隱，卒於睿宗太極元年（712），朝隱曾預修《三教珠英》，任直學士，生平見於《舊唐書》卷一九○中、《新唐書》卷二○二。
九	蕭德言集	蕭德言撰	三十卷	案：《舊唐書·儒學傳上》卷一八九，頁 4953，以其卒於永徽五年（654）。德言曾任少子侍讀、秘書少監等職，曾預修《括地志》，《新唐書》卷一八九有其本傳。
十	蕭鈞集	蕭鈞撰	三十卷	案：蕭鈞，生平事跡見於《舊唐書》卷六三、《新唐書》卷一○一《蕭瑀傳》、《新唐書》卷九九《蕭嵩傳》、韓休《梁宣帝明帝二陵碑》等。《舊唐書》卷六三以其於顯慶中卒，另撰《韻旨》二○卷。
十一	盧藏用集	盧藏用撰	二十卷	案：生平見於《舊唐書》卷九四，又《新唐書》卷一二三有其本傳。《舊唐書·睿宗紀》謂盧藏用坐太平公主謀逆被誅；或云盧氏流配嶺南，卒於始興，其時約在先天二年。藏用尚有著作《春秋後語》十卷、《老子注》二卷、《莊子內外篇注》十二卷、《子書要略》一卷等著作。
十二	盧照鄰集	盧照鄰撰	二十卷	案：號幽憂子，所撰或云《幽憂子》、或《盧照鄰集》、或《盧升之集》，其卒年未詳，張志烈《初唐四傑年譜》繫於永隆二年（681）前後。生平事跡見於《舊唐書》卷一九○上、《新唐書》卷二○一本傳，《朝野僉載》卷六，聞一多《盧照鄰年譜》、傅璇

				琮《盧照鄰楊炯簡譜》、任國緒《盧照鄰詩文繫年及生平行跡》等可供參考。
十三	閭丘均集	閭丘均撰	三十卷	案：閭丘均，景龍中，拜太常博士；景龍四年（708），貶循州司倉，後卒於任上。其卒年雖未能確考，然於景龍四年後可以確知。閭氏以文章聞於世，與杜審言齊名於世，事跡見於《舊唐書》卷一九〇《陳子昂傳》。
十四	鄧玄挺集	鄧玄挺撰	十卷	案：鄧玄挺，卒於永昌元年（689）。生平事跡見於《舊唐書》卷一九〇本傳、《新唐書》卷二〇一《楊炯傳》、《唐會要》卷七四、岑仲勉《郎官石柱題名新著錄》等。
十五	劉禕之集	劉禕之撰	五十卷	案：垂拱三年（687）卒。生平見於《舊唐書》卷八七、《新唐書》卷一一七本傳等，其著作尚有《英國貞武公故事》四卷。
十六	劉希夷集	劉希夷撰	三卷	案：《歷代人物年里碑傳綜表》，頁 140，以其卒於儀鳳中。生平事跡見於《大唐新語》卷八、《舊唐書》卷一九〇中、《劉賓客佳話錄》、《唐才子傳校箋》卷一、《本事詩‧徵咎第六》等。《唐才子傳》載劉希夷爲上元二年（675）進士，死時未三十，其死時當不過永隆元年（680）。上元、永隆爲高宗年號，是故其集亦當爲永徽後成書可知。
十七	劉允濟集	劉允濟撰	二十卷	案：生卒年未詳。其事跡見於《舊唐書》卷一九〇中、《新唐書》卷二〇二本傳，中宗復位，貶青州長史，復以丁母憂去官。服除，召爲修文館學士，大喜，與家人樂飲數日，卒。其著作尚有《魯後春秋》二〇卷、《金門待詔集》一〇卷。
十八	劉子翼集	劉子翼撰	十卷	案：劉子翼，卒年未詳。生平事跡見於《舊唐書》卷八七、《新唐書》卷一一七、《元和姓纂》卷五、《唐會要》卷六三等。
十九	劉子玄集	劉子玄撰	十卷	案：《舊唐書‧劉子玄傳》卷一〇二、《歷代名人年譜》卷二，頁 74、《歷代人物年里碑傳綜表》，頁 142，均以其卒於開元九年（721）。
二〇	褚遂良集	褚遂良撰	二十卷	案：《舊唐書‧褚遂良傳》卷八〇以其卒於顯慶三年（658）。
二一	睿宗皇帝集	睿宗皇帝撰	十卷	案：睿宗卒於開元四年。《舊唐書‧睿宗本紀》卷七云：「開元四年（716）夏六月甲子，太上皇帝崩于百福殿，時年五十五。秋七月己亥，上尊諡曰大聖貞皇帝，廟曰睿宗。」
二二	楊炯集	楊炯撰	三十卷	案：《初唐四傑年譜》，頁 254，以其卒於長壽二年。
二三	楊元亨集	楊元亨撰	五卷	案：楊元亨，武后時爲司府少卿，久視元年，貶爲睦州刺史。神龍元年（705），入授庫部郎中，後來官爲齊州刺史，卒於任所。雖未能確考其卒年，然卒於永徽之後可以確知。事蹟見於《舊唐書》

				卷七七《楊纂傳》附、《新唐書》卷一○六《楊弘禮傳》附、《新唐書》卷七一下《宰相世系表》、《嚴州圖經》卷一。
二四	富嘉謨集	富嘉謨撰	十卷	案：神龍二年（706）三月病卒。生平事蹟見於《舊唐書》卷一九○中、《新唐書》卷二○二本傳、吳少徽《哭富嘉謨并序》、《唐詩紀事》卷六。
二五	喬備集	喬備撰	六卷	案：喬備，武后時，預修《三教珠英》，後出任安邑縣令、襄陽令等職。是以其集成於永徽以後可知。事蹟見於《舊唐書》卷一九○《喬知之傳》附。
二六	喬知之集	喬知之撰	二十卷	案：武后天授元年（690）卒。垂拱二年（686），劉敬同奉命北征同羅、仆固，知之攝侍御史，監護其軍。事蹟見於《舊唐書》卷一九○中本傳，陳子昂《燕然軍人畫像銘序》、《觀荊玉篇序》等。
二七	陸楷集	陸楷撰	十卷	案：《中國文學家大辭典·唐五代卷》，頁457，云：「陸楷（生卒年不詳）吳郡吳縣（今屬江蘇）人，約唐高宗時在世。」故暫繫於此。陸氏事蹟見於《元和姓纂》卷一○。
二八	陳子昂集	陳子昂撰	十卷	案：《歷代人物年里碑傳綜表》以之卒於天冊萬歲元年（695）、《中國歷代名人年譜總表》以之卒於長安三年（703）。《中國文學家大辭典·唐五代卷以之卒於長安二年，說法不一。子昂於聖曆元年（698），以父老，辭鄉侍父，後為縣令段簡所害，雖不能確詳於何年，但《歷代人物年里碑傳綜表》以之卒於天冊萬歲元年之說當誤，蓋天冊萬歲元年為西元695年，而子昂辭官返鄉為聖曆元年，合西曆為698年，說法不合。雖然眾說難定，然其卒於永徽之後，則可確知。
二九	郭元振集	郭元振撰	二十卷	案：《歷代人物年里碑傳綜表》以郭元振卒於開元元年（713）。
三○	許敬宗集	許敬宗撰	六十卷	案：《歷代人物年里碑傳綜表》，頁127、《舊唐書·許敬宗傳》、《歷代名人年譜》卷二，頁127，均以之卒於咸亨三年（672）。
三一	張柬之集	張柬之撰	十卷	案：《歷代人物年里碑傳綜表》，頁134，以之卒於神龍二年（706）。
三二	崔融集	崔融撰	四十卷	案：《歷代人物年里碑傳綜表》，頁140，以之卒於神龍元年（705）。
三三	高智周集	高智周撰	五卷	案：《歷代人物年里碑傳綜表》，頁130，以之卒於弘道元年（683）。
三四	高宗大帝集	高宗大帝撰	八六卷	案：《舊唐書·高宗下》卷五，頁112：「（永淳二年（683）十二月己酉）帝崩於真觀殿，時年五十六。」
三五	高季輔集	高季輔撰	二卷	案：《歷代人物年里碑傳綜表》，頁127，以之卒於永徽二年（651）、《歷代名人年譜》以之卒於永徽四年（653）。

三六	郝處俊集	郝處俊撰	十卷	案：《歷代人物年里碑傳綜表》，頁 130，以之卒於開耀元年（681）、《舊唐書・高宗紀》以之卒於永隆二年（681）十二月。
三七	桓彥範集	桓彥範撰	三卷	案：《歷代人物年里碑傳綜表》，頁 140，以之卒於神龍二年（706）。
三八	徐彥伯前集	徐彥伯撰	十卷	案：開元二年（714）卒。事蹟見於《舊唐書》卷九四、《新唐書》卷一一四本傳、《唐詩紀事》卷九。
三九	徐彥伯後集	徐彥伯撰	十卷	案：見上文說明。
四〇	徐孝德集	徐孝德撰	十卷	案：確實卒年未知，《中國文學家大辭典・唐五代卷》，頁 640，以其「約卒於顯慶五年（660）」故繫於此。
四一	員半千集	員半千撰	十卷	案：《舊唐書・文苑中》卷一九〇，頁 5015、《歷代人物年里碑傳綜表》，頁 133，以之卒於開元二年（714）。曾預修《三教珠英》，尚著有《三國春秋》二〇卷、《明堂新禮》三卷、《臨戎孝經》二卷等書。
四二	韋承慶集	韋承慶撰	六十卷	案：卒於神龍二年（706）。曾修《則天實錄》有功，封扶陽縣子爵。事蹟見於《舊唐書》卷八八、《新唐書》卷一一六本傳、岑羲《韋承慶墓志》等。
四三	郎餘慶集	郎餘慶撰	十卷	案：郎餘慶，《舊唐書・儒學下》卷一八九云：「餘慶，高宗時萬年令，理有威名，京城路不拾遺，後卒於交州都督。」是則郎氏於高宗時尚存於世。《新唐書・儒學中》卷一九九、宋・黃震《古今紀要》卷十有其記載。
四四	姚崇集	姚崇撰	十卷	案：《歷代人物年里碑傳綜表》，頁 140，以之卒於開元九年（721）。
四五	谷倚集	谷倚撰	十卷	案：《中國文學家大辭典・唐五代卷》，頁 383，云：「武后時，與富嘉謨、吳少微皆以文詞著名，時人稱為『北京三傑』。」，事蹟見於《舊唐書》卷一九〇《吳少微傳》、《元和姓纂》等。
四六	狄仁傑集	狄仁傑撰	十卷	案：《歷代人物年里碑傳綜表》，頁 130，以之卒於久視元年、《歷代名人年譜》以之卒於聖曆三年。久視元年、聖曆三年均為西曆七〇〇年，故並無牴觸。事蹟見於《舊唐書》卷八九、《新唐書》卷一一五本傳。
四七	沈齊家集	沈齊家撰	十卷	案：生卒年不詳。《中國文學家大辭典・唐五代卷》，頁 391，云：「沈齊家（生卒年不詳）吳興（今屬浙江）人，約唐玄宗時在世。」故繫於此。
四八	沈佺期集	沈佺期撰	十卷	案：《舊唐書・文苑傳中》卷一九〇，頁 5017，以之卒於開元初、《唐詩人行人考・續編》，頁 58，以之卒於開元四年（716）。曾預修《三教珠英》，其事蹟見於《舊唐書》卷一九〇中、《新唐書》卷二〇二本傳、《唐才子傳校箋》卷一。

四九	杜審言集	杜審言撰	十卷	案：《中州歷史人物著作簡目》，頁79，以之卒於景龍二年（708）卒（約略）《中國文學家大辭典・唐五代卷》則肯定杜審言卒於是年（頁255）其生平事蹟見於《舊唐書》卷一九〇上、《新唐書》卷二〇一本傳、《才子傳校箋》卷一。
五〇	李嶠集	李嶠撰	三十卷	案：《歷代人物年里碑傳綜表》，頁138，以之卒於開元元年（713）。曾預修《三教珠英》，生平見於《舊唐書》卷九四、《新唐書》卷一二三本傳、《大唐新語》卷八。
五一	李乂集	李乂撰	五卷	案：《歷代人物年里碑傳綜表》，頁139，以之卒於開元二年（719）。事蹟見於《舊唐書》卷一〇一、《新唐書》卷一一九本傳、蘇頲〈唐紫微侍郎贈黃門監李乂神道碑〉、〈刑部尚書中山李公詩法記〉等。
五二	李懷遠集	李懷遠撰	八卷	案：《中國文學家大辭典・唐五代卷》，頁284，以李懷遠卒於神龍二年（706），故繫於此。生平事蹟見於《舊唐書》卷九〇、《新唐書》卷一一六。
五三	李適集	李適撰	二十卷	案：卒於景雲二年（711）。曾預修《三教珠英》，生平事蹟見於《舊唐書》卷一九〇中、《新唐書》卷二〇二本傳、賈至〈工部侍郎李公集序〉、獨孤及〈唐故正議大夫右散騎常侍贈禮部尚書李公墓志銘〉、李季卿〈三墳記〉、〈栖先塋記〉等。
五四	李義府集	李義府撰	三九卷	案：《初唐四傑年譜》，頁104、《歷代人物年里碑傳綜表》，頁131，以之卒於乾封元年（666）。曾預修《晉書》、《永徽五禮》、《姓氏譜》、《東殿新書》等，另編撰有《宦游記》二〇、《李義府文集》等書。
五五	宋令文集	宋令文撰	十卷	案：詩人宋之問之父。《中國文學家大辭典・唐五代卷》，頁396，云：「高宗時，任左驍衛郎將。儀鳳四年（679），出使吐蕃會贊普之葬。後任東台詳正學士。」故繫於此。事蹟見於《舊唐書》卷一九〇、《新唐書》卷二〇二《宋之問傳》附、《歷代名畫記》卷九、《法書要錄》卷九等。
五六	宋之問集	宋之問撰	十卷	案：《唐詩人行年考・續編》，頁36，以其卒於開元元年（713）。事蹟見《舊唐書》卷一九〇中、《新唐書》卷二〇二本傳、《唐才子傳校箋》卷一。
五七	吳少微集	吳少微撰	十卷	案：神龍二年（706）卒。事蹟見於《舊唐書》卷一九〇中、《新唐書》卷二〇二本傳、《唐詩紀事》卷六、《太平廣記》卷二三五等。
五八	丘悅集	丘悅撰	十卷	案：《中國史學史資料編年》，頁272，以丘悅卒於開元元年（713）。事蹟見於《舊唐書》卷一九〇中本傳及卷三一〈音樂志〉、《新唐書》卷一一二《員半千傳》等。

五九	王適集	王適撰	二十卷	案：《中國文學家大辭典‧唐五代卷》，頁 41，云：「武后時，敕吏部糊名考判，以求高才，適與劉憲、司馬鍠、梁載言相次入第二第。官至雍州司功參軍。」故繫於此。事蹟見於《舊唐書》卷一九○中、《新唐書》卷二○二本傳。
六○	王德儉集	王德儉撰	十卷	案：生卒不詳。《中國文學家大辭典‧唐五代卷》，頁 58，云：「高宗時任中書舍人。與李義府善，永徽中，曾與之共謀立武則天為皇后。仕至御史中丞。」故繫於此。事蹟見於《新唐書》卷二二三上〈李義府傳〉、《新唐書》卷七二〈宰相世系表〉、《舊唐書》卷八二等。
六一	王勃集	王勃撰	三十卷	案：《舊唐書‧文苑傳上》卷一九○，頁 5005、《歷代名人年譜》卷二，頁 58、《歷代人物年里碑傳綜表》，頁 139，以王勃卒於上元二年（675）。事蹟見於《舊唐書》卷一九○上、《新唐書》卷二○一本傳、楊炯《王勃集序》等，年譜有岑仲勉《王勃疑年》、聞一多《王勃年譜》、閻崇璩《王勃年譜》、張志烈《初唐四傑年譜》等。
六二	金輪集	天后撰	十卷	案：《舊唐書‧則天皇后紀》卷六，頁 132，云：「（神龍元年，1705）冬十一月壬寅，則天將大漸，遺制祔廟、歸陵，令去帝號，稱則天大聖皇后；其王、蕭二家及褚遂良、韓瑗等子孫親屬當時緣累者，咸令復業。是日，崩于上陽宮之仙居殿，年八十三，諡曰則天大聖皇后。」武氏另召文學之士周思茂等，令撰《玄覽》及《古今內範》各百卷，《青宮紀要》、《少陽政範》各三十卷，《維城典訓》、《鳳樓新誡》、《孝子列女傳》各二十卷，《內範要略》、《樂書要錄》各十卷，《百僚新誡》、《兆人本業》各五卷，《臣軌》兩卷，《垂拱格》四卷，并文集一百二十卷，藏於秘閣。
六三	元希聲集	元希聲撰	十卷	案：《歷代人物年里碑傳綜表》，頁 143、《歷代名人年譜》卷二，頁 68，以元希聲卒於景龍元年（707）。
六四	中宗皇帝集	中宗皇帝撰	四十卷	案：《舊唐書‧中宗本紀》卷七，頁 150：「（景龍四年，710）六月壬午，帝遇毒，崩于神龍殿，年五十五。」故成書繫於此年。
六五	于志寧集	于志寧撰	四十卷	案：《歷代人物年里碑傳綜表》，頁 126、《初唐四傑年譜》九七、《歷代名人年譜》，頁 55，均以于志寧卒於麟德二年。（665）
六六	上官儀集	上官儀撰	三十卷	案：《歷代人物年里碑傳綜表》，頁 143、《中國文學家大辭典》，頁 11，以上官儀卒於麟德元年（664），故成書繫於此年。
六七	垂拱集	天后撰	一百卷	案：武后卒年，詳見於上文，茲不贅述。

二、神龍以來近書

一	大唐姓族系錄	柳沖撰	二百卷	乙部史錄・譜牒類十二	案：《冊府元龜》卷五五四、《唐會要》卷三十六均以是書成於開元元年（713）三月成書。
二	開元前格	姚崇等撰	十卷	乙部史錄・刑法類十	案：《舊唐書・刑法志》卷五十，頁 2150、《新唐書・藝文志二》均以開元三年（715）奏上。
三	開元式	姚崇等撰	二十卷	乙部史錄・刑法類十	案：書名有開元二字，成書必在開元之後。
四	開元後格	宋璟等撰	九卷	乙部史錄・刑法類十	案：《舊唐書・刑法志》卷五〇，頁 2150 以是書於開元六年（718）始撰，又開元七年（719）三月撰上。
五	開元令	宋璟・蘇頲等撰	三十卷	乙部史錄・刑法類十	案：書名有開元二字，成書在開元後。
六	周易大衍論玄宗撰		三卷	甲部經錄・易類一	案：玄宗撰之書，成書在神龍年間之後。
七	孝經默注	玄宗注	一卷	甲部經錄・孝經類七	案：玄宗撰之書，成書在神龍之後。
八	中宗皇帝實錄	吳兢撰	二十卷	乙部史錄・起居注類五	案：吳兢入史館編修，事在神龍之後。
九	孝經疏元行沖撰		三卷	甲部經錄・孝經類七	案：元行沖撰《孝經疏》係疏玄宗《孝經注》之書，亦在開元之後。
十	開元三年十道圖		十卷	乙部史錄・地理類十三	案：書名有開元三年（715），成書必在開元三年後。

據以上考證，所釐析出的典籍，其分類情形以集部較多，這是因為《群書四部錄》未收永徽以後集部之書，而集部的著錄原則係以其人亡歿之後始收其書，故只要證明其作者亡於永徽元年（650）以後即可，依此原則，可釐分出的集部新集自然較多。至於經、史、子三部典籍，由於其斷限以神龍元年為界，加以《舊唐志》著錄原無成書一項，故必須依其他外證以考其成書年代，復以神龍元年（705）為界，方能進一步釐清《群書四部錄》與《古今書錄》的差別，是以所能考證出的典籍數量自然不如集部。蓋「神龍」為中宗年號，故而《古今書錄》所增補的典籍是為中宗之後的典籍（集部為高宗之後），所運用的方法是先就《舊唐志》著錄中書名有「開元」二字者屬之。其次，以作者為玄宗敕撰者屬之。更其次者，方為借其他書籍記

載而定出成書年代。經此三道手續，方能釐出部份《古今書錄》增補《群書四部錄》的經、史、子三部典籍。

以上純就《舊唐志》的著錄著手，然今本《舊唐志》已有殘佚，其中與《古今書錄》的著錄尚有一段距離，故而另參以《新唐志》已著錄的典籍（今本《舊唐志》已亡佚的典籍）。復釐出如下：

一、永徽以來新集

一	《幽憂子》三卷	盧照鄰撰	案：《新唐志》列於已著錄，今本《舊唐志》無之，故據《新唐志》增，盧照鄰生平，說法如上，茲不贅述。

二、神龍以來近書

一	太極格	岑羲、徐堅等撰	十卷	刑法類	案：舊志雖不著錄，新志列於已著錄，當為舊志遺佚之書，新志小注云：「太極元年（712）上」，太極為睿宗年號，其成書自當為神龍年間之後，故繫於此。
二	格後長行敕	裴光庭、蕭嵩等刪次	六卷	刑法類	案：據新志已著錄增。新志小注云：「開元十九年（731）上」故繫於此。
三	刪垂拱式 又散頒格七卷	韋安石、祝欽明等撰	二十卷	刑法類	案：據新志已著錄增。新志小注云：「神龍元年（705）上」故繫於此。
四	今文尚書	玄宗詔改‧後衛包改古文為今文	十三卷	書類	案：據新志列於已著錄增。新志小注云：「開元十年（722），玄宗以洪範『無偏無頗』聲不協，詔改為『無偏無陂』。天寶三載（744），又詔集賢學士衛包改古文從今文。」（頁1428）故繫於此。
五	高宗實錄	韋述撰	三○卷	起居注類	案：據《新唐志》已著錄增。《高宗實錄》當為韋述入職史館後修撰而成今雖未能詳考成書年代，然據徐松《登科記考》卷六所載，韋述於景龍二年（708）登進士第（頁287），又《舊唐書》卷一○二〈韋述傳〉云：宋之問於韋述登科之年，拔選韋述為史職，宋氏並云：「本求異才，果得遷、固。」（頁3183）今雖不得《高宗實

					錄》之編撰始末，惟據此知其必在景龍年間之後。
六	則天皇后實錄	武三思、劉知幾	二〇卷	起居注類	案：據《新唐志》已著錄增。《則天皇后實錄》成書於神龍二年（706）五月九日，《唐會要》卷六三云：「神龍二年五月九日，左散騎常侍武三思、中書令魏元忠、禮部尚書祝欽明及史官太常少卿徐彥伯、秘書少監柳沖、國子司業崔融、中書舍人岑羲，徐堅等，修《則天實錄》二十卷，文集一百二十卷。」（頁 1094）又《舊唐書》卷九二〈魏元忠傳〉；《舊唐書》卷九四〈徐彥伯傳〉；《舊唐書》卷八八〈韋思謙傳〉；《舊唐書》卷九四〈崔融傳〉；》舊唐書《卷一〇二〈吳兢傳〉均載此事，故繫於此。
七	開元十八學士圖		無卷數	雜藝術類	案：據《新唐志》增。題《開元十八學圖士圖》必當成於開元年間後，《新唐志》小注云：「開元人」，故繫於此。
八	盤車圖	董萼畫	無卷數	雜藝術類	案：《新唐志》小注云：「開元年（713），字重照」，故繫於此。
九、	乳母將嬰兒圖		無卷數	雜藝術類	案：《新唐志》小注云：「並開元館畫直」，其所謂「並」者，係指《按羯鼓圖》、《鞦韆圖》二圖。
十	按羯鼓圖		無卷數	雜藝術類	案：詳見《乳母將嬰兒圖》案語。
十一	鞦韆圖		無卷數	雜藝術類	案：詳見《乳母將嬰兒圖》案語。
十三	安祿山眞		無卷數	雜藝術類	案：安祿山得寵於玄宗世，故有其圖畫亦當繫於玄宗世，暫繫於此。
十四	姚宋及安祿山圖		無卷數	雜藝術類	案：所持理由同於《安祿山眞》案語。
十五	玄宗試馬圖		無卷數	雜藝術類	案：有玄宗字樣，故繫於此。
十六	玄宗馬射圖		無卷數	雜藝術類	案：有玄宗字樣，故繫於此。

　　以上係就《古今書錄》增錄《群書四部錄》的部份提出考察，全部合計卷數共一七二〇卷。據〈古今書錄序〉所言，其增補六千卷，故所釐正典籍達新增典籍卷數四分之一強，雖然未能盡如人意，但也稍稍略窺其差異，限於部份典籍未能詳考其中的成書年代，故要確實釐清其中著錄差異尚有一段距離，惟已補充昔人論列之

不少材料矣。在一七二○卷之中，各類卷、部總計說明如下：

分　類	卷　數	部　數	分　類	卷　數	部　數
集錄・別集	一三一二	六七	史錄・譜牒	二○○	一
史錄・刑法	一○八	八	史錄・起居	七○	三
經錄・書類	一三	一	史錄・地理	一○	一
經錄・孝經	四	二	經錄・易類	三	一
子錄・雜藝術	○	九			

　　增加典籍中，以別集類之卷數增加最多，蓋此類較易釐析之故，其次爲譜牒類、刑法類、起居類等。若就部數而言，以別集類、雜藝術類、刑法類爲多，其中雜藝術類雖亦可釐出部份典籍，但多無著錄卷數，導致統計中無任何卷數，特別在此提出說明。

　　承上文所論：〈新唐志序〉僅言及據「開元著錄」，而無明言所據是否即爲《古今書錄》？今考《新唐志》已著錄典籍中，卷數往往與《舊唐志》（即《古今書錄》之簡目）所錄有異，或而疑《新唐志》已著錄典籍係就《古今書錄》、《群書四部錄》之著錄，復刪去其重複典籍，以至於重出、類別不一的情形（說法詳見上文）時或可見，是以今所據《新唐志》已著錄典籍，而《舊唐志》所未見者，釐正《古今書錄》及《群書四部錄》之差異如上。至於其他尚未釐正之典籍有如下二點可能：

第一，《古今書錄》增補《群書四部錄》部份，而限於成書年代難於稽考，故而筆者
　　　尚未釐正者。

第二，《古今書錄》刪錄《群書四部錄》載錄之部份。由於《古今書錄》所增與《群
　　　書四部錄》典籍尚缺二千餘卷，故可能得已據以釐清《古今書錄》刪錄爲何
　　　書？但由於今本《舊唐志》已有亡缺，故此一部份亦可能係《舊唐志》亡佚
　　　部份。

限於文獻難徵之故，僅釐析如上。

　　根據上述所論，《古今書錄》既然改進《群書四部錄》的缺失，另增補六千餘卷《群書四部錄》未著錄的典籍，並且增加類目以適合典籍的變化，使分類能確實符合「剖判條源，甄明科部」〔註15〕的情形。在評價上，自當高於《群書四部錄》，

〔註15〕同註8，頁 1965。

然而陳傳夫先生於〈《群書四部錄》與《古今書錄》雜說〉一文〔註16〕中，則有若干誤解之處，試申議如下：

第一，《群書四部錄》卷數的誤解

陳氏據汪辟疆先生《目錄學研究》一書的研究云：

> 汪辟疆的《目錄學研究》根據《唐志》的記載說有五萬二千九百一十五卷，又唐之學者自爲之書爲二萬二千四百六十九卷，所以汪辟疆認爲，《群書四部錄》著錄圖書是八萬二千三百八十四卷〔註17〕。」

陳氏復舉《七略》、《晉中經簿》、《隋大業正御書錄》等書目，並認爲這些書目「都不到《群書四部錄》的二分之一〔註18〕。」其中就是以八萬二千四百六十九卷爲計數的標準，可見陳氏是贊同汪氏之說的。然而此乃汪氏誤認《新唐志》與《群書四部錄》間之關係，以至於誤識《群書四部錄》著錄圖書的總數。喬好勤先生《中國目錄學史》中已有詳細辨明，特引證如下：

> 汪國垣《目錄學研究》謂著錄82384卷，誤將《新唐志》所說的「著錄之書」與唐人學者自爲之書合而爲《群書四錄》著錄之數。根據《群書四錄》改編的《古今書錄》著錄圖書51852卷，但毋煚「加新書之目者，六千餘卷」，除去6000餘卷，與《唐會要》所記相去不遠。《古今書錄》序還說：「孰有四萬卷目，二千部書，名目首尾，三年便令終竟」，說得十分明確〔註19〕。

案：喬氏之說可從。蓋《群書四部錄》的圖書著錄總數，在《唐會要》卷六四即已明白的記錄，總計四萬八千一百八十九卷，二千六百五十五部，足見汪氏失考。陳氏引證，更不加辨明，其誤失更爲顯著。陳氏對於《古今書錄》與《群書四部錄》的圖書著錄比例有著錯誤的說明：

> 《古今書錄》在體例上不同於《群錄》的地方不多，超過《群錄》的地方也不多。且它著錄的圖書也不到《群錄》的五分之一〔註20〕。

〔註16〕陳傳夫：〈《群書四部錄》與《古今書錄》雜說〉，《河南圖書館季刊》，1984年四期，頁37～39。

〔註17〕同上註，頁38。

〔註18〕同上註，頁40。

〔註19〕同註7，頁138。

〔註20〕同註15，頁39。關於《群書四部錄》載錄卷數的誤認部份，尚有盧荷生〈唐代的圖書館事業〉一文（輔仁學誌第十四期，1985年6月），該文謂：「群書四部份，二百卷，凡著錄五萬三千九百一十五卷，而唐之學者自爲之書，又二萬八千四百六十九卷，共得書八萬二千三百八十四卷，是一部內容相當繁富的目錄，只有四庫全書總

案：《古今書錄》所著錄的圖書總數爲五萬一千八百五十二卷（見〈古今書錄序〉），《群書四部錄》所載的卷數尚不及《古今書錄》，更惶論《古今書錄》著錄的圖書卷數不如《群書四部錄》的五分之一。所謂《古今書錄》不及《群書四部錄》的五分之一並非指著錄的圖書數量，而係指其成書的卷帙。由於《古今書錄》刪錄並精簡《群書四部錄》的序跋解題，故其書卷帙雖較《群書四部錄》的卷數爲少，但其著錄的圖書卷數卻多於《群書四部錄》。陳氏誤成書卷帙多寡爲著錄圖書卷數多寡，其失考若此，故不得不稍加辨明。

第二，評價不合理

　　蓋從上文所述，除了對卷數的計量有缺失外，陳氏復以爲《古今書錄》在體例上不同於《群書四部錄》的地方並不多，超過《群書四部錄》的地方也不多，但若就〈古今書錄序〉的記載，毋煚對於《群書四部錄》的改進不少，不僅在著錄數量上增加六千餘卷，且改正舊傳之失者達三百餘條，其增補的數量已爲《群書四部錄》著錄圖書的八分之一，故就此一觀點而論，以《群書四部錄》集眾人之力，方能著錄四萬餘卷的圖書著錄，而毋煚以個人之才，進行圖書著錄的增補，其所達的數量已較當時編錄《群書四部錄》的個人工作份量爲重。大抵編製目錄的工作，增補較新編爲難，其中要充份掌握前人編輯成果，方能避免過多重複，而目錄初編工作時，其增加的速度自然較後來增補的速度爲快，是以更顯出毋煚所編製目錄的重要及其困難。陳氏尚云：

　　　　它（指《古今書錄》）是以《群書四部錄》爲基礎的，所以同《群錄》
　　比起來，除勘正錯誤、補拾遺漏、刪去「空張第數」的那部分，增加了毋
　　煚後來見到的但《群錄》未錄的圖書外，其它的并無多大差別〔註21〕。」

陳氏既然肯定《古今書錄》勘誤、補遺等優點，卻又以其中差別不大，未能詳審陳氏所持評論的觀點爲何？

第三節　著錄之比較

壹、篇　名

　　胡楚生先生於〈漢書藝文志與隋書經籍志比勘舉例〉一文指出：

目能與與之比美，可惜久已不存。」（頁14）此亦誤《群書四部錄》載錄卷數達八萬二千三百八十四卷，其中失於詳考。

〔註21〕同上註，頁39。

書名有所改易，常隨時代而轉移，此姑略舉其例，以見其餘，至於書名改易之原因，每一書籍，或不盡同，唯有每書各爲細察，始能得其眞相，於此文中，則不能詳也〔註22〕。

書名隨時代轉移而更替，欲藉書目以考書籍之散佚，則首要判別書籍異名之情事。古時書名多無定名，以別集而論，或以人名，或以官銜，或以字號，標準不一，判別自異。另加以版本異同，或音近而訛，或缺字而異，凡此種種，莫不亟待釐正，方能收其參據之功。

一、版本異同

版本對於書名著錄的差異頗大，使用不同版本的《新舊唐志》，對於所從事的研究判斷往往有所不同，如：方師鐸先生《傳統文學與類書之關係》對許敬宗《文館詞林》一書的書名有如下的判別：

> 《新、舊唐書》《經籍》及《藝文志》集部總集類，都著錄了此書（筆者案：係指《文館詞林》），但《舊唐書》著錄的書名很怪，那就是許敬宗《類文三百士館詞林》一千卷。《新唐書、藝文志，集部、總集類》卻老老實實的著錄爲：許敬宗《文館詞林》一千卷。若然，則《類文三百士館詞林》正是《文館詞林》的另一名稱了〔註23〕。

筆者案：方氏所持底本與羅士琳《舊唐書》係同一底本，故有作《類文三百士館詞林》者，惟羅氏所作〈校勘記〉中提到：

> 沈本百下有七十七卷四大字，庾自直撰四子字，以上爲一條，《士館》作《文館》，以下另爲條一。按《新志》同〔註24〕。

是則方氏未見羅氏之〈校勘記〉，則誤判《類文三百士館詞林》爲《文館詞林》的另一別名。若據羅氏〈校勘記〉可以看出：《類文三百士館詞林》實爲《類文》、《士館詞林》二書，三百爲卷數，其下遺漏「七十七卷　庾自直撰」八字，故當作《類文》三百七十七卷，庾自直撰；《文館詞林》，許敬宗撰等二書，今點校本《舊唐志》已有改正，若依方氏之說，則誤判《類文三百士館詞林》爲《文館詞林》之另一名稱。可見，所持版本往往涉及研究的成果，方氏未據善本，則有誤判同書異名之現象，其失

〔註22〕胡楚生：〈漢書藝文志與隋書經籍志比勘舉例〉，《國立中央圖書館館刊》新二十第二期，頁42。

〔註23〕方師鐸：《傳統文學與類書之關係》，（大陸：天津古籍出版社，1986年8月），頁119。原書於1971年，由臺灣東海大學印行。

〔註24〕羅士琳等：《舊唐書經籍志校勘記》，《唐書經籍藝文合志》附錄，（台北：世界書局，1963年4月初版），頁464。

僅屬無心之過，若持不同版本，以其同書異名之故，另據異名以選用不同文獻資料，則研究的結果更是大異其趣，由此可見選用善本對事實的討論有著實質的幫助。

喬衍琯先生〈新唐書藝文志考評〉一文中，有獨立出「新唐書藝文志的板本」一節，專門評介《新唐志》的版本，茲舉其大略如下：

（一）《新唐書》傳本

　　1、有宋嘉祐間刊本，商務印書館編印的百衲百二十四史，即據以為底本

　　2、嘉祐本罕見，國立中央圖書館有宋建安魏仲舉刊本，為臺灣地區所藏最早刊本。

　　3、點校本。

（二）單行本

　　《直齋書錄解題》卷八：「唐藝文志四卷，《新唐書》中錄出別行，監中有印本。」

（三）叢書本

　　1、日本文政八年（1825）刊八史經籍志本。

　　2、清光緒初鎮海張壽榮重刊八史經籍志本。

　　3、叢書集成本，即用八史經籍志本。又可分為三種：

　　　　（1）商務印書館加句讀後排印，而中多誤字。

　　　　（2）新文豐出版社又據商務版縮印。

　　　　（3）藝文印書館則據八史經籍志影印。

　　4、民國五年吳興張氏影刊擇是居叢書本，據建安魏仲舉所刊《新唐書》中〈藝文志〉部份，裁出別刊。

　　5、歷代藝文志本，民國初年上海書報合作社編印。民國四十五年，台北遠東圖書公司翻印，改名《中國歷代圖書大辭典》。

　　6、歷代藝文志廣編本。

（四）藝文志二十種綜合引得

　　　　燕京大學引得編纂處編，民國二十二年印行。近年有成文出版本社翻印本〔註25〕。

喬氏所論，雖以「版本」為名，然所考察之版本往往以現存較為易見之本為主，並非以考察歷來版本為職志，今以羅偉國、胡平編撰《古籍版本題記索引》一書〔註26〕、

〔註25〕參見註6，頁67～68。
〔註26〕羅偉國、胡平編撰：《古籍版本題記索引》，（大陸：上海書店，1991年6月一版一刷），

附以邵懿辰等撰《增訂四庫簡明目錄標注》卷五所錄版本，說明如下。

（一）《唐書》二百五十五卷　宋歐陽修等撰

1、北宋嘉祐杭州刊本

　　案：陸心源《皕宋樓藏書志》卷十一、陸心源《儀顧堂題跋十六卷、續跋十
　　　　六卷》卷二、莫友芝《宋元舊本書經眼錄三卷附錄二卷》卷一、江建霞
　　　　《宋元本書目行格表二卷》卷上、傅增湘《藏園群書題記續集六卷》卷
　　　　一、汪士鐘《藝芸書舍宋元書目五卷》史部、傅增湘《靜嘉堂文庫觀書
　　　　記》、日本諸橋轍次《靜嘉堂宋本書影不分卷》圖版二十四、丁丙《善
　　　　本書室藏書志》卷六、王國維《五代兩宋監本考》卷中、邵懿辰等撰《增
　　　　訂四庫簡明目錄標注》卷五著錄此本，此本半葉十四行，行十九字。

2、宋刊本

　　案：于敏中等《天祿琳琅書目十卷後編二十卷》卷二、陸心源《皕宋樓藏書
　　　　志》卷十九、晁公武《郡齋讀志五卷後志二卷》卷二上、傅增湘《雙鑑
　　　　樓善本書目》卷二、潘宗周《寶禮堂宋本書錄》史部、莫友芝《宋元舊
　　　　本書經眼錄三卷附錄二卷》卷一、江建霞《宋元本書目行格表》卷下、
　　　　陳振孫《直齋書錄解題》卷四、劉承幹《嘉業堂善本書影》卷二、張元
　　　　濟《校史隨筆》、柳詒徵《盋山書影》一輯、汪士鐘《藝芸書舍宋元書
　　　　目》・史部、繆荃孫《藝風藏書記》卷四、北京圖書館編《中國版刻圖
　　　　錄》圖版一六六、目錄三六、傅增湘《靜嘉堂文庫觀書記》、瞿鏞《鐵
　　　　琴銅劍樓藏書目錄》卷八、瞿啓甲《鐵琴銅劍樓宋元本書影識語》卷二
　　　　有著錄。

3、南宋紹興刊元遞修本

　　案：北京圖書館編《中國版刻圖錄》圖版六十六、目錄十八等著錄。

4、南宋建安魏仲立刊本

　　案：張元濟《涉園序跋集錄》著錄此書。

5、南宋國子監刊本

　　案：王國維《五代兩宋監本考》卷下著錄此書。

6、南宋刊本

　　總計 941 頁，該書共編錄一百零二部版本題記書目之索引，其中有助於版本流傳之
　　考察，本文多所引用，特此說明。

案：江建霞《宋元本書目行格表》卷上有著錄。

7、元翻宋刊本

案：江建霞《宋元本書目行格表》卷上有著錄。

8、元刊本

案：張金吾《愛日精廬藏書志》卷八、江建霞《宋元本書目行格表》卷上、
柳詒徵《盋山書影》二輯上、羅振常《善本書所見錄》卷二有著錄。

9、元刊明修本

案：鄧邦述《群碧樓善本書錄》卷二、傅增湘《雙鑑樓善本書目》卷二、張
鈞衡《適園藏書志》卷三有著錄。

10、元大德丁未（1307）刊本

案：王文進《文祿堂訪書記》卷二、文求堂書店《文求堂善本書目》、繆荃
孫《藝風藏書記》卷四、丁丙《善本書室藏書志》卷六、邵懿辰等撰《增
訂四庫簡明目錄標注》卷五著錄，天一閣曾藏有此本。

11、明南監刊本

案：丁昌昌《持靜齋書目四卷、續增一卷》續增·史部、卷二、周中孚《鄭
堂讀書記》卷十五有著錄。

12、明汲古閣刊本

案：丁昌昌《持靜齋書目四卷、續增一卷》卷二有著錄，此本簡稱「閣本」，
下述論及「閣本」者，即屬此本。

13、清乾隆四年（1739）武英殿刊本

案：丁日昌《持靜齋書目四卷、續增一卷》卷二、沈德壽《抱經樓藏書志》
卷十五有著錄，此本簡稱「殿本」，下述論及「殿本」者，即屬此本。

14、浙局本

案：邵懿辰等撰《增訂四庫簡明目錄標注》卷五著錄。

15、同文局本

案：邵懿辰等撰《增訂四庫簡明目錄標注》卷五著錄。

16、竹簡齋本

案：邵懿辰等撰《增訂四庫簡明目錄標注》卷五著錄。

17、朝鮮國銅活字本

案：日本森立之等《經籍訪古志六卷附補遺》卷三著錄。

18、南雍三朝本

案：劉承幹《嘉業堂善本書影》卷五有著錄。

19、刊　本

案：朱緒曾《開有益齋讀書志》‧續‧有著錄。

（二）《唐書》二百六十卷附《補正》六卷　清沈炳震撰

海昌查氏刊本

案：周中孚《鄭堂讀書記》卷十八有著錄，又此本往往簡稱「沈本」，下述論及「沈本」即爲此本。

（三）《唐書藝文志》四卷　宋歐陽修撰

宋刊本

案：《直齋書錄解題》卷八有著錄。

（四）《唐書藝文志注》四卷　不著撰人

抄　本

案：傅增湘《雙鑑樓藏書續記》卷中有著錄。

從上述舉例可知，喬衍琯〈新唐書藝文志考評〉所論版本，與歷來所流傳的版本情形頗有大異其趣的見解，而據《古籍版本題記索引》所錄版本情形，適可彌補喬氏所論之不足，限於篇幅、時間之故，無法一一詳述版本實況。

上文是就《新唐志》的版本實況提出說明，至於《舊唐書》的版本亦簡述如下：

（一）《舊唐書》傳本

1、北宋刊本

案：江建霞《宋元本書目行格表》卷下著錄此本。

2、宋刊本

案：黃丕烈《百宋一廛書錄》、晁公武《郡齋讀書志五卷後志二卷》二上、張金吾《愛日精廬藏書志》卷八、江建霞《宋元本書目行格表》卷下、張元濟《涉園序跋集錄》、陳振孫《直齋讀書錄解題》卷四、張元濟《校史隨筆》、瞿鏞《鐵琴銅劍樓藏書目錄》卷八、瞿啓甲《鐵琴銅劍樓宋元本書影識語》卷二有著錄。

3、宋紹興兩浙東路茶鹽司刊本

案：汪士鐘《藝芸書舍宋元書目》‧史部、北京圖書館《中國版刻圖錄》圖

版七十三、目錄二十著錄。

4、明刊本

案：于敏中等撰《天祿琳琅書目十卷後編二十卷》卷八、後編卷十四、森立之等《經籍訪古志六卷附補遺》卷三、繆荃孫《藝風藏書記》卷四、瞿鏞《鐵琴銅劍樓藏書目錄》卷八等著錄此本。

5、明嘉靖十七年（1938）聞人詮刊本

案：莫伯驥《五十萬卷樓群書跋文》史一、陸心源《皕宋樓藏書志》卷十九、傅增湘《雙鑑樓善本書目》卷二、葉德輝《郎園讀書志》卷三、鄧邦述《寒瘦山房鬻存善本書目》卷三、張鈞衡《適園藏書志》卷三、潘承弼、顧廷龍撰《明代版本圖錄初編》卷二、丁丙《善本書室藏書志》卷六、周中孚《鄭堂讀書志》卷十五、邵懿辰等 撰《增訂四庫簡明目錄標注》卷五等著錄此本。此本簡稱「聞本」，下述論及版本處，以「聞本」即此本。

6、清乾隆四年（1739）武英殿刊本

案：丁日昌《持靜齋書目四卷、續增一卷》卷二、沈德壽《抱經樓藏書志》卷十五有著錄，此本簡稱「殿本」，下述論及「殿本」者，即屬此本。

7、清粵東陳氏覆刊本

案：丁日昌《持靜齋書目四卷續增一卷》卷二著錄，又簡稱「廣本」。

8、舊抄本

案：森立之等撰《經籍訪古志六卷附補遺》卷三著錄。

9、懼盈齋本

案：此本點校本附《舊唐書校勘記》有徵引此書，《增訂四庫簡明目錄標注》頁 202 云：「近揚州岑氏翻刻聞人氏本，附〈校勘記〉六十六卷，《舊唐書逸文》十二卷，板式照汲古閣諸史。」又邵章〈續錄〉中言及：「同治十一年（1872）方氏重刊岑氏懼盈齋本」（頁 202）即指此本。

10、點校本

案：此本為現今通行之本，經過標點、校勘，往往文句有所更動，亦視為版本之一。

（二）叢書本

《舊唐書》二百卷

四庫全書・史部正史類

攟藻堂四庫全書薈要・史部

二十四史（五省官書局本）

百衲本二十四史（商務印書館景本，1958 年商務印書館縮印本）

《舊唐書》二百卷附考證

二十四史（武英殿本、同文書局景武殿本、五洲同文書局景武英殿本、中國

圖書集成局排印本、竹簡齋景武英殿本、涵芬樓景武殿本）

二十五史（四部備要・史部二十四史）排印本、縮印本。

上述《新舊唐志》的版本，均係就《古籍版本題記索引》中所記整理出來，下文就
聞本、殿本、沈本、閣本、點校本等若干著錄上之差異，逐一提出舉證說明，以明
版本對著錄上所衍生出的異名現象。

廣義的版本包含抄本及點校本，本節所討論的材料主要以羅士琳等所撰《舊唐
書校勘記》、點校本末所附〈校勘記〉爲題材。在方法上，參以《新唐志》與《舊唐
志》的對校、《新唐志》各版本間的異同、《舊唐志》各版本間之異同以及點校本因
標點所衍生出的問題爲探討重點。

1、形　近

字形接近而常衍生出書籍載錄產生「同書異名」的現象，以《新舊唐志》的校
勘中，常可見其案例，形近往往因書寫習慣的誤失所致，說法詳見下文。

沈　本：

《周易文義》，沈本作《周易爻義》，「文」「爻」近，《新唐志》、《隋志》作
「爻」，故而沈本常依《新唐志》、《隋志》改，其書近於《新唐志》而稍遠
於《舊唐志》各本。

聞　本：

《江總集》，聞本作《江摠集》，《隋志》同於聞本。聞本亦或有誤，如《荀
氏九家集解》，聞本「荀」作「葛」，當以「荀」爲是。

閣　本：

《四王起事》，刊本或訛作《四王起居》，閣本作《四王起事》閣本亦多有
可供取證者。各本常有可供對勘者，其校讎之功不遜於《新舊唐志》本身
之比勘。

羅振玉先生嘗爲《唐書藝文志斠義》二卷，其《唐書藝文志斠義・敘》云：

偶以各史列傳、舊史經籍志校之，多所韋迕。而王西莊、錢竹汀、趙

　　琴士諸先生所曾議及者，不及十一。不揣荒陋，爰以人事餘閒爲考正其異

　　同乖誤，爲《斠義》二卷〔註27〕。

今未見羅氏《唐書藝文志斠義》一書，據莫榮宗先生〈羅雪堂先生年譜〉所載，該
書成於光緒十八年（1892），《羅雪堂先生全集》亦未收錄其書，當或早佚（說法見
第一章第一節）。案：羅氏雖以《斠義》爲名，實則以「各史列傳、舊史經籍志」對
校，亦未參用羅士琳等《舊唐書校勘記》，故尙未校以各版本之間的異同。承上所言，
各版本間或有取用之資，故若欲評價《新舊唐志》的價值時，當必須考量各版本之
間相互的差異，羅氏取用何種版本已不得知，但由於各版本之間產生的差異常有不
同的情形，至於形近而誤入僅係其中之一。

　2、音　近

　　　形近與音近常有不可分的情形，形近之例常亦音近，其中形近常因偏旁無定而
有聲母相同，其音亦近的情況，如《禮義雜記故事》，《隋志》「義」作「議」，《新唐
志》「義」作「儀」，「義」「儀」「議」三字形近音亦近，以版本不同之故，常有音近
之情形，說明如下：

　沈　本：

　　　《禮義》，沈本「義」作「議」，沈本爲是。《周易大演論》，沈本「演」作「衍」，
　　沈本同於《新唐志》。

　聞　本：

　　　《葉詩》，聞本「葉」作「業」，羅士琳《舊唐書校勘記》云：「聞本「葉」
　　字皆作「業」。按：《隋志》及《釋文》與聞本同，《新志》與今本同；考《古
　　今姓氏辨證》列其人於『業』姓之下，則作『業』者，非也。」，是則聞本
　　多與古本同，較近原貌，而「業」作「葉」者，同音擅改故也。

　3、缺　譌

　　　版本傳抄，往往無法盡如原貌，缺譌增刪之事在所難免，就版本缺譌情形如下：

　　（1）、關於《唐志》者：

　　　《唐志》所錄偶有與《經典釋文》有異者，如《禮記隱》一書，《舊唐書校勘
　　記》云：「《經義考》云：『陸氏《釋文》每引《禮記隱義》，攷《隋志》不載，
　　惟《唐志》有《禮記隱》二十六卷，疑其脫去義字，即是書也』其說似亦可存。」，
　　是則缺「義」字。此外，《舊新唐志》本身亦多詳略互見，如《舊唐志》作《女

〔註27〕羅振玉：〈唐書藝文志斠義敍〉，出自《面城精舍雜文》，《羅雪堂先生全集》三編，
　　冊一，（台北：千華出版公司，1970年4月），頁104。

記》,《新唐志》改作《列女記》,關於《新舊唐志》之異同缺譌,詳見下文。

（2）、沈本《舊唐志》：

沈本成書於清代,其中多有據《新唐志》或《隋志》增改者,如《周易譜》作《周易略譜》、《周易開題論序》作《周易開題論序疏》、《周易繫辭義》作《周易繫辭義疏》,其所增改者,一改其缺;二增體式,沈本由於係經過整理校讎而成,故其書於眾版本中頗有取用之資,惟其書《新舊唐志》、《隋志》對勘,則離《舊唐志》本貌稍有一段距離。

4、標　點

古本並無標點,筆者為求方便及普及性,故取用點校本《廿四史》中的《新舊唐書》為底本,蓋其後附〈校勘記〉,可收參校之功。然而,經過對校之後,發現點校本雖經校勘,但其中亦藏有現代標點所衍生出的新錯誤,這種標點所衍生的問題,在古本並不會產生此種誤謬,特提出以示點校本之誤。

※　經部禮類有緱氏《要鈔》六卷,《新唐志》作《緱氏要鈔》,若承上戴顒《中庸傳》上之「又」字而論,則誤作戴顒撰《緱氏要鈔》六卷,而誤作者「緱氏」為書名。

※　經部孝經類有徐整《孝經默注》,《新唐志》作「徐整默　注」,是則承上文作《孝經注》,徐整默注,原書名《默注》之「默」移為作者,作者變成「徐整默」,實為「徐整」之誤。

※　史部職官類中,有賀蘭正元所撰《輔佐記》十卷一書,點校本作《元輔佐記》,蓋誤攔作者「元」字為書名,使作者變成「賀蘭正」,其下載錄《舉選衡鑑》作者亦沿誤作「賀蘭正」,此係近代標點本誤植之處。

※　史部起居注類有姚璹脩《時政記》四十卷,《新唐志》作《脩時政記》,是則誤作者脩纂之「脩」字為書名。

※　史部雜傳記類有漢明帝《畫讚》,《新唐志》作《漢明帝畫讚》,雖然其中差異不大,但《新唐志》係以人繫書,故當以「漢明帝」為作者。

※　史部地理類有陳祈《暢異物志》一卷,《新唐志》作《異物志》,作者則為「陳祈暢」,是則誤《暢異物志》之「暢」為人名。

※　子部醫術類有阮文叔《藥方》十七卷,《新唐志》承徐叔嚮「又」字後,作《阮河南藥方》,是則誤作者「阮河南」為書名,又承前文「又」字,而變成「徐叔嚮」撰《阮河南藥方》,案:《阮河南方》,《隋志》作「阮文叔撰」,《舊唐志》作「阮昺」撰,點校本《新唐志》誤「阮河南」為書名。又此條疑重出,《新唐志》前已著錄《阮河南方》十六卷,作「阮炳」撰,當據以改正。

5、誤　換

誤換之因起於載錄二書位置相近而互換，此亦起於標點本所起的誤失。案：《新唐志》集部別集類有《華頌集》三卷，其緊臨有《劉嶠集》二卷，位於已著錄部份。考《舊唐志》未載錄，而沈本作《華嶠集》、《劉頌集》，故《舊唐志》適有此二書。考《晉書人名索引》卷四六、三〇、五〇、五二、五九、八八有劉頌之事跡（頁 398），又卷一九、四四、四八有華嶠事跡（頁 312）無有作華頌、劉嶠者，故點校本《新唐志》之誤失顯見。由其緊臨而誤換，若不參以其他版本或歷來考證成果，必以今本《新唐志》無《華嶠集》、《劉頌集》者，甚且誤《新唐志》原本無載錄，此亦可見古本之書不可廢，而新校之書未可盡信也。

二、著錄差別

《新舊唐志》的著錄體例有別，導致在書名的著錄上，常有參差的情形存在，其情形試析如下：

（一）《新唐志》所載多舉別名，《舊唐志》則否：

例如《新唐志》於經部詩類《毛詩注》，葉遵注下云：「號《葉詩》」，另外如《諸道山河地名要略》作《處分語》、《沈光集》作《雲夢子》、《統軍靈轄祕策略》作《武記》、《傳記》作《國史異纂》、《類表》作《表啓集》、《表奏集》作《白雲孺子表奏集》、《白氏經史事類》作《六帖》、《永泰新譜》作《皇室新譜》、《柳氏釋史》作《史通析微》、《春秋纂要》作《經傳要略》、《次禮記》作《類禮》等。除此之外，別名多有朝廷改異者（詳見下文），而《新唐志》亦有載錄其中別名者（詳見下文）。從著錄所反映出的客觀條件而論，《新唐志》多載有別名，則其所能反映的圖書著錄更有參考價值，以魏徵所撰的《次禮記》一書而論，《舊唐志》僅載《次禮記》，《新唐志》小注云：「亦曰《類禮》」〔註28〕若僅參考《舊唐志》的著錄，勢必忽略《次禮記》即《類禮》係同書異名，也將忽略《唐會要》卷三六〈修撰〉中關於《次禮記》的一條資料，《唐會要》卷三六云：

> （貞觀）十四年（640）五月二十一日，詔以特進魏徵所撰《類禮》，賜皇太子及諸王，并藏本于祕府。初，徵以禮經遭秦滅學，戴聖編之，條流不次，乃刪其所說，以類相從，爲五十篇；合二十卷。上善之，賜物一千段〔註29〕。

〔註28〕參見註1，頁 1434。
〔註29〕（宋）王溥撰，《唐會要》（臺北：世界書局，1989 年 4 月），卷三六，頁 651。

故而，多記書籍別名，往往有助於我們更進一步考察編撰事由，也有助於考察文獻流傳之過程。從《唐會要》卷三六的資料來看，雖然魏徵所撰《類禮》一書，在《新舊唐志》均有著錄，但由於《唐會要》所載乃另一別名，而《舊唐志》僅反映出其一，故未如《新唐志》所反映的多面性，就此一特點而論，《新唐志》在編輯理念上更勝於《舊唐志》。

（二）《新唐志》混作者入書名例：

如前所述，《新唐志》以人繫書，《舊唐志》以書繫人，故而《新唐志》多誤作者入書名例。如：鄭玄撰，李淳風注《九旗飛變》一卷，《新唐志》作《注鄭玄九旗飛變》、《三略》三卷，《新唐志》作《黃石公三略》等，其他如上所引，點校本《新唐志》常因標點而誤入，此亦因《新唐志》以人繫書所常造成的誤判。

（三）《舊唐志》書「唐」朝多以「大唐」例：

《新舊唐書》均以《古今書錄》為底本，原則上均書「唐」朝多以「大唐」名，惟《舊唐志》更修於五代，其去唐時未遠，故在書籍載錄上，遇書名有「唐」朝之名，全以「大唐」稱之。然而，《新唐志》編修已入宋朝，觀念上已有改變，遇有「唐」朝之名者，或襲故舊以「大唐」名之，或直書「唐」，如《大唐新禮》一書，《新唐志》雖改之《大唐儀禮》，然均以「大唐」名之。反之，《大唐麟德曆》，《新唐志》僅作《唐麟德曆》，《新唐志》另增加賈耽《唐七聖曆》則已略去「大」字；《大唐光宅曆草》，《新唐志》則僅作《光宅曆草》，更略去「大唐」二字。雖然此項改變並不會造成太多的判別困擾，但所具備的內涵意義卻值得玩味，其中可見改朝換代在書籍著錄上所留下的一絲改變，此例如同避諱例，均因改朝換代所造成的一些變異。

（四）全名簡稱不一例：

古籍常常簡繁無定，故在著錄上或用全名，或用簡稱，往往取捨原則不一，詳略互見。《新舊唐志》在全名與簡稱的取擇上，亦有詳略不一的情形，如《大戴德禮記》、《小戴禮記音》、《三元遁甲立成圖》等，《新唐志》較《舊唐志》載錄清楚。《大戴德禮記》簡成《大戴禮記》、《小戴禮記音》簡成《禮記音》的情形尚不難考見其轉變，而此種變化尚不足以影響典籍的判定，但《新唐志》有一部份的全稱有助於我們判定文獻：

1、加朝代名：

如盧彥卿撰《魏記》，《新唐志》作《後魏紀》；董巴《輿服志》，《新唐志》作《大漢輿服志》等，《新唐志》所增較佳。

2、加人名：

　　《舊唐志》在別集部份，往往有只書官銜，不載撰人姓名者，如《宋南平王集》，《新唐志》作《宋南平王鑠集》，別集部份尚有其他典籍，《新唐志》均補錄人名，就所反映的條件而論，適足以與《隋志》相參看，此亦《新唐志》改進之處。

3、加注性質：

　　《舊唐志》有《冀州譜》一書，《新唐志》的載錄是《冀州姓族譜》；江敞《陳留志》，《新唐志》作《陳留人物志》等等，就其性質而論，《新唐志》的載錄較明確。

反之，亦有《舊唐志》載錄較《新唐志》清楚者，略分性質如下：

1、加注朝代：

　　如上所舉《大唐光宅曆草》等即是。

2、加注姓氏者：

　　《舊唐志》載《孔氏漢書音義抄》，《新唐志》作《漢書音義抄》；《舊唐志》作《京氏周易混沌》，《新唐志》作《周易混沌》；《舊唐志》作《淮南王食目》，《新唐志》作《食目》、《舊唐志》作《譙子五教》，《新唐志》作《五教》等。

3、加注性質：

　　《舊唐志》作《禮記中庸傳》，《新唐志》僅作《中庸傳》；《舊唐志》作《春秋公羊經傳集解》，《新唐志》略作《公羊集解》等。綜合言之，《新舊唐志》在書名的載錄上，詳略互見，故宜相互參看，是以《新唐志》在載錄上補《舊唐志》未載錄達二萬餘卷，但其參考價值亦不宜輕廢。

（五）一書本文、目錄分合例：

　　一書卷帙若多，目錄部份經常獨立成冊，以供翻檢，而其分合與著錄情形，亦各有不同之標準。如：《舊唐志》作《三教珠英并目》一三一三卷；反之，《新唐志》則作《三教珠英》一千卷、《目》十三卷，分合與著錄的差異，不僅造成書名小有差異，也使《新唐志》的著錄部數增加一部，然而衡之事實，卷數卻無差別。

三、朝廷改異

　　同書異名，有些是經過朝廷的改易，其中有部份實例載於《新唐志》的注文中，如：

　　《新唐志》卷五九，《三教珠英》條下注文云：「開成初改爲《海內珠英》，武

后所改字並復舊。」〔註 30〕《三教珠英》雖於開成初改爲《海內珠英》，但《新唐志》在著錄上仍採用《三教珠英》之舊稱，其原因恐怕與《新唐志》採《古今書錄》爲底本的緣故。其次，我們亦可以發現，雖朝廷對書籍名稱有所改動，但並非都是爲人所接受，如《新唐志》卷卷五八，玄宗疏《道德經》下注文云：「天寶中加號《玄通道德經》，世不稱之。」〔註 31〕可知《道德經》之名加號《玄通道德經》，並不爲當時所稱用，但亦有改異之名而爲後人所接受者，《新唐志》卷五九，王士元《亢倉子》條下注文曰：

> 天寶元年（742），詔號莊子爲南華眞經，列子爲沖虛眞經，文子爲通
> 玄眞經，亢桑子爲洞靈眞經〔註 32〕。

時至於今，《莊子》別名《南華眞經》，《列子》別名《沖虛眞經》等，皆爲人們所接受。雖然在異名上，朝廷改異之名稱並不全然爲後世所接受，甚至在當時亦有不被普遍使用的情形，但在參考史志目錄時，仍必須考量當時朝廷所曾改動的異稱。

四、避諱與否

在《新舊唐志》的典籍著錄上，有因爲避諱之故所造成的差誤，究竟唐代的避諱情形如何呢？其反映在《新舊唐志》的避諱情形又是如何呢？唐代避諱之法並不謹嚴，但避諱之風，已然盛行於時，陳新會先生《史諱舉例》卷八〈歷朝諱例〉云：

> 唐制，不諱嫌名，二名不偏諱。故唐時避諱之法令本寬，而避諱之風
> 則甚盛。武德九年（626），有「世及民兩字不連續者，並不須避」之令。
> 顯慶五年（660），有「避名不諱，今後繕寫寫舊典文字，並宜使成，不須
> 隨義改易」之詔。然唐人注《史記》、兩《漢書》、《文選》，撰晉、陳、北
> 齊、周、隋、南、北八史，於唐廟諱，多所改易，古籍遂至混淆〔註 33〕。

陳氏所言至是。惟所舉顯慶五年（660）高宗「避名不諱」詔爲節引文字，其詔詳見於《全唐文》卷一二高宗〈臨文不諱詔〉，茲引其前文，以利論說：

> 孔宣設教，正名爲首，戴聖貽範，嫌名不諱。比見鈔寫古典，至於朕
> 名，或缺其點畫，或隨便改換，恐六籍雅言，會意多爽，九流通義，指事
> 全違，誠非立書之本意。自今以後，繕寫舊典文字，并宜使成，不須隨義

〔註 30〕參見註 1，頁 1563。
〔註 31〕同上註，頁 1517。
〔註 32〕同上註，頁 1518。
〔註 33〕陳新會：《史諱舉例》，（台北：文史哲出版社，1987 年元月三版）卷八，頁 145～146。

改易〔註34〕。

由詔文可見高宗對舊典文字及立書本意的尊重及認識，對於封建制度下的君主而言，其認識更顯得難能可貴。高宗詔文中尙提出避諱所用的方式：「或缺其點畫，或隨便改換」，缺筆缺點的方式尙容易判別，而且經過後世傳抄，往往已經更正其中變異文字，至於隨便改換的情形則較難判知，且經過改朝換代之後，欲改正原有的文字，則須經過一番詳盡的考證過程，故其中或失去原書本貌而不確知，是以高宗主張「嫌名不諱」的作法。雖然高宗有此卓越的認識，但民眾避諱的作法，已然成風，根據陳新會的統計，單是避高宗時的名諱有：「治改爲持，爲理，或爲化。稚改爲幼。」〔註35〕是則不僅避「治」字，且連同音「稚」字都有避諱例，可見避諱改字對於立書本意的考察是會有所影響。避諱造成文字改異，而文字復經傳抄繕寫，故而有前代避諱，而後朝或避、或不避的情事發生，也就造成文字解讀上的困擾，其中若加上傳抄繕寫過程上的誤失，文字的變異，往往難以確知，故而避諱情形亦需加釐正。

究竟在《新舊唐志》的典籍載錄上，有多少書名的差異緣於避諱之故？而其中避諱的寬嚴情形又是如何呢？在此則列舉實例說明如下：

（一）避高祖諱：

陳新會先生《史諱舉例》卷八〈歷朝諱例〉舉高祖諱例云：「淵改爲泉，或爲深。」〔註36〕驗之《新舊唐志》的圖書著錄，其中亦有避高祖諱者，如《丘泉之集》、《江智泉集》、《陶淵明集》。這是直接從字音上可以考察出來，此外尙有避高祖諱，而以字行之例，如《舊唐志》作《許彥回集》而《新唐志》作《許淵集》，案：許淵，字彥回，南齊陽翟人。生平事跡見於《南齊書》卷二十三、《南史》卷二十八，若不細辨，當會誤認爲二書。

（二）避太宗諱：

陳新會先生《史諱舉例》卷八〈歷朝諱例〉舉唐太宗諱例：「世改爲代，或爲系，從世之字之字改從云，或改從曳。民改爲人，或爲甿，從民之字改從氏」〔註37〕從《新舊唐志》的比勘中，有避「世」「民」二字者，其中有崔寔《四人月令》、李淳風《續齊人要術》、《四民福祿論》、賈思勰《齊人要術》等皆有避民爲人的情事，

〔註34〕《全唐文》卷十二，轉引楊蔭樓等編《全唐文--政治經濟資料匯編》，（大陸三秦出版社，1992年1月一版一刷），頁193。

〔註35〕同註32，頁147。

〔註36〕同上註，頁147。

〔註37〕同上註，頁147。

此外《帝王代紀》、郭頒《魏晉代語》、《鄭代翼集》、《鄭茂代集》等，皆避「世」爲「代」字，凡此避諱之故，《二十二史考異》均有引證。如錢大昕《二十二史考異》卷四十五云：

> 農家類賈思協齊民要術十卷。案：下文有李淳風續齊人要術，此民字亦當爲人，疑校書者所改也。五行類又有李淳風四民福祿論，道家類有劉遺民玄譜〔註38〕。

又錢大昕《二十二史考異》卷五十八：

> 四人月令一卷。崔寔撰。此與賈思勰齊人要術，皆避諱改民爲人也〔註39〕。

以上，均爲避「民」爲「人」之諱例。另：《二十二史考異》卷五十八云：

> 帝王代記十卷，王甫謐撰。代本世字，避諱改。郭頒魏晉代語，何集續帝王代記，虞茂代集、鄭代翼集，皆以代爲世〔註40〕。

是則爲避「世」爲「代」之例。然亦有遇「世」字不避的情況，錢氏亦有舉證，錢氏《二十二史考異》卷四十五指出：

> 郭頒魏晉代說十卷代即世字。篇中如帝王代紀之類，皆避諱改。而劉義慶世說、劉孝標續世說仍不避〔註41〕。

如前所云，錢氏對於《齊民要術》等不避唐諱之書，「疑校書者所改」，是則錢氏處於有清一朝，當時的避諱嚴謹，故有此懷疑。然承上文所言，唐朝避諱制度並非嚴謹到不容違礙，其中常有或避，或不避的情形發生。不過，錢氏也提供出值得思考的問題，究竟校書者是否有校改避諱字的情形呢？其答案自然是肯定的。以避太宗諱而言，如上所引《虞茂代集》，他本改「世」爲「代」，此係避諱之故，惟清代沈炳震《新舊唐書合鈔》即改正爲《虞茂世集》。其實，後世校改避諱字的情形頗爲普遍，各朝諱例不一，有前代諱而後代不諱者，諱例不一，也造成文字判讀互異，如《舊唐志》編寫於五代，其去唐未遠，故仍有避諱情事；《新唐志》編於宋朝，雖避諱嚴謹，但不避唐諱，故而時時可見《舊唐志》避諱，而《新唐志》不避諱者，然校改不一，傳抄或則有異，若加上時代湮遠，或同音相轉，其離本實更遠，則頗需考證之功，方能釐正其誤。

〔註38〕錢大昕：《二十二史考異》卷四十五，《舊唐書（斷句本）》附，（台灣：新文豐出版事業公司），頁2870。

〔註39〕錢大昕：《二十二史考異》卷五十八，《唐書（斷句本）》附，（台灣：新文豐出版事業公司），頁2830。

〔註40〕同上註，頁2830。

〔註41〕同註37，頁2868。

（三）避高宗諱：

　　高宗時，雖有明詔云避名不諱，然在《新舊唐志》的比勘上，亦有避高宗諱者，如魏徵撰《群書治要》五十卷，《舊唐志》作《群書理要》，《唐會要》卷三六引作《群書政要》，《新唐志》不諱，作《群書治要》，是則避「治」爲「政」「理」。案：陳新會先生《史諱舉例》卷八〈歷朝諱例〉中，高宗諱「治改爲持，爲理，或爲化。稚改爲幼。」（說法見前引文），無有作「政」者，今可補其缺一。

（四）避玄宗諱：

　　陳新會先生《史諱舉例》卷八〈歷朝諱例〉舉玄宗諱例云：「隆州改閬州，大基縣改河清」〔註42〕蓋有避「隆」「基」之例者，考之《新舊唐志》亦有避「隆」爲「崇」之例、改「崇」爲「興」例，如《舊唐志》作《庾景興集》，《新唐志》作《庾疊隆集》，此爲改「崇」爲「興」例，又誤「疊」字爲「景」字，羅士琳等《舊唐書校勘記》卷二九云：

　　　　　沈本景作疊，云：「《新書》興作隆。」按隋志亦作疊，蓋《隋志》亦
　　作疊，蓋疊作景者，傳寫之訛；隆作興者，唐人避諱所改也〔註43〕。

除了改「崇」爲「興」之例外，最普遍的就是改「隆」爲「崇」例。其中有《隆安記》、《晉隆和興寧起居注》、《晉崇安元興大亨副詔》、《晉崇寧起居注》、《晉崇和興寧起居注》等例。錢大昕《二十二史考異》卷四十五即舉證說明如下：

　　　　　起居注類晉崇寧起居注十卷舊志亦崇寧。晉時無此年號，故讀者疑
　　之。予謂崇寧當爲崇安，即隆安也。唐人避明皇諱，往往改隆爲崇，以晉
　　史考之，隆安紀元正在太元之後。元興之前，此卷又有晉崇安元興大亨副
　　詔八卷，足明崇寧當爲崇安矣！雜史類有吉祇崇安記二卷，王韶之崇安記
　　十卷，亦紀晉安帝事也。此上文有晉隆和興寧起居注五卷，仍書隆字，所
　　謂史駁文〔註44〕。

又錢大昕《二十二史考異》卷五十八云：

　　　　　崇安記二卷。周祇撰。又十卷，王韶之撰。崇安本是隆安，晉安帝年
　　號也。毋煚撰錄在開元中，避明皇諱，改隆爲崇〔註45〕。

又錢大昕《二十二史考異》卷五十八云：

　　　　　晉崇寧起居注十卷崇寧當爲崇安，即隆安也。隆安紀元在寧康太元之

〔註42〕同註32，頁148。
〔註43〕同註23，頁461～462。
〔註44〕同註37，頁2868～2869。
〔註45〕同註38，頁2829～2830。

後，元興義熙之前，此下又有晉崇安元興大享副詔八卷，可證崇寧爲崇安
之訛〔註46〕。
錢氏舉證可從。

　　除了避唐諱外，尚有避隋諱的情形，如曹憲《博雅》一書，原當作《廣雅》，
避隋煬帝諱，而作《博雅》。《隋志》成於唐時，並不避隋諱，故著錄作《廣雅音》。
案：《廣雅音》即《舊唐志》所載的《博雅》一書，說法見於《小學考》卷五：「按：
憲，江都人。《博雅》即《廣雅音》，鄭氏《通志》分作二書，誤」〔註47〕。《隋志》
未避隋諱，《新舊唐志》卻避其諱。《博雅》避隋煬帝之諱，其說參見晁公武《郡齋
讀書志》、陳振孫《直齋書錄解題》、紀昀《四庫全書提要》、段玉裁〈廣雅疏證序〉
均有言及，茲引段玉裁〈廣雅疏證序〉以爲論證，其說如下：

　　　　張君（霖案：係指張稚讓）進表《廣雅》，分爲上、中、下，是以《隋
　　書・經籍志》作三卷。而又云梁有四卷，不知所析何篇。隋曹憲音釋，《隋
　　志》作四卷，《唐志》作十卷，今所傳十卷之本音與正文相次，然《館閣
　　書目》云：「今逸，但存音三卷」是音與廣雅別行之證，較然甚明，特後
　　人合之耳。又憲避煬帝諱，始稱《博雅》，今則仍名《廣雅》，而退音釋於
　　後，從其朔也〔註48〕。

由此可見，《新舊唐志》除了避唐諱外，兼避隋諱，也可見避諱的標準極爲雜駁。從
後世傳抄過程，或著錄原則的差異而論，書名避諱的體例亦頗爲不一，甚至避諱外，
也有傳抄誤失，以至影響著錄的正確性情形，故於參考史志或其他目錄之著錄時，
尚須進一步疏證整理，不宜早下定論。

五、書寫習慣

　　廣異的書寫，包含抄寫、刻寫（或名寫刻）在內。由於今本《新舊唐書》業已
經過若干傳抄、刻寫等過程，由於抄手或刻工們書寫習慣的不一致，常亦導致文獻
載錄有所差別，或古今異字，或音同而轉，或形近而誤，甚至只是單純的書寫習慣
改變，其形式各異，所產生出的情形自異，今析論如下：

（一）古今異字：

1、「辨」「辯」例：

〔註46〕同上註，頁 2830。
〔註47〕謝啓昆：《小學考》，（台灣：藝文印書館，1974 年 2 月初版），卷五，頁 95。
〔註48〕段玉裁等撰：《爾雅・廣雅・方言・釋名——清疏四種合刊》，（大陸：上海古籍出版
　　　　社，1989 年 1 月一版一刷），頁 340。

《舊唐志》遇「辨」字多書「辯」字，如《辯嫌音》、《辯名苑》、《辯字》等。

2、「郗」「郄」例：

《舊唐志》多作「郗」字，如《郗鑒集》、《郗超集》等。

3、「萬」「万」例：

《舊唐志》作《謝萬集》，《新唐志》作《謝万集》。

4、「駮」「駁」例：

《舊唐志》多作「駮」字，如《論語駮》，《新唐志》作《論語駁》；《漢書駮義》，《新唐志》作《漢書駁義》；《周官駮難》，《新唐志》作《答周官駁難》；《尙書釋駮》，《新唐志》作《古文尙書釋駁》等等。

5、「修」「脩」例：

《新唐志》多從古「脩」字，如《楊脩集》、《新脩本草圖》、《新脩本草》、《脩身要覽》、《脩多羅法門》、《阮脩集》、《脩文殿御覽》等。

6、「詞」「辭」例：

《舊唐志》多作「詞」，《新唐志》則兼有之。如《楚詞》，《新唐志》作《楚辭》，而《詞英》一書，《新唐志》作《文苑詞英》，均從「詞」字。此外，如「鎖」「瑣」例者，亦屬於此。

(二) 偏旁無定：

《新舊唐志》的校勘上，往往有偏旁無定的情形，舉例如下：

1、「符」「苻」例：

如《符子》，《新唐志》作《苻子》，而敦煌出土之唐寫本，往往有「竹」「艸」部首互用的情形，此亦緣於書寫習慣過程所衍生的俗異字形。清代浦起龍在釋劉知幾《史通‧模擬篇》即云：「《隋經籍志》：《符子》二十卷，在《道德》、《莊》、《列》類。按：『苻』，《隋志》作『符』。又《宋書》志及《世說》并《注》，凡引符秦事，並從『竹』。『苻』『符』之辯，具在〈正史〉篇。」〔註 49〕，是則「苻」「符」早即已有通用之例。

2、「抄」「鈔」例：

《舊唐志》多從「抄」，如：《禮論要抄》、謝靈運《詩集抄》、《春秋左氏抄》、《後漢書抄》、《北堂書抄》等。

〔註 49〕劉知幾撰，浦起龍釋：《史通通釋》，（台北：里仁書局，1980 年 9 月 20 日出版），頁225。

3、「游」「遊」例：

《新舊唐志》「游」「遊」互用，如：《遊玄桂林》、《交遊傳》，《舊唐志》從「遊」字，然《太一大游曆》，《舊唐志》則從「游」字，故常產生互用情事。

4、「紀」「記」例：

《新舊唐志》往往「紀」「記」混用，如《蜀王本紀》、《喪服要紀》、《喪服紀》等，《舊唐志》從「紀」字；又：《華夷帝王記》、《洞記》、《天啓記》等，《舊唐志》又從「記」字，並無特定偏向。

5、「劭」「邵」例：

《舊唐志》作《張劭集》，《新唐志》則作《張邵集》等。

6、「讚」「纘」例：

《舊唐志》作《晉諸公讚》，《新唐志》則作《晉諸公纘》等。

7、「政」「正」例：

無特定偏向，如《劉氏正論》、《阮子正論》、《少陽正範》等，《舊唐志》從「正」字，然《太宗文皇帝政典》一書，《新舊唐志》均從「政」字。

8、「列」「烈」例：

如《舊唐志》作《廣陵列士傳》，《新唐志》作《廣陵烈士傳》等。

9、「楊」「陽」「揚」例：

《新舊唐志》於姓氏之「楊」「陽」「揚」中，往往有通用的情形，其中就書名而論，《楊子法言》、《楊子太玄經》、《楊休之集》、《楊雄集》等，《舊唐志》均從「楊」，《新唐志》大抵以「楊雄」作「揚雄」；又《楊休之集》作《陽休之集》等。另外，《丹陽尹傳》，《舊唐志》從「陽」字，《新唐志》從「楊」字等。

10、「丘」「邱」例：

「邱」「丘」常互用，蓋避孔子廟諱，於古書中，常有避「丘」作「邱」字例，《新唐志》有《比丘尼傳》，《舊唐志》作《比邱尼傳》，此亦有音近譯音之故。此外尚有「儒」「孺」例：《唐書經籍藝文合志》頁 346《武儒衡集》云：「殿本儒作孺」。

書寫習慣中，往往因偏旁相近而誤入，故欲得著錄之正確者，務必考慮書寫習慣所造成的差異。

（三）音近之故：

1、「太」「泰」例：

《舊唐志》作《晉太始起居注》，《新唐志》作《晉泰始起注》等。

2、「儀」「義」例：

本例亦可歸於「偏旁無定」一類。《新舊唐志》中，常有「儀」「義」互用例，如《禮義雜記故事》、《明堂義》等。

3、「桂」「崔」例：

《舊唐志》作《桂氏世傳》，《新唐志》作《崔氏世傳》。

4、「循」「脩」例：

《舊唐志》作《阮循集》，《新唐志》作《阮脩集》。案：「脩」「修」為古今異字例，說法已見上文。《舊唐志》更誤《阮脩集》作《阮循集》。

（四）形近之故：

1、「許」「訏」例：

如《舊唐志》作《劉訏集》，《新唐志》作《劉許集》，《舊唐志》形近致訛。

2、「溥」「浦」例：

如《舊唐志》作《虞溥集》，《新唐志》則作《虞浦集》，形近之故。

3、「小」「女」例：

《舊唐志》作《少小方》、《少小雜方》等，《新唐志》作《少女方》、《少女雜方》等。

4、「史」「夬」例：

《舊唐志》作《宗史集》，《新唐志》作《宗夬集》，案：《舊唐志》誤「夬」為「史」，此亦形近之故。

5、「干」「于」「王」例：

《唐書經籍藝文合志》頁 359 於《新唐志》別集類《劉于詩》部份作《劉于「干」詩》，是則「干」「于」形近之故。又《唐書經籍藝文合志》頁 343《于休烈集》作《王「于」休烈集》，附注云「宋本王作于」，是則「王」「于」形近而訛。

6、「祐」「祐」例：

《唐書經籍藝文合志》頁 355 作《張祐「祐」詩》，是亦形近之故。

7、「瀚」「澣」例：

《唐書經籍藝文合志》頁 347 作《鄭澣「瀚」集》。

從以上分析可知：書寫習慣的轉變往往有其原則可探，而版本的傳抄往往留下許多實例，可以進一步釐析，惟限於篇幅，不宜全數列舉，僅選數例以利論證。從

書名的轉變上，可知欲藉史志目錄以考察文獻典籍的留傳情形，尚須進一步考證傳抄過程中的文字轉變。

　　過去對於運用史志以考辨書籍眞偽的作法，恐怕必須更加審愼。如梁啓超先生於〈辨別偽書及考證年代的方法〉一文中指出從傳授統緒上辨別偽書之法凡八，試舉其大略如下：

　　一、從舊志不著錄，而定其偽或可疑。

　　二、從前志著錄，後志已佚，而定其偽，或可疑。

　　三、從今本和舊志說的卷數不同，而定其偽，或可疑。

　　四、從今本和舊志無著者姓名而定後人隨便附上去的姓名是偽。

　　五、從舊志或注家已明言是偽書，而信其說。

　　六、後人說某書出現於某時，而那時人並未看見那書，從這上可斷定那書是偽。

　　七、書初出現，已發生許多問題或有人證明是偽造，我們當然不能相信。

　　八、從書的來歷曖昧不明，而定其偽〔註50〕。

其後張心澂先生於《偽書通考・總論》部份引高本漢先生《中國古籍辨偽法》的研究成果，其中高氏以爲：各書著錄每有不同，然一人之精力有限，而書籍甚多，未免有所遺漏。高氏提示出各書著錄難以搜全，故主張用於辨偽之時，當力求謹愼。然而，梁啓超先生該文一直深切的影響後來學者對於辨偽使用之法的認知，也相對提昇史志的價值。筆者從《新舊唐志》的董理過程中，深刻警覺到：史志著錄未必如梁氏所言能如此精準的反映出當時典籍，尤其是其編輯過程中往往就館藏存書編製而成，或僅能反映一代典籍，未能反映出全面典籍實況。其次，典籍著錄經過各種流通情況，其所受左動的機會頗大，單是版本一項，即有各種不同的情形產生，是以若非有如劉兆祐先生《宋史藝文志史部佚籍考》一書董理《宋史藝文志》史部之成果，則欲藉史志以進行考辨，其所面臨的問題將頗爲困難。換句話說，史志著錄僅是客觀的典籍反映，若欲藉此以進行辨偽等考證，其心態當更爲謹愼。

貳、作　者

一、版本差異

（一）點校本

　　承上文所言，《新唐志》標點常有誤植爲書名處，此係現代標點本所衍生出的

〔註50〕梁啓超：〈辨別偽書及考證年代的方法〉，吳福助編《國學方法論文集》，（台北：文史哲出版社，1990年8月再版），頁643。

新錯誤，如職官類有賀蘭正元《輔佐記》一書，標校本《新唐志》誤爲《元輔佐記》，其作者則變成「賀蘭正」，點校本之誤植作者入書名例，詳見上文版本標點部份，茲不贅述。點校本尙有訛增作者例：例《大和野史》一書，點校本作「公沙仲穆」撰，案：原當作「沙仲穆」撰，楊翼襄先生《中國史學史資料編年》一書即引《新唐志》作「沙仲穆」著〔註51〕；又《唐會要》卷六三云：

> 龍紀中，有處士沙仲穆纂《野史》十卷，起自太和，終於龍紀，目曰《太和野史》〔註52〕。

是則點校本訛增例。

（二）聞　本

聞本《舊唐志》作者載錄多誤改例：

1、誤題例：

《後漢尙書》，聞本作「張溫撰」誤，當作「孔衍撰」。《名士傳》，聞本誤「袁宏」作「袁尙」。《御銓定漢書》，聞本誤「郝處俊」作「黑處俊」撰。《列仙傳讚》誤「劉向」作「劉國」。

2、避諱誤改例：

《老子玄譜》，聞本作「劉道人撰」，當爲「劉遺民」之誤，避太宗諱，改「民」爲「人」，後又誤「遺」爲「道」；

3、二字誤合一字例：

《後漢書》，聞本誤「袁山松」作「袁崧」，此係誤二字爲一字；

4、前後文相涉而誤例：

《後魏書》誤「魏澹」爲「張大素」，此係涉後文誤。案：《新舊唐志》亦上文作「又」字例，故前後著錄多誤入，聞本此即實例。

5、形近而誤例：

《東宮舊事》，聞本誤「張敞」作「張敝」，形近而訛。

此外如《顯忠錄》，聞本作「元擇」、王沈《魏書》，聞本作「王冼」、陶藻《職官要錄》，聞本作「陶操」、韋稜《漢書續訓》，聞本作「韋凌、晉灼《漢書集注》，聞本作「晉治」，夏侯泳《漢書音》，聞本作「夏侯佽」，均與《隋志》、《新唐志》不類，羅士琳等《舊唐書經籍志校勘記》多有申明。此類情形可見聞本之正確

〔註51〕楊翼襄：《中國史學史資料編年》第一冊，（大陸：南開大學出版社，1987年3月一版一刷），頁344。

〔註52〕參考註29，卷六三，頁1098。

性不高，其價值亦較他本低，羅士琳等《舊唐書經籍志校勘記》已明辨其失，讀者可自行參看。

6、音近而訛例：

《急就章》，聞本「曹壽」作「曹受」；《述異記》，聞本誤「祖沖之」作「祖中之」。

7、缺字例：

《七經義綱略論》誤「樊文深」作「樊深」，缺字例。《毛詩音義》，誤「魯世達」作「魯達」。

8、增字例：

《喪服變除》，誤「戴德」作「戴至德」，訛增「至」。

9、撰傳注不一例：

如《周官》，聞本「馬融傳」作「馬融撰」，蕭該作《後漢書音》，聞本作「蕭該撰」，則「撰」「作」、「傳」「撰」等往往與他本不一，又「撰」「志」「注」等亦有與他本不一者，在作者的判斷上，雖「撰」「志」「注」「傳」等並不影響作者的判定，但卻往往對書名性質的認知上會有些許的差異。

聞本為明嘉靖十七年（1538）聞人詮刊本，其版本往往與他本有較多的出入，而且有較多錯誤，其中若干錯誤在羅士琳等《舊唐書經籍志校勘記》中多所申明，茲不贅述，故而其版本並非是很好的版本。

（三）沈 本

沈本為清沈炳震海昌查氏刊本，其往往據《隋志》、《新唐志》增補若干《舊唐志》失漏之處，說明如下：

1、補 漏：

《尚書新釋》一書，聞本無「李顒撰」三字，沈本則補錄三字；又《春秋左氏膏肓釋痾》一書，沈本有「服虔撰」三字；《續冥祥記》一書他本《舊唐志》僅作「王曼」撰，沈本從《隋志》增作「王曼穎」撰，《新唐志》則作「王曼穎」，「穎」「穎」為書寫習慣而常有互入的情形。

2、改字例：

顏延之撰《漢書決疑》一書，沈本改「顏延之」為「顏游秦」；劉滔《先聖本紀》，沈本改從《隋志》作「劉綰」；劉道會《先朝故事》一書，沈本同《新唐志》作「劉道薈」；元行沖撰《孝經疏》一書，沈本加「玄宗注」三字；應劭《漢官儀》一書，他本作「應邵」，沈本從《新志》改作「應劭」，（今點校本亦作「應劭」）；

　　諸葛忱《帝錄》一書，沈本從《新唐志》改作「諸葛耽」；劉晝《高才不遇傳》一書，沈本、《隋志》、《新唐志》俱作「劉晝」；《孔氏漢書音義抄》一書，沈本作孔文祥，點校本作孔文詳，而聞本作孔文洋等，諸如此類，沈本往往有改《舊唐志》著錄之處。此類改字例多從字形接近而改，宜釐分之。

沈炳震處於清代，其採《隋志》、《新唐志》校勘《舊唐志》，並補正若干缺漏之處，并於注文中屢引《新唐志》等，在觀念上，與今點校本改正舊失，並於〈校勘記〉中言明所改正之字相近。綜合言之，沈本不獨主《舊志》，往往有改正增補《舊唐志》之若干疏失，雖較為正確，合於正確使用，但相對於《舊志》，其所反映的本貌亦要略打折扣，此與現代點校本頗有相似之處。

　　上述版本所衍生出的變化，詳見羅士琳《舊唐書經籍志校勘記》中所載，該文有較詳細的論述，本文僅節引其中若干變化，略復申議如上。

二、著錄差別

（一）命名取捨不一例

　　中國文人，往往名、字、號不同，而在書目著錄上，又多以官銜稱之，是以在作者著錄上，或有不同。隨著取捨情形不同，而在作者著錄上亦多有不同，說明如下：

1、《舊唐志》集部諸書多以官銜稱之，《新唐志》則否：

如《宋臨川王集》，《舊唐志》作宋臨川王撰，《新唐志》則標示「義慶」之名；又《會稽王道子集》、《東平王蒼集》等，《新唐志》均能標舉作者之名。另《新唐志》亦有標示官銜，加註人名之例，如《兵書要略》一書，《舊唐志》作「宇文憲撰」，《新唐志》則作「後周齊王憲」，諸如此類，《新唐志》皆詳於《舊唐志》者。其餘諸例，參見第三章第二節說明。

2、字、名取捨不一例：

取捨原則隨編撰者而有所不同，如武則天之書，《新唐志》均作「武后」，而《舊唐志》卻有「大聖天后」、「天后」等異稱；又《職令百官古今注》一書，《舊唐志》作「郭演之撰」，《新唐志》作「郭演」，是則取捨不同。取捨不同，往往與字、號等不同有關，縱然是同一書目中，亦有字、名取捨不同之例，如錢大昕《二十二史考異》卷四十五云：「（別集類）張文成《龍筋鳳髓》十卷，文成，鷟之字也，字而不名，非例。」〔註53〕。據錢氏之言，「字而不名」，而《新唐志》

〔註53〕同註37，頁2870。

卻以字名之，故而錢氏評其「非例」。《新唐志》編撰之時，定非拘於一格，錢氏所論，雖係歸納而成，但亦足以見字、名取擇不一，亦可能造成作者著錄上的困擾。名、字、號既然有所不同，當以附註說明，以使後世讀者得以覽目而知其名，《新舊唐志》既然無法全面達成此點，故而期待能有疏證之作，使讀者得以進一步運用其書目。

（二）避諱不一例

避諱之例，以書名的著錄較多，而作者著錄上，以集部居多，如《江智淵集》、《丘淵之集》、《許淵集》等，《新唐志》不避唐高祖李淵諱，而《舊唐志》避李淵諱，其中《丘淵之集》、《江智淵集》改作「江智泉」、「丘泉之」，《許淵集》改作《許彥回集》，詳見上文書名著錄部份。除高祖名諱外，尚避高祖之父李敬之諱，如《內典博要》一書，《舊唐志》作「虞孝景」，《新唐志》不避「敬」字，作「虞孝敬」撰，避諱往往造成著錄差異，避唐諱情形詳見上文書名著錄部份，至於作者部份，僅舉數例以明之。

（三）撰、注、集解等名稱不一

《隋志》、《新舊唐志》在作者著錄上，往往有「撰」、「注」、「集解」等不同，其例見於第三章第二節。「撰」、「注」、「集解」不同緣於著錄體例有所差異所致，《老子道德經集解》一書，《舊唐志》作「任眞子注」，《新唐志》作「任眞子集解」，由於《舊唐志》已作「集解」，故而作者雖標明「注」，則與「集解」無異，諸如此類，其原因係由於著錄上有所不同之故，故宜與書名著錄上相參看。

（四）缺字例

《新舊唐志》在作者著錄上，往往有缺字之例，其中有因著錄體例不一之故。如《三十國春秋》一書，《舊唐志》作蕭方等，《新唐志》則缺「等」字，改作「蕭方」，此本歷來都有論斷，如清朝・沈濤《銅熨斗齋隨筆》卷六云：

> （唐）《藝文志》『僞史類』蕭方《三十國春秋》三十卷。《宋史・藝文志》史、霸史類同。『蕭方』當爲『蕭方等』之誤。方等，梁元帝世子，以釋《方等經》命名。《隋志》：《三十國春秋》三十卷、蕭方等撰。可證。修《唐書》者誤以等字爲等類之等而刪之。……《宋志》亦承其誤〔註54〕。

此係《新唐志》誤「等」字爲團體撰著，「等」字爲註文，故《新唐志》缺不論列。此外張彥志《陳賓禮儀注》一書，《新唐志》省「志」字，作「張彥」；另如劉炫定《酒孝經》，《新唐志》作「劉炫」；楊玄孫《黃帝明堂經》，《新唐志》作「楊玄」，諸如此類，其缺字之例亦造成作者著錄上的若干差異，舉證如上。

〔註54〕沈濤：《銅熨斗齋隨筆》，卷六，《式訓堂叢書》，（台灣：藝文印書館），頁11。

三、詳略互見

　　《新唐志》的評價高於《舊唐志》，但《舊唐志》在部份著錄上亦較《新唐志》詳盡，在作者著錄上，亦有詳略互見的情況，其中可分下列情形：

（一）《舊唐志》詳於《新唐志》者：

1、《新唐志》無撰人名，而《舊唐志》加撰人名者：

書　名	舊唐志	新唐志	書　名	舊唐志	新唐志
鶡冠子	鶡冠子撰	無	易林	魏元帝撰	無
詩英	謝靈運撰	無	漢官儀	應邵志	無
博塞經	鮑宏撰	無	鄧析子	鄧析撰	無
詩集	劉和撰	無	淮南王萬畢術	劉安撰	無
靈人辛玄子自序	辛玄子撰	無	西河記	段龜龍撰	無
補肘後救卒備急	陶弘景撰	無	親享太廟儀	郭山惲撰	無
麗正文苑	許敬宗撰	無	張良經	張良撰	無
尋江源記	庾仲雍撰	無	桐君藥錄	桐君撰	無
太清神仙服食經	抱朴子撰	無	玉藻瓊林	孟利貞撰	無
神仙服食經	京里先生撰	無	河西甲寅元曆	李淳風撰	無
禮緯	宋均注	無	春秋公羊條傳	何休注	無
黃帝問玄女法	玄女撰	無			

　　上述簡目，係《舊唐志》所錄較《新唐志》所錄為詳，故宜據為參考。

2、《新舊唐志》俱有撰人名，而《舊唐志》較詳細者：

楊子太玄經（書名）	楊雄撰、陸績注（舊唐志）	陸績注（新唐志）
歸藏	殷易，司馬膺注	司馬膺注
數術記遺	徐岳撰，甄鸞注	甄鸞注

　　《舊唐志》所增人名，係以撰者之名為主，故宜參看之。

（二）《舊唐志》略於《新唐志》者：

1、《舊唐志》無撰人名，而《新唐志》加撰人名者：

書　名	舊唐志	新唐志	書　名	舊唐志	新唐志
喪服紀	無	孔倫撰	世本譜	無	王氏

老子指例略	無	王弼	儀禮音	無	王肅
聖證論	無	王肅	徐州先賢傳	無	王義度
徐州先賢傳	無	王義度	集鈔	無	丘遲
雜傳	無	任昉	三略訓	無	成氏
袖中記	無	沈約	春秋土地名	無	京相璠
古今內範記	無	武后	灸經	無	歧伯
尚書大事	無	范汪	雷公藥對	無	徐之才
晉儀注	無	徐廣	修文殿御覽	無	祖孝徵等
太樂歌詞	無	荀勗	燕志	無	高閭
崔氏周易林	無	崔篆	毛詩表隱	無	陳統
大唐戊寅曆	無	傅仁均	西域道里記	無	程士章
歷代三寶記	無	費長房	樂府歌詩	無	翟子
帝王紀錄	無	褚無量	太一大遊曆	無	劉孝恭
六壬曆	無	劉孝恭	靈寶登圖	無	劉孝恭
婚嫁書	無	劉孝恭	曜靈經	無	劉孝恭
風角	無	劉孝恭	天文集占	無	劉叡
合史	無	蕭蕭	老子西昇經	無	戴詵
徵應集	無	顏之推	祥瑞圖	無	顧野王
梁皇帝實錄	無	謝昊			

案：此類變化往往與《新舊唐志》著錄上的「又」字例有關。《新舊唐志》在書名、作者一致的情形下，往往用「又」字例，以簡省篇幅。在作者變化上，《舊唐志》將作者置於書名之末，故而相混的情形並不多見，《新唐志》將作者置於書名之前，故而承「又」字，往往其後書名之作者會有淆亂的情形，如上述劉孝恭諸書，《舊唐志》分列不同位置，而《新唐志》承劉孝恭《風角鳥情》、《祿命書》之「又」字，以至於《鳥情占》、《風角》、《九宮經解》、《婚嫁書》、《登壇經》、《太一大游曆》、《大游太一曆》、《曜靈經》、《七政曆》、《六壬曆》、《六壬擇非經》、《靈寶登圖》等書，都將歸於劉孝恭撰，而《舊唐志》則無撰者，《新唐志》「又」字例之後數書，承襲「又」字，而歸前書作者之例，如王琛《風角六情訣》、《推產婦何時產法》二書，其末如《九宮行碁立成》、《祿命書》、《遁甲開山圖》（頁1554）三書，皆承《推產婦何時產法》上「又」字例，而作王琛撰，而此三書《舊唐志》亦同作王琛撰。而上述《鳥情占》十

二書亦當據此例而歸作劉孝恭撰，然《舊唐志》則多無撰人姓名，其中往往造成混淆難辨之情形。「又」字例是《新舊唐志》共有的簡稱，但卻造成辨識上的誤認，除上述諸例可能誤認作者之例外，亦可能因位置相近而誤入其他撰者，如《新唐志》醫術類有盧仁宗、崔浩、竺暄《食經》，其中竺暄《食經》後有「又十卷」字樣，據此則竺暄撰《食經》有四卷、十卷二種，惟《舊唐志》著錄《食經》卻承崔浩撰《食經》九卷之末，而《食經》十卷當作崔浩所撰，是則「又」字例往往隨位置、著述體例不同，而可能有誤判的情形，此類體例原本為了簡省著錄便利而設，卻造成著錄會有誤識的差異，故特此說明。

2、《新舊唐志》俱有撰人名，而《新唐志》較詳細者：

書　名	舊　唐　志	新　唐　志
辯正論	釋法琳撰	釋法琳撰、陳子良注
乾象曆術	劉洪撰	劉洪撰，闞澤注
四時食法	趙氏撰	趙武
古今錄驗方	甄權撰	甄立言或甄權
春秋決獄	董仲舒撰	董仲舒撰、黃氏正
廣成子	商洛公撰	商洛公撰、張太衡注
春秋穀梁傳	段氏注	段肅注
呂氏春秋	呂不韋撰	呂不韋撰高誘注
韓詩外傳	韓嬰撰	卜商撰、韓嬰注
黃帝十二經明堂偃側人圖		曹氏
樂府歌詩		荀勗

從上述簡目中，可以補錄《舊唐志》著錄疏漏之處。

四、書寫習慣

（一）古今異字例

書　名	舊　唐　志	新　唐　志	書　名	舊　唐　志	新　唐　志
王修集	王修撰	王脩	禮論答問	范寧撰	范甯
禮問	范寧撰	范甯	符子	符朗撰	苻朗
法書目錄	虞和撰	虞龢			

此類例證已於第三章第二節多有申議，此處僅舉其數例，以明其中差異。

（二）字形接近

書　名	舊唐志	新唐志	書　名	舊唐志	新唐志
玄感傳屍方	蘇遊	蘇游	薛耀集	薛曜	薛耀
諸葛穎集	諸葛穎	諸葛潁	離騷草木蟲魚疏	劉沓撰	劉杳
釋俗語	劉霽撰	劉齊	淮南王食經	諸葛穎撰	諸葛潁
江淳集	江淳撰	江惇	魏景初曆	楊禕撰	楊偉
殷芊集	殷芊撰	殷芋	玄書通義	張機撰	張譏
南燕錄	王景暄撰	王景暉	喪服天子諸侯圖	謝慈撰	射慈
禮記音	謝慈撰	射慈	周易繫辭	宋褰注	宋襄
先朝故事	劉道會撰	劉道薈	周易	荀暉注	荀輝注
帝錄	諸葛忱撰	諸葛耽	韻略	楊休之撰	陽休之

字形接近而誤入之例，於第三章第二節已有論述，茲不贅引。上述變化中，以偏旁相近而改之例較多，如：「謝」「射」、「淳」「惇」、「會」「薈」、「耽」「忱」、「暉」「輝」、「機」「譏」、「偉」「禕」等例，其次則為單純字形接近而改。

（三）字音接近

書　名	舊唐志	新唐志	書　名	舊唐志	新唐志
晉明帝郊社議	孔朝等撰	孔晁	隋開皇二十年書目	王邵撰	王劭
皇隋靈感志	王邵撰	王劭	讀書記	王邵撰	王劭
喪服圖	崔遊撰	崔游	琴敘譜	趙耶律撰	趙邪利
玄感傳屍方	蘇遊撰	蘇游			

在傳抄刻寫過程中，往往以音近之字取代之，如上述所舉之例屬之。其中值得注意的是「趙耶律」作「趙邪利」，係因譯音之故，與其他諸例稍有不同。

參、卷　數

　　《新舊唐志》在卷數著錄的比較上，可分二種方式，第一是《舊唐志》著錄卷數多於《新唐志》，第二是《新唐志》著錄卷數多於《舊唐志》者，試釐析如下：

一、《舊唐志》著錄卷數較《新唐志》多者

（一）取《隋志》與《新舊唐志》相較

在卷數著錄上，《舊唐志》較《新唐志》多者，又可分下列情形：

1、《舊唐志》與《新唐志》不同，而《新唐志》同於《隋志》著錄者：

在《舊唐志》增加卷數的部份，其中有不少《新唐志》著錄與《隋志》著錄相同者，則當取《新唐志》為是。試舉例如下：

書　名	作　者	舊唐志	新唐志	案　語
五經正名	劉炫	15	12	
子思子	孔伋撰	8	7	案：《隋志》、《新唐志》、《郡齋讀書志》俱作「七卷」，則《新唐志》當誤。
沈滿願集	沈滿願撰	5	3	
劉義宗集	劉義宗撰	15	12	
晉宣帝集	晉宣帝撰	10	5	
蔡洪集	蔡洪撰	3	2	案：《隋志》作「二卷」、「一卷」二種，《新唐志》作「二卷」者，有其依據，疑《舊唐志》誤題。
陶濬集	陶濬撰	3	2	案：《隋志》作「二卷」、「一卷」二種，《新唐志》作「二卷」者，有其依據，疑《舊唐志》誤題。
燕丹子	燕丹子撰	3	1	
五星占	陳卓撰	2	1	
何承天集	何承天撰	30	20	
張載集	張載撰	3	2	案：《隋志》作「七卷」、「二卷」、「一卷」三種，《新唐志》作「二卷」者，有其依據，而疑《舊唐志》作「三卷」者誤題。
洞記	韋昭撰	9	4	
孝子傳讚	王韶之撰	15	3	
後漢書	謝承撰	133	130	
董子	董無心撰	2	1	

上述諸例，未下案語者，其《新唐志》所載卷數則同於《隋志》，若《隋志》有若干種卷數，則別立案語，以利說明。在卷數上，《舊唐志》與《新唐志》所載者不同，而《新唐志》著錄同於《隋志》所錄，則可依《隋志》、《新唐志》同，而《舊唐志》異，而定《舊唐志》為誤或疑訛。

2、《舊唐志》與《新唐志》不同，而《舊唐志》同於《隋志》著錄者：

《舊唐志》著錄卷數較《新唐志》多者，而《舊唐志》同於《隋志》者，其數並不多，如《尹文子》一書，《隋志》、《舊唐志》俱作二卷，《新唐志》則作一卷，然《郡齋讀書志》作二卷，則《新唐志》誤題。

3、《舊唐志》與《新唐志》、《隋志》均不同者：如

書　　名	作　者	舊唐志	新唐志	案　　　語
衛展集	衛展	40	14	案：《隋志》作「十二」或「十五卷」與《新唐志》雖有不同，但較為接近，《舊唐志》所錄作「四十卷」，與《新唐志》、《隋志》差距較大，疑為「十四」卷之誤。
爾雅	郭璞注	3	1	案：《舊唐志》作三卷者，與《隋志》作五卷、《新唐志》作一卷者不類，則暫存疑。
喪服天子諸侯圖	射慈	2	1	案：《舊唐志》作二卷者，與《隋志》作五卷、《新唐志》作一卷者不類，則暫存疑。
高貴鄉公集	高貴鄉公	2	1	案：《舊唐志》作二卷者，與《隋志》作四卷、《新唐志》作一卷者不類，則暫存疑。
王褒集	王褒撰	30	20	案：《舊唐志》作三十卷者，與《隋志》作二十一卷、《新唐志》作二十卷不類，然《舊唐志》作三十卷者，與《隋志》、《新唐志》有所差距，疑《舊唐志》所錄為誤。
楊子法言	李軌注	13	3	案：《舊唐志》作十三卷，《隋志》作十五卷，而《新唐志》作三卷，《新唐志》與《隋志》、《舊唐志》稍有差距，疑《舊唐志》為殘本，而《新唐志》缺「十」字。
東觀漢記	劉珍撰	127	126	案：《舊唐志》作一百四十三卷，《舊唐志》作一百二十七卷，《新唐志》作一百二十六卷，《新舊唐志》當為殘本無誤。然《舊唐志》與《新唐志》尚有一卷差距，則《舊唐志》書、錄合一，而《新唐志》書、錄分開之故。
春秋漢議	糜信注・鄭玄駁	11	10	案：《隋志》作十三卷，《舊唐志》作十一卷，《新唐志》作十卷者，疑《新舊唐志》均為殘本。

（二）其他變動因素

1、版本因素：

版本的差異，往往影響卷數的多寡，如：

書　　名	作　　者	舊唐志	新唐志	案　　語
李嶠集	李嶠	50	30	案：《李嶠集》，今本《新唐志》作三十卷，若據《舊唐書》卷九十四〈李嶠傳〉云：「有文集五十卷」（頁2995）則以《新唐志》所載三十卷為誤。但《殿本考證》云：「新書五十卷」，則殿本作五十卷，是又有作「五十卷」，故而所據版本為何？往往影響研究的結果
代譜	周武帝敕撰	480	48	案：羅士琳等《舊唐書經籍志校勘記》云：「沈本《代譜》四百八十作四十八。按《新志》同。」（頁411）則沈本同於《新唐志》作四十八卷，沈本係指清代沈炳震海昌查氏刊本，其編修於清代，往往有據《隋志》、《新唐志》而改《舊唐志》之誤者，雖然其正確性增加，但離《舊唐志》本貌較遠，使用上當注意此點。
三字石經左傳古篆書		13	12	案：羅士琳等《舊唐書經籍志校勘記》云：「聞本沈本十三作十二。按《隋志》、《新志》同。」（頁404）若據聞本、沈本，則《新舊唐志》的著錄卷數均作「十二」卷，而無不同之處，若據他本，則以《舊唐志》所錄為「十三」卷，而有所不同。
六甲開天曆	孫僧化	1	1	案：《唐書經籍藝文合志》云：「殿本（新志）一誤作二」（頁249），則殿本《新唐志》作二卷，又他本作一卷，是以有一卷、二卷二種，今據他本以正殿本之誤。

從上述舉例中，我們可以知道，所選擇的版本為何，往往影響我們的判斷結果，若不能廣稽眾本，則往往可能有誤判的情形出現。

　　2、書錄分合：

　　　　有些卷數差異，緣於書籍、目錄分合之故，如上述《東觀漢記》一書即是。

　　　　另外還有袁山松作《後漢書》一書，《舊唐志》作一〇二卷，《新唐志》作一〇一，即係另分目錄一卷之故。卷數分合不一，往往亦導致卷數小有差異，然此一變化往往隨著目錄緊附於原書之末，故得以考其變化，若他日目錄之書漏失，而此類變化恐亦難考。

3、其　他：

　　尚有些變動情形，需要進一步考證，方能明白其中差異，此類例證亦為數不少，限於時間之故，無法一一詳考，僅羅列出下列簡目，以利他日考證之用。

書　名	作　者	舊唐志（卷數）	新唐志（卷數）
禮統	賀述撰	一三	一二
律解	張斐撰	二一	二〇
東宮舊事	張敞撰	一一	一〇
公卿故事	王方慶撰	二	一
春秋左氏經例	方範撰	一〇	六
分王年表	羊璵撰	八	五
陳書	顧野王撰	三	二
分吳會丹陽三郡記		三	二
御銓定漢書	郝處俊等撰	八七	八一
尚書暢訓	伏勝注	三	一
史要	王延秀撰	三八	二八
琴操	孔衍撰	三	二
梁皇帝實錄	周興嗣撰	三	二
尚書文外義	顧彪撰	三〇	一
春秋穀梁傳義	徐邈注	一二	一〇
楚漢春秋	陸賈撰	二〇	九
春秋公羊論	庾翼難・王愆期答	二	一
黃帝四序堪輿	殷紹撰	二	一
荊楚歲時記	宗懍撰	一〇	一
破邪論	釋法琳撰	三	二
抱朴子外篇	葛洪撰	五〇	二〇
宗懍集	宗懍撰	三〇	一〇
魯連子	魯仲連撰	五	一
樂府歌詞		一〇	八
孫子兵法	孫武撰.魏武帝注	一三	三

老子道德經指趣	安丘望之撰	四	三
紀騭集	紀騭	三	二
殷聞禮集	殷聞禮	一〇	一
郎楚之集	郎楚之	一〇	三
建平王宏小集	劉宏	一五	六
古今注	伏侯	八	三
名僧傳	釋寶唱	三〇	二〇
冥神記	王琰	一〇	一
皇帝三部鍼經	皇甫謐	一三	一二
老子集注	張道相集注	四	二
列異傳	張華	三	一
京兆郡方物志		三〇	二〇
百官名		四〇	一四
明堂儀注	姚璠等	七	三
爾雅圖贊	江灌	二	一
喪服要記注	庾蔚之	一〇	五
字林	呂忱	一〇	七
論語釋義	鄭玄注	一〇	一
春秋正義	孔穎達撰	三七	三六
漢書正名氏義		一三	一二
徐州先賢傳		九	八
史記音義	劉伯莊	三〇	二〇

上述諸例，雖仍難以歸納其原因，然大致有下列幾點認識：

（1）《新唐志》的著錄疑為殘本：由於《新唐志》成書較《舊唐志》稍晚，則《新唐志》所載錄的典籍可能為殘本，然此類僅為推測，並無實例證明。

（2）《新舊唐志》的卷數差異不大，多以一卷、二卷為主。又有倒置、正誤之別，前者如《百官名》一書，《舊唐志》作四十卷，《新唐志》作十四卷，卷數有倒置的情形。後者如《春秋正義》一書，《舊唐志》獨著錄成三十七卷，《新唐志》、《郡齋讀書志》等作「三十六卷」，羅士琳等《舊唐書校勘記》云：「考今本係

三十六卷，孔穎達〈自序〉亦云：『凡三十六卷，則七字必六字之訛。」〔註55〕
羅氏所述可爲定論，是則《舊唐志》所錄三十七卷者，誤題。又《史記音義》
一書，《舊唐書·劉伯莊傳》、《新唐志》、《通考》俱作二十卷，而《舊唐志》
反作三十卷，則《舊唐書》爲誤可知。

上述諸例，需要一一釐清，方能確知其中變化爲何？限於時間之故，暫舉數例，以
說明其中變化情形。

二、《舊唐志》著錄卷數較《新唐志》少者

（一）取《隋志》與《新舊唐志》相較

1、《舊唐志》與《新唐志》不同，而《隋志》、《舊唐志》、《新唐志》均有對應
關係：

書　名	作　者	舊唐志	新唐志	案　　語
玉房祕錄訣	沖和子撰	8	10	案：《玉房祕錄訣》一書，《舊唐志》作八卷，《新唐志》作十卷，而《隋志》兼有之。

此類例證較缺，若非《隋志》異本兼記，則定以八卷、十卷其中必有一誤，故
而在書目著錄上，往往必須注意此點。以此例而言，《新舊唐志》的著錄不同，但二
種卷數均與《隋志》有對應關係，則此二種著錄均可能是正確的。

2、《舊唐志》與《新唐志》不同，而《新唐志》同於《隋志》著錄者：

書　名	作　者	舊唐志	新唐志	案　　語
華嶠集	華嶠撰	1	2	案：《隋志》作八卷或二卷，《舊唐志》作一卷，《新唐志》作二卷疑《新唐志》所錄爲是。
遁甲經		1	10	案：《隋志》、《新唐志》俱作「十卷」，《舊唐志》作一卷者，疑《舊唐志》誤「十」缺筆爲「一」之誤。
三調相和歌詞		3	5	案：《隋志》、《新唐志》俱作五卷，《舊唐志》作三卷者，疑誤或殘本。
宋大明起居注		8	15	案：《隋志》、《新唐志》俱作十五卷，而《舊唐志》作八卷者，疑誤。
孝子傳	宗躬撰	10	20	案：《隋志》、《新唐志》俱作二十卷，而《舊唐志》作十卷，疑《舊唐志》誤。

〔註55〕同註23，頁397。

長洲玉鏡	虞綽等撰	138	238	案：《隋志》、《新唐志》作二百三十八卷，《舊唐志》作一百三十八卷，疑《舊唐志》「二」字缺「一」而誤。
黃素方		15	25	案：《隋志》、《新唐志》俱作二十五卷，《舊唐志》作一十五，疑《舊唐志》「二」字缺「一」而誤。
杜摯集	杜摯撰	1	2	案：《隋志》、《新唐志》俱作二卷，《舊唐志》作一卷，疑《舊唐志》「二」字缺「一」而誤。
黃帝八十一難經	秦越人撰	1	2	案：《隋志》、《新唐志》俱作二卷，《舊唐志》作一卷，疑《舊唐志》「二」字缺「一」而誤。
翰林論	李充撰	2	3	案：《隋志》、《新唐志》俱作三卷，《舊唐志》作二卷，疑《舊唐志》「三」字缺「一」而誤。
水經	郭璞撰	2	3	案：《隋志》、《新唐志》俱作三卷，《舊唐志》作二卷，疑《舊唐志》「三」字缺「一」而誤。
齊春秋	吳均撰	3	30	案：《隋志》、《新唐志》俱作三十卷，《舊唐志》作三卷，疑《舊唐志》缺「十」字。
瑞應圖記	孫柔之撰	2	3	案：《隋志》、《新唐志》俱作三卷，《舊唐志》作二卷，疑《舊唐志》「三」字缺「一」而誤。
肘後救卒方	葛洪撰	4	6	案：《隋志》、《舊唐志》俱作六卷，《舊唐志》作四卷者，疑誤。
明氏世錄	明粲撰	5	6	案：《隋志》、《舊唐志》俱作六卷，《舊唐志》作五卷者，疑誤。
欒肇集	欒肇撰	2	5	案：《隋志》作一卷、五卷二種，《新唐志》作五卷，《舊唐志》作二卷者，疑誤。
顧榮集	顧榮撰	2	5	案：《隋志》作一卷、五卷二種，《新唐志》作五卷，《舊唐志》作二卷者，疑誤。
老子義疏	孟智周撰	4	5	案：《隋志》、《新唐志》俱作五卷，《舊唐志》作四卷者，疑誤或殘本。
華覈集	華覈撰	3	5	案：《隋志》作一卷、五卷二種，《新唐志》作五卷，《舊唐志》作三卷者，疑誤。
應詹集	應詹撰	3	5	案：《隋志》、《新唐志》俱作五卷，《舊唐志》作三卷者，疑誤或殘本。
汝南先賢傳	周裴撰	3	5	案：《隋志》、《新唐志》俱作五卷，《舊唐志》作三卷者，疑誤或殘本。
後魏儀注	常景撰	32	50	案：《隋志》、《新唐志》俱作五十卷，《舊唐志》作三十二卷者，疑誤。

薛綜集	薛綜撰	2	3	案：《隋志》作三卷、一卷、《新唐志》作三卷，而《舊唐志》作二卷者，疑誤。
會稽先賢傳	謝承撰	5	7	案：《隋志》、《新唐志》俱作七卷，《舊唐志》作五卷者，疑誤。
江夏王義恭集	劉義恭	13	15	案：《隋志》作十一卷、十五卷、一卷三種，《新唐志》作十五卷，而《舊唐志》作十三卷者，疑誤。
劉之遴前集	劉之遴撰	10	11	案：《隋志》、《新唐志》俱作十一卷，《隋志》作十卷者，疑誤。
高隱傳	阮孝緒撰	2	10	案：《隋志》、《新唐志》作十卷，而《舊唐志》作二卷者，疑誤。
摯虞集	摯虞撰	2	10	案：《隋志》作九卷、十卷、一卷三種，《新唐志》作十卷，而《舊唐志》作二卷者，疑誤。
遁甲經		1	10	案：《新唐志》、《隋志》均作十卷，《舊唐志》作一卷者，疑誤。
山海經	郭璞撰	18	23	案：《新唐志》、《新唐志》均作二十三卷，《舊唐志》作十八卷，表面看來，《舊唐志》為誤，惟《郡齋讀書志》亦作十八卷，是則可以斷定十八卷、二十三卷均為正確。

從上述舉證中，可據《新唐志》、《隋志》卷數相同者，而定《舊唐志》為訛或疑誤，但亦有例外者，如郭璞撰《山海經》一書即是。書目著錄僅是一種客觀條件的反映，故而在著錄的正誤上，往往需要更進一步的資料，方能斷定其中訛誤，此係在書目使用上，需要進一步具備的認知。在《新舊唐志》的比勘上，其中以卷數差「一」的情形最為嚴重，如「二」作「一」、「二百三十八」作「一百三十八」者，此類變化為傳抄過程中最容易產生的變化。

3、《舊唐志》與《新唐志》不同，而《舊唐志》同於《隋志》著錄者：

書　名	作　者	舊唐志	新唐志	案　　語
黃帝素問	全元起注	8	9	案：《隋志》、《舊唐志》俱作八卷，《新唐志》作九卷，疑《新唐志》誤。
班彪集	班彪撰	2	3	案：《隋志》作二卷或五卷，《舊唐志》作二卷，而《新唐志》作三卷，疑《新唐志》誤。
啟事	山濤	3	10	案：《隋志》、《舊唐志》俱作三卷，《新唐志》作十卷，疑涉《范寧啟事》而誤。
三輔決錄	趙岐撰・摯虞注	7	10	案：《隋志》、《舊唐志》作七卷，《新唐志》作十卷者，疑誤。

以《舊唐志》考之《隋志》，其中不乏與《隋志》異者，然亦可參以《隋志》、《舊唐志》之著錄，而定《新唐志》之誤或疑誤。

4、《舊唐志》與《新唐志》、《隋志》均不同者：如

書　名	作　者	隋　志	舊唐志	新唐志	案　語
淮南王食經	諸葛穎	一六五	一二〇	一三〇	案：《新舊唐志》所生的差異，可能與《淮南王食經》、《淮南王食目》的分合有關。《隋志》作《淮南王食經并目》，一百六十五卷，《舊唐志》僅作《淮南王食經》一百二十卷，《新唐志》作《淮南王食經》一百三十卷，然而《舊唐志》另有《淮南王食目》十卷、《淮南王食經音》十三卷，但總數合計仍較《隋志》所錄略有殘缺。《新唐志》另有《食目》十卷、《食經音》十三卷、但總計亦較《隋志》所錄殘缺，故而不論《新舊唐志》所錄《淮南王食經》孰正？孰誤？除去經、目、音等分合外，其為殘本可知。
張丘建算經	甄鸞撰	二	一	三	
華歆集	華歆撰	二	二十	三十	
陳後主集	陳後主撰	三九	五〇	五五	
晉文帝集	晉文帝撰	三	一	二	
魏書	王沈撰	四八	四四	四七	
宋書	孫嚴撰	六五	四六	五八	
孫毓集	孫毓撰	六	二	五	
高士傳	皇甫謐撰	六	七	十	
後周明帝集	後周明帝撰	九	十	五十	
孔欣集	孔欣撰	九	八	十	
周地圖		一〇九	九〇	一〇三	
華陽國志	常璩撰	一二	三	一三	
劉孝綽集	劉孝綽撰	一四	一一	一二	
溫子昇集	溫子昇撰	三九	二五	三五	
七曜本起曆		三	二	五	

　　以上諸例，由於多無對應關係，若《新舊唐志》所載卷數少於《隋志》所錄，則或可以殘卷視之，若《新舊唐志》所載卷數多於《隋志》所錄，則其中或有可疑者，限於文獻難徵，無法一一詳考。

（二）其他因素

1、版本因素

　　承上所言，選用版本的不同，往往造成著錄上異稱的現象。但是除了《舊唐志》有較完善的〈校勘記〉之外，《新唐志》並無相對的校勘成果，是以要全面瞭解《新舊唐志》各種版本間的相對情形，並非本文所能完全處理的。試舉例以其其中變化：

書　　名	舊唐志	新唐志	案　　語
溫子昇集	二十五卷	三十五卷	案：《殿本考證》云：「新書三十卷」，故而就《新唐志》的著錄而論，即有三十五卷、三十卷等不一致的情形。
桂苑珠叢略要	二十卷	三十卷	案：羅士琳等《舊唐書經籍志校勘記》云：「按殿本《新志》亦作二十卷。」（頁404）則《新唐志》著錄即有二十卷、三十卷之分，若從殿本《新唐志》而論，則《新舊唐志》於《桂苑珠叢略要》一書的卷數即確知為「二十卷」而無不一的情形，若就他本，則《新唐志》作三十卷，與《舊唐志》不同，而比較他本，則《新唐志》作三十卷為誤。

由上舉證可知，版本的變化對書目著錄產生若干差異之處，若不能廣稽眾本，則所提出的結論或有疏誤之處，前人於書目研究上，較少考慮版本異同對書目著錄所產生的差異，縱然出自同一書目，隨著版本取擇不一，猶然有不少的差異存在，而其校勘的結果，猶可與相近書目的比勘結果互看。今《舊唐志》有羅士琳等《舊唐書經籍志校勘記》可供參考，而《新唐志》尚無較合適的〈校勘記〉以供參考，欲瞭解各版本間的變化情形，猶待他日有人能確實以各版本間對校，並寫成〈校勘記〉，以利進一步研究。可以預估的，若能取《舊唐志》、《新唐志》各版本加以對校，其對校結果，不下於《舊唐志》、《新唐志》間的校勘，若能寫成校錄，其當能釐清各版本間的混雜情形。然而現存《新唐書》的版本不少，如何能確實對勘，猶需要進一步的加工處理。

2、其　他

　　有些變化，可能是傳抄過程中，所衍生出的變化，其中有部份情形得以判定正誤者，然多數變化仍待相關資料研判。今據校勘結果，纑列各書卷帙差異如下：

書　　名	作　　者	舊唐志	新唐志	案　　語
劉子玄集	劉子玄撰	一〇	三〇	案：《劉子玄集》，《舊唐志》作十卷，《新唐志》作三十卷，此書《舊唐書‧劉子玄傳》載錄，作三十卷，則《舊唐志》誤題十卷，今據《新唐志》、《舊唐書‧劉子玄傳》改。
周易正義	孔穎達‧顏師古等撰	一四	一六	案：羅士琳等《舊唐書經籍志校勘記》云：「（周易正義）考孔穎達之序，但云十四卷。」（頁 388）是則《新唐志》作十六卷者，當係誤題，當以《舊唐志》所載為是。
太宗文皇帝政典	李延壽撰	三	三〇	案：《舊唐書‧令狐德棻附傳》卷七十三云：「延壽嘗撰《太宗政典》三十卷表上之。」（頁 2600），據此，則當作「三十卷」為是，《舊唐志》作三卷者，漏一「十」字。
袁朗集	袁朗撰	四	一四	案：《舊唐書‧文苑傳》作十四卷，與《新唐志》同，則《舊唐志》漏缺「十」字，今從〈文苑傳〉所錄，當為「十四」卷為是。
徐勉前集	徐勉	二五	三五	
五姓宅經	蕭吉	二	二〇	
本草用藥要妙		二	九	
王祐集	王祐撰	二	三	
劉希夷集	劉希夷撰	三	一〇	
盧藏用集	盧藏用	二〇	三〇	
崔融集	崔融撰	四〇	六〇	
劉禕之集	劉禕之撰	五〇	七〇	
顏師古集	顏師古撰	四〇	六〇	
桓氏代要論	桓範撰	一〇	一二	
雜傳	任昉	一〇	一二〇	
劉子翼集	劉子翼撰	一〇	二〇	

盧受釆集	盧受釆撰	一〇	二〇	
著姓略記	路敬淳撰	一〇	二〇	
兼名苑	釋遠年撰	一〇	二〇	
春秋二傳異同	李鉉	一一	一二	
解寒食散方	徐叔和	一三	一五	
幽州古今人物志	陽休之撰	一三	三〇	
新修本草圖	蘇敬等撰	一六	二六	
藥方	秦承祖撰	一七	四〇	
管子	管仲	一八	一九	
保傅乳母傳	大聖天后撰	一	七	
老子義疏	顧歡撰	一	四	
周易大衍論	王弼	一	三	
易三備		一	三	
周易大衍論	王弼	一	三	
握鏡	陶弘景撰	一	三	
西京雜記	葛洪	一	二	
西征記	戴祚撰	一	二	
袖中記	沈約	一	二	
滕演集	滕演撰	一	二	
證俗音略	顏愍楚撰	一	二	
離騷草木蟲魚疏	劉杳	一	二	
兵書要略		一	一〇	
麟閣詞英	高宗敕撰	二〇	六〇	
尚書義疏	劉焯撰	二〇	三〇	
春秋左氏長經章句	賈逵	二〇	三〇	
楊休之集	楊休之撰	二〇	三〇	
毛詩譜	鄭玄撰	二	三	
英藩可錄事	殷系撰	二	三	
東宮儀記	張鏡撰	二	二三	
梁嘉禮儀注	司馬褧撰	二一	四五	
相馬經		二	三	
海內士品錄	魏文帝撰	二	三	

徐氏家祕方	徐之才撰	二	三	
禮記音	鄭玄注・曹耽解	二	三	
郗太尉為尚書令故事		二	三	
春秋漢議駮	服虔	二	一一	
聖賢高士傳	嵇康	三	八	
職官要錄	陶藻撰	三〇	三六	
續高僧傳	釋道宗	三〇	三二	
魏略	魚豢	三八	五〇	
晁氏新書	晁錯撰	三	七	
長沙舊邦傳讚	劉彧	三	四	
魏武本紀		三	四	
崔融集	崔融撰	四〇	六〇	
齊書	蕭子顯撰	五九	六〇	
百僚新誡	天后撰	四	五	
海內先賢傳	魏明帝撰	四	五	
陳皇太子妃薨儀注	儀曹撰	四	五	
梁書	姚思廉撰	五〇	五六	
陰陽書	呂才撰	五〇	五三	
盧光容集	盧光容撰	五	二〇	
陳叔達集	陳叔達	五	一五	
任希古集	任希古	五	一〇	
南燕書	張詮	五	一〇	
古今注	崔豹	五	三	
雜傳		六五	六九	
宋元嘉起居注		六〇	七一	
晉太始太康故事		五	八	
漢書敘傳	項岱撰	五	八	
崔氏政論	崔寔撰	五	六	
齊書	劉陟撰	八	一三	
萬機論	蔣濟撰	八	一〇	
經心方	宋俠撰	八	一〇	
梁太清實錄		八	一〇	

少學	楊方	九	一〇	
周易注	鄭玄注	九	一〇	
開元後格	宋璟	九	一〇	
韓詩注	卜商序・韓嬰注	二〇	二	
太清神仙服食經	抱朴子撰	一	五	
山陽義紀	樂資撰	〇	一〇	
三蒼訓詁	張揖	二	三	
乙巳占	李淳風撰	一〇	一二	
九宮經解		二	三	
九章算經	徐岳撰	一	九	

上述各書，其差異之因未知，其中亦有正誤之別，如《劉子玄集》、《周易正義》、《太宗文皇帝政典》、《袁朗集》等書，其餘諸書，則猶有待考證，方能明白其中正誤，限於時間之故，未能一一詳考，僅纜列出以供他日尋檢資料，再行補誌於此。

肆、分　類

王余光《中國文獻史》第一卷云：

中國文獻內容的變化與文獻類別的演變是密切相關的，文獻類別的演變正是文獻內容變化的一個具體表現〔註56〕。

透過類別的演變，數量的增減，適足以考見一代學術風氣之轉移。誠如第二章第三節所述，唐代的目錄編製率從《隋志》的四部分類法，其中大類已定，考察類別的演變，惟有從個別書籍的分類著錄著手。

《新舊唐志》的類別因襲，從其體例難以考見其演變之跡，然其著錄之書大致相同，又適足以從個別圖書的分類著錄以進行分析，究竟何種類別的圖書容易混置？《舊唐志》全部、《新唐志》在已著錄的部份，其著錄上均引用《古今書錄》，按理說，《舊唐志》和《新唐志》在分類上均應該完全和《古今書錄》相同，然而事實上卻未必盡然。《新唐志》在已著錄的典籍部份，其個別典籍分類有互異的情形，這些分類或可視為歐陽修在編製《新唐志》上的一些變動。

鄭樵《通志・校讎略》〈編次之訛論〉云：

古今編書，所不能分者五：一曰傳記、二曰雜家類、三曰小說、四曰雜史、五曰故事。凡此五類之書，足相紊亂。又如文史與詩話亦能相

〔註56〕同註4，頁36。

濫〔註 57〕。

鄭樵所論古今編書，所不能分者有傳記類、雜家類、小說家類、雜史類、故事類等五類，然則未能考見其相互演變之跡，又五者之外，文史與詩話亦相紊亂。除此之外，是否還有其他諸類混淆紊亂的情形產生呢？本文擬就《新舊唐志》考察其分類演變之跡，藉以補鄭樵所未言者，或其言而未盡的部份。

一、經部典籍分類不同的情形

經也者，「恒久之至道，不刊之鴻教也」〔註 58〕，四部典籍中，經部有其獨特的領導地位，並非任何典籍有此殊榮，得入經部之列，也由於其資格較一般典籍嚴格，故而鄭樵所列難分之類未有經部類目。經部雖然產生淆亂的情形並不多見，但並非就無分化，就個別的典籍而論，仍有經部同他部相混的情形出現，今說明如下：

（一）禮類與儀注類

如《紫宸禮要》、《隋江都集禮》、《大唐儀禮》等，《舊唐志》列於禮類，《新唐志》列於儀注類，案：性質相近而分類互異。《新唐志》對禮類部份以三禮為類分對象，其分類較為嚴謹，《舊唐志》擴大其性質，故而新編禮書亦入經部禮類，此緣於分類原則寬嚴不一之故。

（二）詁訓類與小學類

《舊唐志》獨立爾雅、廣雅、方言、釋名類之書入詁訓類，爾雅類如《小爾雅》、《爾雅集注》、《爾雅圖》、《爾雅圖贊》等；廣雅類如《廣雅》、《博雅》等；方言如《別國方言》等；釋名如《釋名》等，《新唐志》則均入小學類。案：詁訓亦與小學類近似，此亦緣於分類原則寬嚴不一。林明波先生於《唐以前小學書之分類與考證》一書中，分詁訓為六：一、爾雅之屬。二、小雅之屬。三、廣雅之屬。四、方言之屬。五、釋名之屬。六、義類之屬〔註 59〕。是則又更分子目，《舊唐志》為綜合性書目，故未如《唐以前小學書之分類與考證》一書細分子目，然較之《新唐志》合《舊唐志》詁訓類入小學類，在分類體系上卻更見細緻。雖然有類目上的差異，但同屬之經部類目，其中差異並不太大。

〔註 57〕鄭樵：《通志》，轉引昌彼得編輯：《中國目錄學資料選輯》，（台北：文史哲出版社，1984 年 1 月再版），頁 359。

〔註 58〕劉勰撰，王更生注譯《文心雕龍讀本》，（臺灣文史哲出版社，1988 年 3 月三版），卷一，頁 33。

〔註 59〕林明波：《唐以前小學書之分類與考證》，（台灣：私立東吳大學中國學術著作獎助委員會叢書之七十五，1976 年，頁 1。

（三）小學類與目錄類

如：《法書目錄》重見小學、目錄二類，其分野亦在於體裁、內容的分類差異。

（四）樂類與總集類

樂類與總集類差別詳見下文集部部份。

從上述的分類差別可以看出：經部典籍的分類情形互異的情形並不多見，這和經部尊崇的地位以及部數較少有關。

二、史部典籍分類不同的情形

（一）正史類

正史類的典籍常和雜史類、偽史類混淆或重出，如魚豢《魏略》，《舊唐志》重出於正史類、雜史類；韋昭《吳書》、裴松之注《吳國志》已由《舊唐志》列於偽史類而換成正史類。案：偽史類的分類標準，蓋以「紀偽朝國史」，雜史類的分類標準係「以紀異體雜紀」（《舊唐書・經籍志序》），《新唐志》改《吳書》為正史類，其分類原則與《崇文總目》不合。案：歐陽修《崇文總目敘釋》偽史類云：「漢之弊也，亂極于三國。……考前世僭竊之邦，雖因時苟偷，自疆一方，然卒歸于禍敗，故錄于篇，以為賊亂之戒云。」〔註60〕，依此當入偽史類，而《新唐志》入正史類，則或沿用舊目所致。

（二）編年類

多與偽史類、雜史類混雜。《新唐志》改《舊唐志》編年類之書入雜史類者，有周祗《崇安記》、蕭大圓《淮海亂離志》、陰僧仁《梁撮要》、鮑衡卿《乘輿飛龍記》，而《新唐志》重出者，有李仁實《通曆》一書，互出編年類、雜史類。而《通曆》類之書，《新唐志》的分類標準亦頗為不一，互出編年、雜史的情形頗不一致。其次，《新唐志》改《舊唐志》編年之書入偽史類的情形最多，如《鄴洛鼎峙記》、武敏之、蕭方等《三十國春秋》、李概《戰國春秋》、守節先生《天啟記》等，案：以編年類分典籍，其著眼於書籍本身的體裁形式，至於以偽史類分典籍，其著眼於編者的道德評選標準，基本上並不相違背。然而，從列於偽史類的典籍中可以看出，歷來對於正統王朝的認知觀念轉變，其與正史類的典籍正可顯示此一評選原則。《新唐志》對《戰國春秋》諸書入偽史類的作法，大致上符合歐陽修在《崇文總目敘釋》中所論的標準（說法詳上）。《新唐志》對於《舊唐志》中編年類的典籍，雖然在部份認

〔註60〕歐陽修：〈崇文總文敘釋〉，出自《文忠集》，（台灣：商務印書館發行,1986 年 3 月）《文淵閣四庫全書本》，冊一一○三，卷一二四，頁 267。

知上仍有出入之處，但大致上仍在史部範圍之內。

（三）偽史類

　　《舊唐志》偽史類書籍常與《新唐志》中正史類、編年類參揉，《新唐志》改《舊唐志》偽史類為正史類的情形如下：韋昭《吳書》、陳壽《蜀國志》、《吳國志》，若依歐陽修《崇文總目敘釋》的分類見解而論，當從《舊唐志》為是。《新唐志》改《舊唐志》偽史類為編年類者，如張大素《隋後略》、趙毅《隋大業略記》、蔡允恭《後梁春秋》等書，偽史、編年之書混雜，其原因在於所持分類標準不一，一從道德評選，一從書籍體裁，說法已見於前。其中《新唐志》亦有雜傳類、偽史類重出的情事，劉昺《燉煌實錄》一書，《新唐志》重出偽史、雜傳二類，蓋亦失察之處。

（四）雜史類

　　鄭樵以為雜史類典籍駁雜，性質難定，故而目錄編撰者常無法歸類。究竟《舊唐志》中有多少歸於雜史類的典籍，而《新唐志》另作安排呢？案：雜史類之書，常和正史類、編年類、雜家類、類書類、雜藝術類相雜揉，如：

1、雜史類與正史類：

　　王劭《隋書》，《舊唐志》位於雜史類，《新唐志》列於正史類，然從正史類與雜史類、偽史類的分野中，我們可以看出目錄編製者對於正統地位的見解。《隋志》中更列《隋書》於雜史類，並不列於正史；《舊唐志》的底本《古今書錄》編製於玄宗一朝，其編者仍沿舊制，惟正史類亦增列魏徵等所撰《隋書》，然仍列王劭撰《隋書》於雜史類，同是《隋書》，而有分列於正史、偽史；正史、雜史之別，其中頗值得玩味。關於此點，雷家驥先生於《中古史學觀念史》一書中，有一段說明可以稍稍解答此一問題：

> 　　王劭在隋長期任史官，曾撰就（北）齊、隋二史。劉知幾一再推崇其史學，盛稱其「抗詞不撓，可以方駕古人」。但魏徵《隋書》劭傳，卻一再詆其人格鄙劣，對其史著予以惡評，然而又不得不承認及佩服其為學「精博」，用思「專固」。二者評論差異極大，恐問題之關鍵，在王劭之能直述唐君臣及其先人之事蹟，而立場評價與唐君臣不同耶？知幾力辭史任，提出官修制度「五不可」之時，其第三不可直謂「王劭直書，見仇貴族」。則王劭被唐初史臣惡評，可想而知〔註61〕。

可見王劭《隋書》之不列於正史，與王劭本人及《隋書》內容有所關連。既然王劭及其《隋書》有如此爭議，是以唐初的目錄編撰者列其書於雜史、偽史之列，此亦

〔註61〕雷家驥：《中古史學觀念史》，（台北：學生書局，1990 年 10 月初版），頁 603。

刻意有貶低其書價值之處。又何以魏徵等編撰之《隋書》得以列於正史類呢？其中分野是魏徵等《隋書》是承唐皇室敕撰，是根據唐皇室的某些限制（評選方面）後，所編製而成，故而目錄編製者也就承認其中的代表性。較之唐代，宋代的史官將所有《隋書》均列入正史類，可見其觀念是較為開放的。

2、雜史類與雜家類：

《舊唐志》雜史類乃是「紀異體雜記」（參見《舊唐書‧經籍志序》）歐陽修《崇文總目敘釋》對於雜家的看法如下：

> 雜家者流，取儒、墨、名、法，合而兼之，其言貫穿眾說，無所不通，
> 然亦有補於治理，不可廢焉〔註62〕。

然《舊唐志》載《古今注》、《帝王略論》、《十世興王論》入雜史類，《新唐志》反入雜家類，驗之書名，或宜當入史部為是。

3、雜史類與類書類：

雜史類率以內容為分野，而類書類往往以體裁為界，取裁互異，分類自異。《舊唐志》載《東殿新書》一書，《新唐志》入類書類，其故即此。

4、雜史類與編年類：

《新唐志》有李仁實《通曆》一書，分列編年、雜史類，案：編年多以體裁分，雜史以內容分，故有重出情形。

5、雜史類與雜藝術類：

《新唐志》有《安祿山事跡》一書，分列雜史類、雜藝術類，驗之書名，當入雜史類為佳。

（五）故事類

鄭樵以故事類為駁雜，筆者從整理的過程中，亦有如是看法。究竟故事類和何種類別較相雜揉呢？鄭樵未進一步說明，筆者嘗試整理如下：

1、故事類與起居注類：

故事類和起居注類的混亂情形最為嚴重，《新唐志》多改《舊唐志》故事類的典籍入於起居注類，如《晉崇安元興大亨副詔》、《宋元嘉詔》、《晉雜詔書》、《東宮儀記》、《晉太元副詔》、《晉詔書黃素制》、《宋永初詔》、《晉義熙詔》、《晉定品雜制》等，案：故事類即為舊事類，所記以「朝廷政令」，起居注類所記「以紀人君言動」，

〔註62〕歐陽修《文忠集》（台北：臺灣商務印書館影印「文淵閣四庫全書本」，1986年3月），
冊一一○三，頁269。

依此原則，《舊唐志》置詔令雜制之書於故事類較為妥切，《新唐志》所持原因不知為何？而亦有《舊唐志》列於起居注類，而《新唐志》改入故事類，如：武后撰《述聖紀》一書，依書名而定，《新唐志》改入故事類亦非妥當。

2、故事類與刑法類：

二類常互出。《新唐志》有《漢書駁》、《漢書議》、《南臺奏事》等書，新志互見故事類、刑法類。

3、故事類與地理類：

二類亦常互出。《新唐志》載《西京雜記》、《三輔舊事》二書，重出故事類、地理類。

4、故事類與雜傳類：

《荊江揚州遞代記》一書，《舊唐志》入故事類，《新唐志》入雜傳類。

5、故事類與儀注類：

二類偶見互出，《舊唐志》載有《東宮典記》一書，《新唐志》入儀注類；《新唐志》有《晉雜議》一書，重出故事類與儀注類。

6、故事類與偽史類：

《舊唐志》有《桓玄偽事》一書，《新唐志》入偽史類，《新唐志》較佳。

（六）雜傳記類

雜傳記類典籍，往往與道家類、小說家類、譜牒類、地理類之書相揉，《新唐志》常將《舊唐志》雜傳類的典籍獨立出仙靈、高僧、鬼神入道家類；又分部份典籍入小說家類，說明如下：

1、雜傳記類與道家類：

如上所言，《新唐志》分《舊唐志》雜傳類中的仙靈、高僧之類典籍入道家類，仙靈類如《茅君內傳》、《關令尹喜傳》、《列仙傳讚》、《紫虛元君南岳夫人內傳》、《許先生傳》、《紫陽真人周君傳》、《學道傳》、《養性傳》、《漢武帝傳》、《漢武帝別國洞冥記》、《洞仙傳》、《王喬傳》、《三天法師張君內傳》、《清虛真王君內傳》、《神仙傳》、《九華真妃內記》、《嵩高少室寇天師傳》、《靈人辛玄子自序》、《高士老君內傳》、《太極左仙公葛君內傳》、《清虛真人裴君內傳》、《仙人馬君陰君內傳》等皆屬之。高僧類如《名僧錄》、《薩婆多部傳》、《續高僧傳》、《草堂法師傳》、《名僧傳》、《高僧傳》、《稠禪師傳》、、《續高僧傳》、、《西域求法高僧傳》、比丘尼傳》等屬之。至於《蘇君記》、《華陽子自序》疑亦當近於仙靈類。《新唐志》對於《舊唐志》雜傳類典籍的安排，則自成一個完整系統，這種變化，已非單純的位置錯置，或內容相近而誤判

所能解釋的，也可以看出目錄編撰者本身對於分類體系的認知差異。

2、雜傳類與小說家類：

《新唐志》改《舊唐志》雜傳類入小說家類有《感應傳》、《因果記》、《鬼神列傳》、《續冥祥記》、《齊諧記》、《古異傳》、《冤魂志》、《冥祥記》、《續齊諧記》、《志怪》、《幽明錄》、《神錄》、《近異錄》、《述異記》、《集靈記》、《妍神記》、《旌異記》、《甄異傳》、《靈鬼志》、《搜神記》、《列異記》、《徵應集》等典籍，其性質近於幽異類。此外，如《冥報記》更一書同入雜傳類、小說家類，由於此類改變頗有系統，亦可視爲分類觀念的一種轉變。從現代圖書分類的觀點而論，《新唐志》對於《舊唐志》此一部份的轉變是較符合現代的認知，《新唐志》所獨立出的上述典籍，大都見於近人袁行霈、侯忠義所編的《中國文言小說書目》之載錄。《新唐志》改《舊唐志》雜傳類中的幽異類典籍入小說家類，可以看出目錄編撰者對於分類的差異，而此種轉變其實正是唐宋時期目錄編製的基本差異。《志怪》、《幽明錄》、《搜神記》、《異苑》之書，唐時均視爲雜傳記類，除了《舊唐志》外，劉知幾《史通》卷一○〈雜述〉一文即指出：

> 陰陽爲炭，造化爲工，流形賦象，於何不育。求其怪物，有廣異聞，若祖台《志怪》、干寶《搜神》、劉義慶《幽明》、劉敬叔《異苑》。此之謂雜記者也〔註63〕。

可見劉知幾亦將此類典籍歸於雜記類，故而將其視爲小說家類，自宋之後始然。

3、雜傳類與譜牒類：

雜傳類與譜牒類往往有混用的情形，同是《顏氏家譜》，《新唐志》分列雜傳、譜牒二類，《崔氏世傳》、《明氏世錄》、《王氏家傳》、《韋氏家傳》，《舊唐志》改入譜牒類，《新唐志》則否。此外，《舊唐志》列於譜牒類，而《新唐志》改入雜傳記類者亦不乏其例，說法詳見下文。

4、雜傳類與儒家類：

《新唐志》改《舊唐志》儒家類典籍入雜傳記類，例證見下文。

5、雜傳類與地理類：

如《陳留風俗傳》，《新唐志》重出雜傳類與地理類。

6、雜傳類與總集類：

如《七國敘讚》，重出於總集類與雜傳類。

〔註63〕同註48，頁 274。

（七）儀注類

儀注類典籍往往同禮類、職官類、雜史類相近。

1、儀注類與禮類：

儀注類與禮類最相雜揉，說法詳見上文經部部份。

2、儀注類與職官類：

《司徒儀注》由儀注類入職官類，司徒之官職掌邦教，敬敷五典，故而判以職責則入儀注；判以職稱入職官類。

3、儀注類與雜史類：

《太宗文皇帝政典》屬之。儀注以紀吉凶行事，類分以入容；雜史類以紀異體雜紀，類分以體裁，互而決選不一，判別自異，此類範例並不常見。

（八）譜牒類

譜牒類和雜傳記類：

《舊唐志》往往獨立出家史一類典籍而入譜牒類，此一部份往往與《隋書‧經籍志》、《新唐志》不類，更與劉知幾《史通》不同，例如：《邵氏家傳》、《江氏家傳》、《令狐家傳》、《明氏世錄》、《王氏家傳》、《韋氏家傳》等，《新唐志》均入雜傳記類。案：劉知幾《史通》卷十〈雜述〉云：

> 高門華胄，奕世載德，才子承家，思顯父母。由是紀其先烈，貽厥後來，若揚雄《家諜》(即《家牒》)、殷敬《世傳》、孫氏《譜記》、陸宗《系歷》。此之謂家史者也〔註64〕。

是則劉知幾處於唐世，其見解亦承襲前代觀念，將家譜、世傳一類列於雜傳類。《舊唐志》在分類上，有將家譜、世傳一類典籍入於譜牒類的情形，逯耀東先生於〈隋書經籍志史部雜傳類的分析〉一文中〔註65〕有所申明，而這正是一種編輯觀念的轉變。

（九）地理類

1、地理類與道家類：

《十洲記》、《洛陽伽藍記》、《神異經》等，《舊唐志》入地理類，《新唐志》入道家類，形式不一。

〔註64〕同上註，頁274。
〔註65〕逯耀東：〈隋書經籍志史部雜傳類的分析〉，《人文學報》(台北：輔仁大學文學院，1970年9月)。

2、地理類與故事類：

如《西京雜記》重出地理類與故事類。

3、地理類與雜傳記類：

如《陳留風俗傳》，重出地理類、雜傳記類。

（十）其　他

目錄類與小學類：

《法書目錄》，重出目錄類、小學類，一從內容；一從形式，取捨不同。

三、子部典籍分類不同的情形

（一）儒家類

1、儒家類與雜傳類：

《舊唐志》雜傳類有列女類十六家，雖不似《新唐志》標識「女則」一類，然其分「女則」一類入雜傳類已成定論，故其分《女誡》、《鳳樓新誡》、《女則要錄》入儒家，實屬不當，《新唐志》改上述三書入雜傳類「女則」部份，是則《新唐志》「女則」一類之書歸入雜傳部份更形妥善。而雜傳、儒家混揉者，尚有《自古諸侯王善惡錄》一書，《新唐志》分入雜傳、儒家二類。案：雜傳類「以紀先聖人物」，儒家類「以紀仁義教化」，取選標準互異，以上述「女則」一類書，《舊唐志》雜傳類雖有所謂「列女」子目，然未如《新唐志》列「女則」子目為佳，且《舊唐志》雖有「列女」之目，然僅列於類末統計，實未成正式子目，《新唐志》則正式成為子目，惜此類之書不多，故擴大其範圍，列「女則」子目，網羅該類之書，是而《女則要錄》一類遂入雜傳。至於《自古諸侯王善惡錄》一書，原屬「列藩」之書，《新唐志》惑於其範圍、作用判別不一，故分入雜傳類、儒家類而重出。

2、儒家類與雜家類：

雜家類本就是「兼敘眾說」，故而性質難定者，往往或入雜傳；或入雜家。儒家類既是以「仁義教化」功能為判定標準，其中標準亦屬難定。就認知而言，若有「仁義教化」特質者，自可依儒家類目入儒家類，然所謂具有「仁義教化」性質之書，各人的認知不一，若前人以「仁義教化」為準，將典籍入儒家類，而後人或否，若有更貼切類目可分，則分入各類目之中，如上述《女則要錄》等典籍入雜傳類之「女則」部份，若無更貼切的類目可以類分，則多半入雜家一類。如《缺文》等。另如《立言》、《要覽》各重出雜家、儒家二類。此外，儒家與雜家典籍有互入的情形詳見下文雜家類。

（二）道家類

道家類「以紀清淨無爲」，由於史志目錄無釋氏之書，故釋氏之書往往轉入道家類，此外，道家講養生，是以道家與醫術亦時相雜入，其他諸說分見如下：

1、道家類與醫術類：

如《養生要集》，《新舊唐志》重出道家、醫術類。

2、道家類與小說家類：

小說家類「紀芻辭輿誦」，故列於道家與小說家的認知標準亦頗不一致。唐代道家位顯，故雖列於子部，實則多以經稱之。而小說家自班固以來，多以叢殘小語視之。〈舊唐志序〉視小說家以「紀芻辭輿誦」，乃就其文辭分，而道家類「以紀清淨無爲」，則以其內容分，其分類標準不一，而地位亦有差別，例如《鬻子》，《舊唐志》列於小說家，而《隋志》、《新唐志》則列於道家類。

3、其　他：

釋氏之書與道家類：《舊唐志》道家類已將釋氏之書附入道家類，惟並無立子目，《新唐志》分神仙、釋氏二子目，分類情形更細密。《新唐志》獨立子目，雖仍歸於道家，但過去仙釋類典籍於他類回歸神仙、釋氏二子類之下。如《弘明集》由總集類入釋氏類；《洛陽伽藍記》由地理類入釋家類；《大唐貞觀內典錄》原可分於目錄類，《新唐志》則入釋氏類。諸如此類，釋氏、神仙獨立成子目，其意義不僅在於類目的認知更清楚，也由於其獨立成子目，必須卷數達到某一數量，故而常導致牽動他類典籍以入新增細目，所以在典籍分類上也產生多種差異情形。

（三）雜家類

雜家類以紀「兼敘眾說」，鄭樵則以其類難辨，說法詳見於上。究竟在雜家類典籍常和何類典籍較相淆亂，其中原因爲何？說法如下：

1、雜家類與儒家類：

說法參見上文儒家類中。承上所言，《新唐志》改《舊唐志》部份儒家類典籍入雜家類，然亦有改《舊唐志》雜家類典籍以入儒家類者，如：《諫事》、《諫苑》等，以「諫」爲名，自當有「仁義教化」之用，故《新唐志》從而入儒家類，然「諫」之爲事，或不以一家之說以進行論議，或雜諸說以議事，故《舊唐志》入之雜家類，其分類有所差異，此或對分類的認知差異所致。又仲長統《昌言》，《舊唐志》入雜家類，《新唐志》改入儒家類，其中亦係取捨標準不同。

2、雜家類與農家類：

農家之書「以紀播植種藝」，《新唐志》改《舊唐志》雜家類的部份典籍入農家

類，如《玉燭寶典》、《四時錄》、《荊楚歲時記》等，其所謂「以紀播植種藝」者，蓋從廣義之說，其中包含歲時節令、庭園畜牧等部份。《舊唐志》中有《四人月令》時令之書，入於農家類，而《玉燭寶典》、《四時錄》、《荊楚歲時記》等均依歲時節令編成，然不入農家類，而入雜家類中，可見其分類原則有所不同，《新唐志》改入農家類，則較能統一分類原則。

3、雜家類與類書類：

如《戚苑纂要》一書，《舊唐志》屬之雜家類，《新唐志》改之入類書類。

4、雜家類與小說家類：

如《事始》，《新唐志》改入小說家類。

（四）小說家類

1、小說家類與雜傳類：

如《傳記》，重出傳記、小說家類。《繫應驗記》，《新唐志》入雜傳類。

2、小說家類與地理類：

《異物志》重出於小說家類、地理類。

（五）其　他

農家類與五行類：

《范子問計然》一書，《新唐志》改《舊唐志》五行類入農家類。《玄女式經要訣》一書，《新唐志》重出農家、五行類。

四、集部典籍分類不同的情形

（一）別集類

別集類與總集類：

別集類「以紀詞賦雜論」，總集類「以紀文章事類」，二種界定似乎並不清楚，故而別集類與總集類有相互混淆的情形。如山濤《啓事》，《新唐志》列於總集類，而顧雲《啓事》卻列於別集類。其中界定不知爲何？

（二）總集類

1、總集類與樂類：

《舊唐志》列於總集類之書，《新唐志》往往有改爲樂類者，如《大樂雜歌詞》、《樂府歌詞》、《新撰錄樂府集》、《漢魏吳晉鼓吹曲》等。案：歐陽修有感於樂書最缺，故雖從舊目以立樂類，然亦深知其典籍殊少，未足成類，故而雖立樂類之目，

實則標準較寬。歐陽修〈崇文總目敘釋〉指出：

> 樂又有聲器，尤易爲壞失，及漢興考求典籍，而樂最缺，絕學者不能
> 自立，遂并其説於禮。……樂之所以王者，有因時制作之盛，何必區區求
> 古遺缺。至於律呂鍾石，聖人之法，雖更萬世，可以考也。自漢以來，樂
> 之沿革，惟見史官之志，其書不備。隋唐所錄，今著其存者云〔註66〕。

或則以此之故，歐陽修獨立總集類中歌辭樂曲之書爲樂類，而此類樂府歌辭之書遂
由集部入經部。

2、總集類與雜傳記類：

總集類「多紀文章事類」，雜傳記類「以紀先聖人物」，其中分類標準不一，一
重體裁；一從內容，端視從何類分。從《新舊唐志》的比勘中，往往總集類與雜傳
記類互見，或則淆亂，例：《七國敘讚》、《會稽太守像讚》二書，《舊唐志》互見總
集類、雜傳記類；又《女訓集》、《婦人訓解集》、《女訓集》等，由總集類轉而爲雜
傳記類，其中即是類分原理不同之故。

3、總集類與起居注類：

例：《古今詔集》、《聖朝詔集》、《詔集區分》，《舊唐志》從內容而論，入起居
注類；《新唐志》從形式入總集類，取捨原則不同。

4、總集類與道家類：

例：《弘明集》、《廣弘明集》，《舊唐志》入總集類；《新唐志》入道家類，其原
因同上。

綜合以上所言，各類目間相互演變之跡顯然，犛分如上。又《新唐志》增錄《舊
唐志》若干典籍，其中各類增加的卷數、部數總計如下：

分　類	卷　　數	部　數	分　類	卷　　數	部　　數
經錄・小學類	二〇四五	二七	經錄・春秋類	四〇三	二九
經錄・易類	三三二	一五	經錄・禮類	二六五	一六
經錄・經解類	一二七	一〇	經錄・詩類	三三	四
經錄・書類	二〇	四	經錄・樂類	九三	二三
經錄・孝經類	一三	六	經錄・論語類	一二	二
史錄・起居注	四三八六	二七	史錄・正史類	二二四八	三五

〔註66〕同註59，頁264〜265。

史錄・儀注類	八二八	五〇	史錄・雜史類	八〇一	七六
史錄・地理類	四三九	五六	史錄・雜傳記	五三六	七四
史錄・譜牒類	三三三	五六	史錄・編年類	三三八	一九
史錄・刑法類	三一五	一六	史錄・職官類	二八〇	三五
史錄・目錄類	一一四	一二	史錄・故事類	九〇	一八
子錄・道家類	一四四三	二七九	子錄・類書類	一三三八	三二
子錄・醫術類	四〇五	七一	子錄・小說家	三三一	八三
子錄・儒家類	三八八	四三	子錄・雜家類	八一六	三五
子錄・曆算類	二二六	二五	子錄・兵書類	一六三	二九
子錄・五行類	一三二	三一	子錄・天文類	一七五	一一
子錄・農家類	六七	一一	子錄・法家類	三五	四
子錄・名家類	二三	三	子錄・雜藝術	二八	一六
子錄・縱橫類	三	一	子錄・明堂經	七	五
集錄・別集類	五二八七	四五三	集錄・總集類	一〇一三	一一〇

案：《新唐志》所增之書，經部以小學類、春秋類、易類、禮類爲主，其中以小學類
更多達二千零四十五卷，二十七部之多，春秋類的卷數爲四百零三卷，但增加部數
卻達二十九部，增加數量較小學類多。值得注意的，樂類的部數雖增加九十三部，
但增加部數亦達二十三部，其增加之因係《新唐志》將歌辭一類的典籍歸入樂類，
與《舊唐志》在編輯觀念上有明顯的不同。史部之中，以起居注類增加最多，達四
千三百八十六卷，可見起居注的編撰在唐時亦頗爲盛行；其次以正史類的典籍增加
幅度較大，正史類增加達二千二百四十八卷，然其部數不如儀注類、雜史類、地理
類、雜傳記類、譜牒類，可見正史類、起居注類的單部典籍平均卷數是高過上述幾
類的。在子部方面，道家類、類書類、雜家類、醫術類的典籍增加較多。在部數增
加方面，道家類增加二百七十九部之多，而小說家類亦達八三部之多，相較之下，
小說家類的單部平均卷數要較其他諸類稍低。在集部方面，別集類一舉增加四百五
十三部典籍，五千二百八十七卷，而增加之書係中晚唐之書，可見《舊唐志》在別
集斷限上，缺漏太甚。

第四節　結　論

　　歷來認爲《新唐志》是根據《古今書錄》或《舊唐志》而來的，然而其統計卷數不合，尤其是《新唐志》已著錄典籍多《舊唐志》二千餘卷，王重民先生主張《新唐志》是根據增訂本之《古今書錄》而來，喬衍琯先生更認爲是典籍著錄中自然增減之差異，然而筆者審視其所持論點，多無所據，尤其是〈新唐志序〉中無一語提及《古今書錄》者，僅言據「開元著錄」而來，而開元著錄有二，即《古今書錄》、《群書四部錄》二書，《古今書錄》據《群書四部錄》增刪而來，其增加六千卷，而刪去二千餘卷（說法亦見上文），若依《古今書錄》增錄《群書四部錄》六千卷而論，則《古今書錄》的卷數當爲五萬四千一百六十九卷左右，較之《新唐志》著錄卷部差數已經不遠，若不知《古今書錄》確實著錄卷數，當以爲《新唐志》是根據《古今書錄》而來。然而，《古今書錄》載錄典籍總計「五萬一千八百五十二」卷（見〈舊唐志序〉），故而喬好勤先生《中國目錄學史》中推測其刪去二千三百餘卷是有根據的。考今本《新唐志》未言根據何書編製而成，其中已著錄典籍更與《舊唐志》雷同，加上〈新唐志序〉云根據「開元著錄」，是以歷來多以爲《新唐志》係根據《舊唐志》或《古今書錄》而來，然而對於其中「二千餘卷」的卷數差異多無法合理解釋，王重民先生以《新唐志》係根據增訂本《古今書錄》，表面上，其說雖解決《新唐志》增多的卷數來源，但歷來《古今書錄》並無增訂的記錄，若有增訂，《舊唐志》於取用《古今書錄》載錄時，當會留意此一差異，其於〈舊唐志序〉中不可能沒有任何說明。因此，其說仍有商榷之處。《新唐志》明言已著錄及未著錄，若前無所據，大可置於未著錄部份，是以喬衍琯先生所論並不周延。由於歷來學者多受限於《新唐志》係根據《舊唐志》或《古今書錄》增錄的既定印象，故對於《新唐志》載錄多出「二千餘卷」的情形自有一番說辭，而未審視〈新唐志序〉中並未明言所據何書，是故以訛傳訛，其中解釋無法圓滿。筆者從審視《群書四部錄》、《古今書錄》、《舊唐志》、《新唐志》的編輯過程中，大膽提出《新唐志》著錄部錄係根據《古今書錄》與《群書四部錄》二書復刪去重複著錄部份的假設看法，雖然亦無直接證據證成此說，但畢竟較符合《新唐志》根據「開元著錄」的說法，而且在卷數上的出入並不太大，其說若可成立，不僅可以扭轉千年來的誤解，更有助於釐清《群書四部錄》與《古今書錄》的差別。

　　《古今書錄》、《群書四部錄》業已不存於世，故而對於《古今書錄》與《群書四部錄》的差異，歷來都無法詳細比勘，更惶論釐清其中差異。筆者於第二節中，嘗試依〈古今書錄序〉的斷代記載，進一步釐析出《古今書錄》與《群書四部錄》

的差別。由於二書均已不存，故而雖然〈古今書錄序〉有其斷限原則，可以藉其成書年代加以釐清《群書四部錄》與《古今書錄》的差別，但因爲其方式係使用成書年代，復參以斷限差異以進行考證，然《新舊唐志》著錄多無成書年代，大多數典籍需要藉其他關於成書年代的記載以進行考辨，故而雖得其考證方式，然而結果未必盡如人意，但已可釐清出一些差異，此一部份可補前人論述未備之處。

歷來評論《新舊唐志》之優缺點時，率以《舊唐志》所錄，缺收杜甫、王維、韋應物、白居易諸集，其他諸類亦失收若干典籍，《新唐志》所錄，庶幾完善，可補《舊唐志》之失，如《舊唐書考證》卷四十七云：

> （臣德潛）按：丁部集錄內唐人自盧藏用後，遽接沙門道士諸集，而開元以來，文如張說、蘇頲、陸贄、權德輿、韓愈、柳宗元、李翱、孫樵、劉蛻、劉蛻、杜牧諸人；詩如張九齡、王維、孟浩然、李白、杜甫、元結、李觀、韋應物、白居易、李商隱諸人，皆不與焉，其爲殘闕無疑也。又沙門中無皎然、靈徹、貫休、齊巳，道士中無吳筠、司馬承禎，婦人中無上官昭容，亦屬漏略。備觀新書，所載庶乎完善云〔註67〕。

羅士琳等《舊唐書校勘記》亦引沈氏之說。喬衍琯先生於〈歷史藝文志的斷限〉一文對此段文字提出評論：

> 然則此志（指《舊唐志》）專據開元四部目錄，修史者已明言之矣。毋煚等之撰目錄（指《群書四部錄》），成於開元九年（721），集部所收，自姚崇、邱悅、盧藏用以上，皆卒於九年以前。蓋目錄之例，惟錄已沒之人也〔註68〕。

又云：

> 沈氏所舉諸人，就中惟上官昭容之沒在未撰目錄之前，此志不載其集，未免漏略。然散數既少於總數，或者傳寫之脫誤，亦未可定。至於張說等人，當目錄告成之日，或其人尚在，或其集未成，或其年尚幼，或其時未亡，目錄無從收之，故此志亦不載之也〔註69〕。

《舊唐志》編撰匆匆，故無從編撰新目，只得據《古今書錄》編製〈經籍志〉，是以在斷限上，以開元年間爲限，故而在斷限上失之過早，屢屢招至批評，喬氏以開元書目爲議，一則解釋其斷限之失，復以今存部數未及總數，而疑散數之籍或係傳寫脫誤所致，其說允當。

〔註67〕同註37，頁992。
〔註68〕喬衍琯：〈歷史藝文志的斷限〉，《國立政治大學學報》五一期，1985年五月，頁54。
〔註69〕同上註，頁54。

　　隨著歷來傳抄刻寫過程中，書目著錄上亦有所變化，《舊唐志》所錄與《新唐志》近似，亦足供比勘者，其中細微變化，詳見上文。

第五章　新舊唐志的補訂及現存典籍
之相關書目研究

第一節　唐志補錄的既有成果

　　《新唐志》著錄罕及五代典籍，故而陳鱣《續唐志》、顧櫰三《補五代史藝文志》〔註1〕率以續補五代典籍爲主。陳、顧二人雖對晚唐五代典籍有網羅著錄之功，然皆無片語隻言明其著述體例，故而欲對著錄原則有所認識，自必須歸納其體例，藉以明其體式。陳、顧二書均非專據單一書目編製而成，故而在著錄上多可與《新唐志》、《文獻通考・經籍考》所錄相參看，其中或詳或略；或正或誤，均需待一一釐正。又陳書以「續」爲名，其中所續當以《新唐志》著錄所無爲其範圍，然其書卻收錄《新唐志》所著錄之書若干；顧書所補，係以「五代」爲名，然而所補亦有《舊唐志》載錄之書（開元以前之著作），此亦有體例未純之憾。陳書收錄八九五七卷；顧書收有一一七五〇卷，雖偶與《新舊唐志》著錄相揉，但數量上卻彌補《新唐志》在晚唐五代典籍未能著錄詳備之憾，二書亦多所重複，可與《新唐志》、《通考》相對勘，且陳、顧二書雖多所重複，然亦多他書未錄者，二書合校，更可助於我們對於晚唐五代典籍的認識。

壹、陳鱣《續唐書・經籍志》研究

　　清人陳鱣，著有《續唐書》一書，其中卷十九爲〈經籍志〉，其所載之書，率

〔註1〕陳鱣《續唐書》卷十九〈經籍志〉、顧櫰三《補五代史藝文志》二書均以臺灣世界書局本《唐書經籍藝文合志》附錄所附書目爲主。

以晚唐五代文獻爲主，其中兼有《新唐志》載錄者（說法詳見於下）。陳氏著作〈經籍志〉之要旨詳見於《續唐書‧經籍志》卷一九，說法引證如下：

> 《舊五代史》，不志經籍一門；新修史記，并不作志。雖爾時歷年其少，又當兵戈擾攘之際，作者寥寥，然如明宗之好文，及南唐主之風雅，其臣下亦有工於著述，斐然可觀者，倘竟使文獻無徵，寧非缺典？因網羅散失，補志經籍〔註2〕。

是則其雖以《續唐書‧經籍志》爲名，實則所續蓋與《補五代史藝文志》無異。

陳鱣的分類及其各類之總卷數如下：

總計：八九五七卷

甲部經錄：六五〇卷

　　易類：一〇二卷　　　　　　　書類：三一卷

　　詩類：二一卷　　　　　　　　禮類：六九卷

　　春秋類：一四三卷　　　　　　論語類：一〇卷

　　孝經類：一五卷　　　　　　　爾雅類：九卷

　　群經類：三〇卷　　　　　　　樂類：一四二卷

　　小學類：七八卷

乙部史錄：二一八五卷

　　正史類：二〇〇卷　　　　　　編年類：一七九卷

　　實錄類：一一七卷　　　　　　僞史類：四〇九卷

　　雜史類：三四一卷　　　　　　政事類：一一九卷

　　法令類：五〇六卷　　　　　　時令類：五卷

　　地里類：一二九卷

丙部子錄：三七二七卷

　　儒家類：六三卷　　　　　　　道家類：九五卷

　　雜家類：七三卷　　　　　　　小說家類：三〇七卷

　　農家類：一六卷　　　　　　　陰陽家類：四四卷

　　藝術類：二四卷　　　　　　　類書類：二七〇六卷

　　醫家類：二九卷　　　　　　　術數類：一七卷

　　仙釋類：三五三卷

〔註2〕參見註1，頁1。

　　丁部集錄：二三九六卷

　　　別集類：一九四九卷

　　　總集類：四四七卷

案：陳鱣並未明計各類典籍總卷數，以上統計均係筆者就陳氏之書統計而成，至於陳氏以篇計數者，由於受限其計量單位不一之故，是以不列入卷數總計範圍。由於陳氏所續大抵以五代時之文獻為主，在數量上遠不如《新舊唐志》等通載一代藏書之多，故在類別上不如《新舊唐志》的分類是可以理解的，但在類別中仍有新增的類目，如經部獨立爾雅為一類，史部獨立時令一類，子部獨立仙釋一類，雖然在類目的安排上較為簡略，但時令、術數、仙釋獨立成一類的見解是較為合理的，這些都是宋代以後目錄學發展的體認，陳鱣處於清代，自當對於前代目錄的類目有所因襲。雖然在類目處理上較為合理，卻非創舉。在類目安排的順序上，陳氏雖未標以先後數字，但在順序安排上，仍自成一格，與《新舊唐志》的安排不類，如經部樂類在群經之末、論語在孝經之前；史部實錄在偽史、雜史類之前；子部小說家類在農家之前等等。而與清代所編的《四庫全書總目提要》相較，其次序排列亦難以一致，可見陳鱣在目錄類目的次序安排上是並不考究的。

　　在著錄上，有如下幾點的認識：

　　第一，《續唐志》雖然所續以五代著述為主，然亦雜以《新唐志》已經著錄者，在體例上有未能考證精確之處。如：

書　名	作　者	卷　數	分　類
春秋指掌	李瑾	一五	甲部經錄・春秋類五
越王孝經新義	高麗遣使進	八	甲部經錄・孝經類七
大唐正聲琴籍	陳用拙	一〇	甲部經錄・禮類十
兩漢至唐年紀	李匡文	一	乙部史錄・編年類二
唐統紀	陳濬譔	一〇〇	乙部史錄・編年類二
汴水滔天錄	王振譔	一	乙部史錄・雜史類五
金鑾密記	韓偓	五	乙部史錄・雜史類五
廣陵妖亂志	鄭廷誨	三	乙部史錄・雜史類五
乾寧會稽錄	鄭廷誨	一	乙部史錄・雜史類五
渚宮故事	余知古	一〇	乙部史錄・雜史類五
嶺表錄異	劉恂	三	乙部史錄・地理類九

治書（五十篇）	郭昭度	○	丙部子錄・雜家類三
聲書	沈顏	一○	丁部集錄・別集類一
泉山秀句集	黃滔譔	三○	丁部集錄・別集類一
白巖集	鄭良士譔	一○	丁部集錄・別集類一
香奩集	韓偓	一	丁部集錄・別集類一
東漢文類	竇儼編	三○	丁部集錄・總集類二
廖氏家集	廖光圖	一	丁部集錄・總集類二

至於和《文獻通考・經籍考》著錄則有更多的重複，其中書名、作者、卷數、分類互有異同，精疎互見，可供校勘之用（詳見下文）。

第二，在作者著錄上，有國（朝）、官銜、籍貫地等，標識大致有其原則可尋。除編撰者、校對者外，大抵在石經的著錄上，還有書寫者的姓氏，著錄清楚明暢。

第三，甲部經錄・孝經類有「周顯德六年（959）高麗遣使進」等字樣，其中有「別序孝經一卷越王孝經新義八卷皇靈孝經一卷孝經雌圖三卷」〔註3〕，一則揭示中外書籍交流史上的實證，二則此種著錄為中國目錄學史上極其罕見的特例。雖然如此，卻體例未免不純。如上所言，《續唐志》關於撰者的著錄，大抵有其原則可尋，作者失考者，率以「無名氏譔」為之，此則僅載來源，未載其撰者。其次，《續唐志》載錄應以續補晚唐五代之書為主，而《越王孝經新義》一書更同時見載於《新舊唐志》，則不僅見於《新唐志》，甚且見於《舊唐志》，其載錄典籍的時限顯得更形加長；而《新舊唐志》均作「任希古撰」，又使陳鱣有考證未詳之缺失。又承上所言，陳鱣云：「周顯德六年高麗遣使進」字樣，據此，則以《別序孝經》等四書為高麗遣使入貢，然顧懷三《補五代史藝文志》亦引四書，並於注文中云：「以上（案：即《別序孝經》等四書）并顯德中，日本國僧奝然所進。」〔註4〕是則又作日本僧人所進，由於《補五代史藝文志》、《續唐志》俱未言出處，案：《康熙字典》記載：「奝，人名。宋咸平中（958～1003），日本僧奝然，以鄭元註孝經來獻。」〔註5〕而《宋史》卷四九一〈外國傳〉云：「雍熙元年（984），日本國僧奝然與其徒五六人浮海而至，獻《銅器十餘事》并《本國職員》、《今王年代紀》各一卷〔註6〕。又云：「奝然之來，

〔註3〕見上註，頁8。
〔註4〕參見註1，顧懷三《補五代史藝文志》，頁3。
〔註5〕《康熙字典》，（清）陳邦彥奉敕撰，（香港：中華書局精印同文書局本，1993年1月重印本），頁180。
〔註6〕百衲本《宋史》，（台灣：商務印書館，民國56年），頁24780。

復得《孝經》一卷，《越王孝經新義》第十五，一卷〔註7〕。」據此，則奝然獻《孝經》一事在宋咸平年間，咸平爲宋眞宗年號，顯德爲後周世宗年號，二者相據約四十年之久，此則事有未合？然以《宋史·日本傳》可知，奝然所獻以《越王孝經新義》第十五卷，一卷，與《續唐志》所載進獻八卷不合，且所進獻之書與《康熙字典》、《宋史·日本傳》所載不同，且時間亦不合，疑二事混淆。至於高麗遣使進《孝經》之事，見於歐陽修《五代史記》卷七四〈四夷附錄〉第三：「(顯德)六年，昭(指高麗國王王昭，另見《舊五代史》卷一一九〈世宗紀〉第六)遣使者貢黃銅五萬斤。高麗俗知文字、喜讀書，昭進《別敘孝經》一卷、《越王新義》八卷、《皇靈孝經》、《孝經雌圖》一卷〔註8〕。」是則以陳鱣所記爲是。又《宋史·日本傳》所載奝然進獻圖書一事，其中云：「《越王孝經新義》第十五卷，一卷」(詳見上文)，此亦反證今本《新舊唐志》所載《越王孝經新義》十卷爲誤(或節本)，案：《越王孝經新義》一書，《日本國見在書目錄》亦載有此書，作「廿卷」〔註9〕，以此知《日本國見在書目錄》所載可能爲全本。

第四，《續唐志》雖僅載有八九五七卷，然亦有重出之處。如子部小說家類有劉氏撰《耳目記》一卷，又該書互見於史部雜史類，作二卷，同於《文獻通考·經籍考》的載錄；又史部政事類有南唐後主撰《雜說》一百篇，未明卷數爲何？而該書又重見於子部雜家類，作二卷。由其卷數不同，可知其來源應該來自不同出處，而陳鱣未能統一來源，使其一致，而且未注明出處，以備後人稽考，此亦失考之處。此外，雜家類、仙釋類均有《兼明書》一書，雜家類作邱光廷撰，五卷。而仙釋類作杜光庭撰，十二卷。案：五代時有邱光廷、杜光庭，然係二人，《通考》作邱光廷撰，另見於《宋史·藝文志》，作邱光庭，庭廷同音互用。又《宋史·藝文志》作十二卷，《通考》作二卷，均不見五卷之說，未詳其所據？

雖然陳鱣《續唐志》有體例未純、考證未詳的缺失，但其著錄晚唐五代典籍有八九五七卷，其中大多是《新舊唐志》所未著錄的典籍，對於我們瞭解晚唐五代典籍的撰著情形亦有所幫助。而著錄上，亦和《新舊唐志》、《文獻通考·經籍考》多有重複之處，也提供對校及思考的空間。

以《續唐志》與《新唐志》對校，其重複載錄的典籍如上文，而對校的結果如下：

〔註7〕同上，頁 24783 上右。

〔註8〕《五代史記》，百衲本，(台灣：商務印書館，民國 56 年)，頁 18973。

〔註9〕《日本國見在書目錄外一種》，(台灣：新文豐出版公據清光緒黎庶昌校刊古逸叢書本影印，民國 73 年 6 月初版)，頁 14。

一、書　名的不同

《續唐志》作《大唐正聲琴籍》,《新唐志》作《大唐正聲新址琴譜》,案:該書同爲陳拙(一作陳用拙)所撰,《新唐志》、《補五代史藝文志》均作十卷。審《大唐正聲琴籍》、《大唐正聲新址琴譜》二書似非同書,蓋「譜」「籍」意念仍有所區別,然《補五代史藝文志》載錄此書,作《大唐正聲琴譜》,是則《續唐志》以「譜」作「籍」者,當或係別名。

二、作者的不同

《續唐志》與《新唐志》對校,其作者相異者凡六:

1、經部孝經類有《越王孝經新義》,《續唐志》作「高麗遣使進」未載作者,《新唐志》作「任希古撰」,案:當從《新唐志》註明作者爲「任希古撰」,另行小注作「高麗遣使進」。但《新唐志》既有其書,則應不附入《續唐志》之著錄中,且陳鱣明言《續唐志》的編輯目的在補晚唐五代之典籍,而《越王孝經新義》爲初唐時作品,亦不該攔入《續唐志》的著錄中。此書顧櫰三《補五代史藝文志》亦著錄,陳、顧二書俱著錄其獻書時間爲「顯德六年」(595),顯然又是以當時存書爲著錄目的,但衡諸其他被著錄典籍,又非以晚唐五代現存典籍爲著錄目的,雖其書明言顯德六年,高麗遣使進獻,然考之陳、顧二書所錄,當以不附入爲是。

2、經部禮類有陳用拙《大唐正聲琴籍》十卷,《新唐志》、《通考》均作「陳拙」,則《續唐志》誤也。

3、史部編年類有陳濬《唐統紀》一百卷,《新唐志》作「陳獄」撰,孰是孰非,猶待詳考。

4、子部雜家類有郭昭慶《治書》五十篇,《新唐志》作「郭昭度」,案:當從《續唐志》改作「郭昭慶」。郭昭慶,馬氏《南唐書》卷一四、陸氏《南唐書》卷一二有傳,《崇文總目》卷五載有其著作,故當據以改正。又《續唐志》史部雜史類有郭昭慶《唐春秋》三十卷,亦以反證「郭昭度」之誤。

5、子部小說家類有鄭廷誨《廣陵妖亂志》一書,《新唐志》作「郭廷誨」,案:《直齋書錄解題》、《通考》、《補五代史藝文志》均作「鄭廷誨」,可改《新唐志》之誤。

6、集部總集類有寶儼編《東漢文類》三十卷,《新唐志》作「寶嚴」,當從《新唐志》改作「寶嚴」,案:寶嚴,唐玄宗時人;寶儼,後晉高祖天福六年(941)登進士第,《宋史》卷二六三有傳(參見周祖譔《中國文學家大辭典──唐五代卷》頁784及頁785之記載),陳鱣誤盛唐時「寶嚴」爲五代時「寶儼」,又

有考證未詳之處。

從上述可知，陳鱣撰《續唐志》雖補充晚唐五代典籍達八九五七卷，但其中亦有考證未確之處，又由於其引證之出處未詳，故需進一步考證，方能得其確實參考之價值。

三、分類的不同

在作者方面，《續唐志》有疏失之處，至於分類是否有較《新唐志》改進之處呢？陳鱣處於清朝，其分類觀點較為清楚明確，如黃滔撰《泉山秀句集》，《新唐志》列於集部總集類，而《續唐志》列於別集類，然而顧櫰三《續五代史藝文志》亦入總集類，是以當以總集類為合。然而，乙部史錄·雜史類有余知古撰《渚宮故事》十卷，而《新唐志》列於地理類，相較之下，當以陳鱣《續唐志》較適合。是以就各個典籍之分類而論，《新唐志》與《續唐志》各有擅長之處。

四、卷數的不同

《續唐志》子部雜家類有郭昭慶《治書》作五十篇，然《新唐志》載有該書，作十卷。篇卷的不同起於圖書形式的轉變，《漢志》用篇計數，《隋志》而下，皆習於以卷計數。以後世慣於以卷計數的情形，《續唐志》在前有案例可尋的情形下，仍以篇計數，雖不能云其錯誤，但畢竟難以考其演變。

持《續唐志》與《文獻通考·經籍考》相較，其中詳略互見，比勘如下：

一、書　名異

《續唐志》載有何晦撰《廣摭言》十五卷，《通考》或作《唐摭言》，案：《廣摭言》一書，《直齋書錄解題》、《宋志》俱入小說家類，《直齋書錄解題》卷十一云：「《廣摭言》十五卷鄉貢進士何晦撰。」（頁 601）又載：「《摭言》十五卷唐王定保撰。」（頁 601）是則何誨所撰，當以《廣摭言》為是；至於《摭言》（或云《唐摭言》）為王定保撰。「唐」「廣」字形接近，何晦所撰，又係續《唐摭言》之作，故二書或則相入而混。又《虯鬚客傳》，《通考》作《虯須客傳》，書寫習慣異也。《烈祖實錄》，《通考》作《南唐烈祖實錄》，加一國朝名。《扈載集》，《通考》作《扈仲熙集》；《劉休明集》，《通考》作《劉昭禹集》，名字取擇不一故也。《莊宗台禍記》，《通考》作《莊宗召禍記》，當從《通考》為是。取《續唐志》對校《通考》，亦可見其同書異名現象。

二、作者異

《續唐志》與《通考》的載錄有詳略互見，正誤參見者，其中比勘結果如下表：

書　　名	續　唐　志	通　　考
汜上英雄小錄	信都□鎬	信都鎬撰
還丹歌	朱通儼譔	長白山人玄陽子撰
漢高祖實錄	蘇逢吉等撰	蘇逢吉・賈偉等撰
蜀爾雅	無名氏撰	李商隱
屠龍集	熊皎	熊皦
茶譜	毛文錫譔	燕文錫
晉高祖實錄	竇正固等撰	竇正固・賈偉・王伸
白蓮集	釋齊己	釋齊巳撰
史館故事錄	周史官譔	無撰人姓氏
化書	譚峭撰	宋齊邱（子嵩）撰
三水小牘	皇甫枚	皇甫牧
東漢文類	竇儼編	竇嚴撰
南行記	王仁裕	王仁祐
周優人曲辭	趙上交等纂錄	趙上交・李昉等纂錄・
周易口訣義	史徵撰	史證
周世宗實錄	王溥等譔	王溥・范陽撰
群書麗藻	朱遵度譔	崔遵度編
兼明書	邱光廷	邱光庭
鹿門家鈔詩詠	皮文璨	皮文燦

大抵說來，其中有下列數種情形：

（一）詳略互見：

1、《續唐志》略於《通考》者：如《漢高祖實錄》，《續唐書・經籍志》作「蘇逢吉等撰」，《通考》作「蘇逢吉・賈偉等撰」，另外尚有《晉高祖實錄》、《周優人曲辭》、《周世宗實錄》等書即此種情形。

2、《續唐志》詳於《通考》者，如《還丹歌》，《續唐書・經籍志》作「朱通儼譔」，而《通考》僅引證作「長白山人玄陽子撰」。

（二）正誤互見：

1、《續唐志》較《通考》正確者：如《茶譜》，作「毛文錫」者正確；又《南行記》
作「王仁裕」、《群書麗藻》作「朱遵度」者均爲正確。《群書麗藻》一書，《宋
史・藝文志》史部目錄類有記載，劉兆祐先生於《宋史藝文志史部佚籍考》一
書有較詳細的考證，案：劉氏引《玉海》卷五二云：「南唐朱遵度撰《古今文
章》，著爲六例：一曰《六籍瓊華》，二百五十卷；二曰《信史瑤英》，一百八
十卷；三曰《玉海九流》，三百五十卷；四曰《集苑金鑾》五十卷；五曰《降
闕榮珠》，四十卷；六曰《鳳首龍編》，一百三十卷；合爲二百六十七門，總雜
文一萬三千八百首，勒成一千卷，又別撰爲《目錄》五十卷。」（頁 687）是則
《群書麗藻》一書當爲「朱遵度」所撰無誤，則反證《補五代史藝文志》所錄
所誤。

2、《通考》較《續唐志》正確者：如《三水小牘》、《東漢文類》、《淝上英雄小錄》
等。《淝上英雄小錄》一書，《續唐志》作「信都□鎬」撰，訛一「□」字。

　　由上可知：雖限於體裁，《續唐志》的載錄未能如《通考》引證詳細，但卻也
能改進一些《通考》載錄的錯誤，只是對於《通考》載錄正確者，卻未能有效取用，
且由於書寫習慣、同音異字的關係而造成新的疏失。在作者方面，《周易口訣義》一
題作「史徵」；一題作「史證」，蓋此亦避諱之故。紀昀《四庫全書總目提要》卷一
收錄此書，提要復云：

　　　　唐史徵撰。《崇文總目》曰：「河南史徵，不詳何代人。」晁公武《讀書
　　志》曰：「田氏以爲魏鄭公撰，誤。」陳振孫《書錄解題》曰：「三朝史志有
　　其書，非唐則爲五代人，避諱作證字。」《宋史・藝文志》又作史文徵。蓋
　　以徵徵二字相近而訛。別本作史之徵，則又以之文二字相近而訛耳〔註10〕。

然考陳新會《史諱舉例》卷八〈歷朝諱例〉，其中宋諱無有避「徵」爲「證」者，若
同音相近者，有仁宗諱「禎」字，《史諱舉例》卷八云：

　　　　禎改爲眞。爲祥，貞改爲正，禎州改惠州，永貞縣改永昌，諡文貞者
　　稱文正〔註11〕。

亦無諱「徵」字例。然陳氏附錄〈淳熙重修文書式（據《紹定禮部韻略》)〉中，即
有避「徵」字，其云：「禎楨貞偵徵旌癥等十三字」〔註12〕是則「徵」字即避仁宗

〔註10〕（清）永瑢等撰，《四庫全書總目》，全二冊，（大陸：北京中華書局本 1992 年 10 月
　　　　北京第五次印刷），頁 4。
〔註11〕陳新會《史諱舉例》，（台灣：文史哲出版社，民國 76 年元月三版），頁 154～155。
〔註12〕同上註，頁 157。

諱無誤。是則史徵者，避諱外加書寫之誤，又作「史證」、「史文徵」、「史文徽」、「史之徵」等異名，要其實，則作「史徵」為是。清人不避宋諱，故《續唐志》還其原名作「史徵」，而《通考》猶然避宋諱，是則作「史證」，苟其中曲折未辨，則未能解釋「徵」「證」之變。至於《周易口訣》與其它目錄之間的異同，可參考簡博賢先生《今存唐代經學遺籍考》一書〔註13〕，說法不另贅引，讀者可自行參閱。

三、分類異

由於《續唐志》的分類類目較為簡略，故其與《通考》的分類較之，有較多的差異存在，比勘結果如下：

書　名	作　者	續唐志	通　考
蜀爾雅	無名氏撰	甲部經錄・爾雅類八	小學類
爾雅音略	毋昭裔	甲部經錄・爾雅類八	小學類
蜀高祖實錄	李昊	乙部史錄・僞史類四	起居注類
周太祖實錄	張昭等撰	乙部史錄・僞史類四	起居注類
朱梁興創遺編	敬翔（子振）	乙部史錄・僞史類四	傳記類
賈氏備史	賈譚	乙部史錄・雜史類五	傳記類
晉朝陷蕃記	范質	乙部史錄・雜史類五	傳記類
燉煌新錄	無名氏	乙部史錄・雜史類五	傳記類
汴水滔天錄	王振撰	乙部史錄・雜史類五	傳記類
廣陵妖亂志	鄭廷誨	乙部史錄・雜史類五	傳記類
耳目記	劉氏	乙部史錄・雜史類五	傳記類
中朝故事	尉遲偓	乙部史錄・雜史類五	傳記類
大唐補記	程匡柔	乙部史錄・雜史類五	傳記類
江淮異人錄	吳淑	乙部史錄・雜史類五	僞史霸史
江南錄	徐鉉等撰	乙部史錄・雜史類五	僞史霸史
江南餘載	無名氏	乙部史錄・雜史類五	僞史霸史
吳越備史	范坰・林禹	乙部史錄・雜史類五	僞史霸史
江表志	鄭文寶	乙部史錄・雜史類五	僞史霸史

〔註13〕簡博賢《今存唐代經學遺籍考》，（台灣：師範大學國文研究所碩士論文，民國59年11月），頁139～140。

南唐近事	鄭文寶編	乙部史錄・雜史類五	僞史霸史
蜀桂堂編事	楊九齡	乙部史錄・雜史類五	僞史霸史
泲上英雄小錄	信都□鎬	乙部史錄・雜史類五	僞史霸史
賈氏談錄	張洎　述	乙部史錄・雜史類五	小說家類
史館故事錄	周史官譔	乙部史錄・政事類六	職官類
中華古今注	馬縞	乙部史錄・政事類六	雜家類
海外使程廣記	章僚	乙部史錄・地里類九	僞史霸史
格言	韓熙載譔	丙部子錄・儒家類一	雜家類
明鏡圖訣	彭曉	丙部子錄・道家類二	神僊類
參同契分章通眞義	彭曉	丙部子錄・道家類二	神僊類
讒書	羅隱譔	丙部子錄・雜家類三	別集類
耳目記	劉氏	丙部子錄・小說家類四	雜史類
入洛記	王仁裕	丙部子錄・小說家類四	傳記類
南部新書	錢易譔	丙部子錄・小說家類四	傳記類
金坡遺事	錢惟演	丙部子錄・小說家類四	職官類
青羅立成歷	朱奉	丙部子錄・陰陽家類六	五行類
蒙求	李瀚	丙部子錄・類書類八	小學類
群書麗藻	朱遵度譔	丙部子錄・類書類八	總集類
六壬翠羽歌	釋令岑	丙部子錄・術數類十	占筮類
宗鏡錄	釋延壽撰	丙部子錄・仙釋類十一	釋氏類
道教靈驗記	杜光庭（案：道士）	丙部子錄・仙釋類十一	神僊類
長樂集	馮涓譔	丁部集錄・別集類一	總集類
鹿門家鈔詩詠	皮文璨	丁部集錄・別集類一	類書類
花間集	趙崇編	丁部集錄・總集類二	歌詞類

案：從以上比勘結果可知，《續唐志》的雜史類與《通考》的分類認知有頗大的差距，陳鱣將《通考》的傳記類、僞史霸史類、小說家類的若干典籍重新納入雜史類的範圍，由於雜史類的定義模糊，故歷來雜史類的認知常與他類混淆。分類的淆亂尚表現在僞史類，陳鱣將《蜀高祖實錄》、《周太祖實錄》納於僞史類，然《通考》將之歸於起居注類，就此分類的差異上，《通考》的安排可能較爲合適。由於《續唐志》並無起居注類，而僅有實錄類，但其實錄類下僅有後唐、南唐等實錄，至於後梁、

後晉、後漢、後周、蜀、閩等君王實錄，皆列於偽史類，這是加入正統的評量原則。陳鱣完全以「唐」之為名以定正統的方式也與傳統以五代為當時正統的觀念不同。

四、卷數異

《續唐志》載錄卷數與《文獻通考·經籍考》載錄之卷數如下：

書　名	作　者	續　唐　志	通　考
渚宮故事	余知古	一〇	五
林氏小說	林罕	二〇	三
金鑾密記	韓偓	五	一或三
青羅立成歷	朱奉	四	一
洞微志	錢易	一三〇	一〇
群書麗藻	朱遵度撰	一〇〇〇	六五
續本事詩	處常子　纂	三	二
清異錄	陶穀	四	二
兼明書	邱光廷	五	二
諸史提要	錢端禮	一五	闕
春秋指掌	李瑾	一五	闕
尚書廣疏	馮繼先	一八	闕
蒙求	李瀚	二	三
唐風集	杜荀鶴	三	一〇
耳目記	劉氏	一	二
徐常侍集	徐鉉撰	一五	三〇
鹿門家鈔詩詠	皮文璨	闕	五〇
南部新書	錢易撰	闕	五
鞏湖編	孫光憲撰	闕	三
金坡遺事	錢惟演	闕	三

　　從以上簡表可知，雖然《續唐志》在卷數載錄上補《通考》未載錄卷數者三處，其中《春秋指掌》十五卷，亦見載於《新唐志》。《續唐志》雖補錄三處，同時卻遺漏《通考》有載錄卷數者四處，而卷數上亦頗有出入，可見陳鱣在修志的同時，忽略《通考》等現成書目，但卻也因為其來源不同，也間接保存晚唐五代書籍撰著的

簡目，且由於其所錄係一簡目，故需要進一步加以疏證，方能採用。另外，從《續唐志》載《群書麗藻》為一千卷；而《通考》僅載為六十五卷來看，可見《續唐志》在著錄的取法並不以現存文獻為考察的對象，較符合典籍的原始風貌；故其取法原則與《通考》所載則有出入，這是運用《續唐志》、《通考》所載錄的資料時必須加以注意的。

貳、顧櫰三《補五代史藝文志》研究

顧櫰三《補五代史藝文志》載錄一一七五〇卷（今重新核算，僅有一一六〇三卷，差異之因詳見下文），其編撰原因係彌補《新唐志》在晚唐五代典籍著錄之不足，故列於續補《唐志》的著錄目錄，又由於其著錄多與陳鱣《續唐志》載錄多所重複，故可與《續唐志》相校勘，亦可於著錄內容、分類格式等相比較。

在正式介紹顧櫰三《補五代史藝文志》之前，先介紹其類目及各類卷數：

經部：三〇四卷	史部：九二九卷
霸史類：五八一卷	雜史類：三六〇卷
表狀類：二八四卷	格令類：三七〇卷
儀注類：四二二卷	聲樂類：二〇四卷
小學類：一二二五卷	曆算類：一二五卷
儒家類：一八八卷	道家類：三二四卷
釋氏類：三四七卷	雜家類：一六六卷
技術類：一五〇卷	輿地類：二〇七卷
小說類：四一六卷	總集類：二七三二卷
詩文類：二四七六卷	

以上各類係顧櫰三本人所述及其統計，但其中亦有若干問題，說明如下：

一、就類目而言

其所排列順序並非按經、史、子、集四部分法，有經部、史部而無子部、集部，雖然在史部末接霸史類、雜史、表狀、格令、儀注等類均屬於史部類，然而聲樂類、小學類屬之經部之學卻未獨立經部類目之末；而曆算類、儒家類、道家類、釋氏類、雜家類、技術類、小說類均屬之子部，然輿地類卻屬之史部，其在排列順序上亦多與傳統書目不同，如曆算類置於子部類目系列之首等。若就分類類目而言，顧櫰三《補五代史藝文志》在類目及其次第安排上，並不見原則可循，較之《新舊唐志》、

《續唐志》等相近目錄，其分類類目明顯不及。

二、就卷數統計而言

　　《補五代史藝文志》在各部、類之末，分別計有各類書籍總卷數，今重新核計其卷數，《補五代史藝文志》在統計數目上卻小有問題，如：經部共二七○卷，較原來少三四卷；霸史類今本作五八○卷、儀注類作四二一卷，均較顧氏原來統計少一卷；又雜家類較顧氏統計多出十卷，當作一七六卷；詩文集類，今本合計作二五一二卷，較顧氏統計多出三六卷，在統計總數均略有出入。若細較其原因，更有如下的看法：

1、霸史類、儀注類均較原來統計少一卷，若持《補五代史藝文志》與《續唐志》比較，霸史類中《五國故事》、《南唐近事》二書，《補五代史藝文志》均作一卷，而《續唐志》均作二卷，均較原來多出一卷，是以《補五代史藝文志》在《五國故事》、《南唐近事》二書上，可能有一書與《續唐志》所載有雷同之處。又儀注類中《太上河圖內元經禳蠲几壇醮儀》一書，審其書名，不似一書，故可能誤二書爲一書。案：《太上河圖內元經禳蠲几壇醮儀》一書係同一作者，亦同爲一卷，因此，不無此種可能。然而，筆者並未尋獲相似書名，僅提出懷疑，待他日檢獲資料，再行補誌於此。

2、在總卷數的統計上有所出入，《補五代史藝文志》一書多載有卷、篇計數不一的情形，在卷數的安排上，《補五代史藝文志》往往以一篇作一卷載入統計總數上，如經部有《易論》作三三篇，《補五代史藝文志》一書亦計入卷數統計中；又小學類有《林氏字說》作二○篇；儒家類有郭昭慶《治書》作五十篇，這些均以一篇折合一卷，合計入卷數總計中。然而若確實核以卷數，往往未必一篇即折合一卷，如王昭素《易論》一書，顧櫰三作三十三篇，案：該書見載於晁公武《郡齋讀書志》卷一，作三十三卷，然王先謙校勘本作「先謙案：袁本十三（卷）」〔註14〕，顯然未必一篇即作一卷論。又郭昭慶《治書》五十篇，據《新唐志》作「十卷」〔註15〕，是則五十篇爲十卷而非五十卷，故而在卷數統計上有所出入。在卷數的統計上，除了詩文集類外，其他大部份類目都依照《補五代史藝文志》的統計。首先，在詩文集類中有李侯《閣中集》一書，《補五代史藝文志》非常特例地著錄「李侯閣中集第九一卷」字樣，案：李氏

〔註14〕晁公武《郡齋讀書志》，（日本：中文出版社，影王先謙校刊本，1984年五月再版），頁84，上左。

〔註15〕《新唐書》，（台灣：洪氏出版社，民國66年6月初版），頁1537。

之書不載於《通考》、《續唐志》諸書目，按其歸於詩文集類，當斷句為李侯《閣中集》第九一卷，若確然如此，其載錄作「第九一卷」當係著錄殘卷，故卷數仍當以「一卷」計數，若如上擬測，則其事例亦屬特例。除去此一特例外，詩文集類在卷數上仍有多達三十六卷的卷帙差異，因為其差異較大，需待進一步的釐正。

雖然卷數統計有如上的問題，但並非全然無其作用，以今本《補五代史藝文志》而言，其經部有蒲虔軌撰《易軌》一書，未知卷數，今可據其總計缺一卷，而定為「一卷」，案：《易軌》一書，《郡齋讀書記》卷一載有其書，亦作「一卷」；《通考》亦載有該書，亦作「一卷」，是以可知原來所記《易軌》當是「一卷」，此亦運用《補五代史藝文志》一書類目後統計得以還原出原始載錄情況，雖然還需配合他書所載資料進行研判，但類部後有統計卷數，在特別的情形下，仍可幫助我們釐正目錄的原始情況。若目錄有所亡佚之時，則亡失若干著錄？分屬何部？均可從目錄所附卷帙統計以進行核算。

持顧櫰三《補五代史藝文志》與陳鱣《續唐志》相較，其中個別著錄有如下差異：

一、書名

書名產生疑義的現象又可以分為：

（一）同書異名

即二書俱有著錄，惟所著錄書名不一，如：

1、省稱全名不一例：

作　者	顧櫰三《補五代史藝文志》	陳鱣《續唐志》
毛文錫	《前蜀王氏記事》	《前蜀記事》
王仁裕	《開天遺事》	《開元、天寶遺事》
王顏	《南唐開基志》	《南唐烈祖聞基志》
田霖	《四六》	《四六集》
石文德	《唐新纂》	《大唐新纂》
李昊	《後主實錄》	《蜀後主實錄》
李昊	《蜀祖經緯略》	《經緯略》
李昊	《樞機集》	《樞機應用集》

杜光庭	《道經傳授年載記》	《傳授年載記》
沈顏	《解聲》	《解聲書》
和凝	《疑獄集》	《疑獄》
胡萬頃	《六壬軍法鑒式》	《六壬軍鑒式》
韋縠 集	《唐人才調集》	《才調集》
孫光憲	《筆傭》	《玩筆傭集》
徐鍇	《古今國典》	《國典》
高遠	《南唐元宗實錄》	《元宗實錄》
高遠	《南唐烈祖實錄》	《烈祖實錄》
姚顗	《唐明宗實錄》	《明宗實錄》
商文圭	《筆耕詞》	《筆耕》
庾傳昌	《青宮載筆記》	《青宮載筆》
郭忠恕	《汗簡集》	《汗簡》
陳用拙	《補新徵音》	《徵新徵音譜》
陳岳	《春秋折衷》	《春秋折衷論》
陳承勳	《中正曆經》	《中正歷》
陳致雍	《五禮儀鑑曲臺奏議》	《五禮儀鑑》
喬諷	《道德經疏義節解》	《道德經疏節解》
彭曉	《明鏡圖》	《明鏡圖訣》
游恭	《東里集》	《小東里集》
馮鑑	《續劉軻帝王照略》	《續帝王鏡略》
黃居寀	《繪禽圖經》	《會禽圖》
黃滔	《泉山秀句》	《泉山秀句集》
敬翔	《表奏集》	《表奏》
楊九齡	《桂堂編事》	《蜀桂堂編事》
楊行密	《刪定格》	《刪定格式》
董淳	《後蜀孟氏記事》	《後蜀記事》
賈緯	《備史》	《賈氏備史》
劉岳 等	《新定書儀》	《書儀》
劉昫	《舊唐書》	《唐書》

鄭良士	《白巖文集詩集》	《白巖集》
錢儼	《戊申英政錄》	《錢氏戊申英政錄》
錢俶	《政本》	《政本集》
韓保昇	《增注蜀本草圖經》	《蜀本草圖經》
韓熙載	《格言後述》	《後述》
羅隱	《淮海寓言七言甲乙集》	《淮海集》
譚峭	《譚子化書》	《化書》
竇儼	《大周正樂譜》	《大周正樂》
釋延壽	《心賦注》	《心賦》
釋齊己	《白蓮編外集》	《白蓮集》

　　從上述舉例中，我們可以明顯感覺出：即使是著錄卷數並不多的《補五代史藝文志》、《續唐志》二書相校，即有如此多的書名異稱，以上僅是就省稱全名不一處舉其例證。從簡省的情況可以細分：

1、簡省（或增錄）人名者：

　　如《續劉軻帝王照略》，省「劉軻」二字，案：《通考》著錄劉軻撰《帝王照略》一卷，馮鑑所續即此書。又顧懷三《補五代史藝文志》作《續劉軻帝王照略》，改「鏡」為「照」，此係避宋太祖祖父名諱「敬」字，「敬」「鏡」同音故，是以列入諱字。陳垣《史諱舉例》卷八〈歷朝諱例〉舉宋諱「敬」字例云：「敬改為恭，為嚴，為欽，或為景。鏡改為鑑，或為照。」（頁154）顧氏處於清朝，理當僅避清諱，惟清諱中無避「鏡」「敬」之例者，由此可見顧氏所錄亦沿用避宋諱。避諱所造成圖書著錄上的差異，已於第三章、第四章有所論及，然顧氏處於清朝，猶然避宋諱，徒然造成書名混亂的情形更加嚴重。

2、簡省朝代名者：

　　如：李昊《後主實錄》，陳書作《蜀後主實錄》；高遠《南唐元宗實錄》，陳書作《元宗實錄》等屬之。亦有年號簡省不一者，如王仁裕《開天遺事》作《開元、天寶遺事》等。

3、簡省性質者：

　　簡省書籍性質者，其例證頗多，如省去「集」字者，有田霖《四六》、黃滔《泉山秀句》、和凝《疑獄》、錢俶《政本》等屬之。又省「書」字，如沈顏《解聲》。省「論」字，如陳岳《春秋折衷》。省「詞」字，如商文圭《筆耕》。省「譜」字，如

寶儼《大周正樂》、陳用拙《補新徵音》等。省文類者，如杜光庭《道經傳授年載記》省去「道經」二字。陳承勳《中正曆經》、黃居實《繪禽圖經》省卻「經」字。楊行密《刪定格式》省去「式」字。釋延壽《心賦注》或省卻「注」字。彭曉《明鏡圖》省卻「訣」字，韓熙載《格言後述》省卻「格言」二字等。

4、其　他：

尚有省卻新舊增訂者，如韓保昇《增注蜀本草圖經》，或省卻「增注」二字；劉岳《新定書儀》，或省卻「新定」二字；尚有些簡省例難以歸納，僅是單純簡省例，如羅隱《淮海寓言七言甲乙集》作《淮海集》；李昊《樞機應用集》省作《樞機集》；孫光憲《玩筆傭集》省作《筆傭》；陳致雍《五禮儀鑑曲臺奏議》作《五禮儀鑑》；游恭《小東里集》省作《東里集》，諸如此類，往往簡稱全名不一，甚至還有誤字的現象，如王顏《南唐開基志》作《南唐烈祖聞基志》，雖增省「烈祖」人名，然陳書明顯誤「開」為「聞」字。又簡省外，尚有書寫習慣不同，造成異字現象，如黃居實《繪禽圖經》，陳書作《會禽圖》，此亦書名著錄中常會發生的現象。除了以上各例外，尚有一些亦屬全名簡稱上的差異者，如顧書著錄有「朱潯昌吳啟霸集」，考陳書有朱潯《啟霸集》，則顧書當作朱潯撰《昌吳啟霸集》，是則顧書所錄，或係全名。

（二）著錄體例不一

古書多無定名，尤其是個人別集，往往或以字名書，或以官銜名書，著錄標準既不一，其書名自異，如李建勳《鍾山集》，顧書作《李建勳集》；《劉休明集》，顧書作《劉昭禹集》；李中《碧雲詩》，顧書作《碧雲集》；釋延壽《感通賦》，顧書作《感通錄》；馮延己《陽春集》，顧書作《陽春詞》；扈載《扈仲熙集》，顧書作《扈載集》；徐鉉《徐常侍集》，顧書作《徐鉉集》；徐鍇《徐舍人集》，顧書作《徐鍇集》；徐仲雅《徐東野集》，顧書作《徐仲雅集》，唐求《唐隱居詩》，顧書作《味江山人詩》；沈彬《沈子文詩》，顧書作《沈彬詩集》等等，上述例證多半緣於字名取捨不一，如《劉休明集》作《劉昭禹集》等；或緣於以官銜名書，如《徐鉉集》作《徐常侍集》、《徐鍇集》作《徐舍人集》等；或加文體名，以區別文體，如《陽春集》作《陽春詞》、《碧雲集》作《碧雲詩》、《感通錄》作《感通賦》等。另外即如上文所述，簡省不一也可視為一種著述體例的差異。在著述體例上，詩文集類的差異頗，其中著錄上不僅有如上所述字名、官銜、或加標文體以名書外，其簡省之例亦頗多實例，尤其陳鱣《續唐書》載錄更常用《詩集》、《集》、《賦》、《文集》等，外加卷數、作者名，雖然亦可知其著錄為何書？但其簡省之故，卻妨礙資料電腦化作業，若然作者復用名、號為名，則要釐清同書異名的現象，終需進一步考證功夫。在同書異名

的董理上，除上述情形外，尚有合集、單集的區別，如《續唐志》有張昭遠等撰《獻祖、懿祖、太祖紀年錄》合三書於一起，《補五代史藝文志》則分爲三書，陳書於此三書合論，卻無卷數合計，顧書則分而論之，《唐獻祖紀年錄》作「一卷」；《唐太祖紀年錄》作「二十卷」；《唐懿祖紀年錄》作「一卷」，顯然分論較爲詳細。不獨陳書有此，顧書亦有如此著錄，如：和凝撰《演綸、游藝、孝悌、紅藥、纂金、香奩六集》，共一百卷。而陳書卻分而論之，著錄《游藝集》作五十卷、《演論（即「綸」字）集》作五十卷，二集即作一百集，惟不見《孝悌集》、《紅藥集》、《纂金集》、《香奩集》四集。著錄體例不一，卻往往造成書名不一。

（三）書寫習慣

　　書寫習慣不一，亦造成書名著錄上的極大差異，各書變化如下：

1、古今異字：

　　古今書寫習慣的轉變，亦常會造成著錄異字的現象。考察書寫習慣的變化，常可從相同（或相近）的目錄校勘上，可得其實例，今以陳、顧二書校之，往往亦多古今異字例，說明如下：

　　　　「仙」「僊」例：如《墉城集仙錄》，顧書「仙」作「僊」字。

　　　　「花」「華」例：如《浣花集》，顧書「花」作「華」字。

　　　　「鬚」「須」例：如《虯鬚客傳》，顧書「鬚」作「須」字。

　　　　「繪」「會」例：如《會禽圖》，顧書「會」作「繪」字。

　　　　「齋」「齊」例：如《橘齋集》，顧書「齋」作「齊」字。

　　　　「桼」「漆」例：如《漆經》，顧書「漆」作「桼」。

　　　　「譚」「談」例：如《紀聞談》，顧書改「談」爲「譚」字。

　　以上均爲古今異字所造成的差異。以「譚」「談」爲例，「譚」或作「談」，古本通用作「談」字。案：陸德明《經典釋文》卷二八《莊子音義》下〈則陽篇〉云：「譚，音談。本亦作『談』」〔註16〕，誠如上例，皆是古今書寫習慣轉變所衍生出的差異，雖然其中並無正誤之別，但時至於今，此類書名的變化，往往可能造成誤解，故仍需加以釐正。

2、偏旁無定：

　　偏旁無定，但往往有跡可尋，或可由音近求之，或可由形得之，說明如下：

　　　　「擬」「儗」例：如《擬議集》，顧書「擬」作「儗」字。

〔註16〕陸德明《經典釋文》，（台灣：漢京文化事業有限公司據抱經堂本印行，1980 年 2 月 15 日），頁 397。

「論」「綸」例：如《演論集》，顧書「論」作「綸」字。

「蠙」「濱」例：如《張濱詩》，顧書「濱」作「蠙」字。

　　從偏旁的轉變，或亦可考出正誤，如《張濱詩》，《通考》亦作《張濱詩》，然《郡齋讀書志》卷十八著錄作《張蠙詩》，是以「蠙」、「濱」皆有所據。此類書名雖有小異，若不考其演變之由，則往往誤同書爲二書，故仍需加以釐正。

3、形　近：

　　形近訛誤的情況亦頗爲常見，如上述偏旁無定的舉例中，往往亦兼有形近而亂的情形，另有：「台」「召」例：如《昭宗台禍記》，顧書「台」作「召」字。案：《昭宗台禍記》，《通考》、《補五代史藝文志》俱作《昭宗召禍記》，是則陳書誤「召」爲「台」，乃形近訛誤。

4、音　近：

　　書寫習慣中，常有因音近而混者，舉例如下：「儀」「遺」例：如《玉堂遺範》，顧書改「遺」爲「儀」字。

（四）其　他

　　尚有部份書名異稱，其變化的情形並不是上述諸例得以歸納的，其中往往可能係來源互異，而著錄互異，所衍生出的差異有置換、訛誤等若干情形，說明如下：

1、置　換：

　　書名中常有前後詞相換者，亦有意義接近而換者，亦有單純因爲資料來源不同，而有字詞上的差距，說明如下：

▲　前後詞句互換：王保衡《晉陽聞見錄》，陳書作《晉陽見聞錄》，「見」「聞」前後字互換；又盧損等撰《新編制敕》，陳書作《制編新敕》，「制」「新」置換，核其書名，當以《新編制敕》爲佳；又胡萬頃《太乙時紀陰陽二遯歷立成》，陳書作《太乙時紀陰陽二遯立成曆》，核其書名，當以《太乙時紀陰陽二遯立成曆》爲佳。

▲　意義接近而換：如杜光庭《道教神驗記》，陳書作《道教靈驗記》，「神」「靈」意念接近而置換。又：高越《舍利龕記》，陳書作《舍利塔記》，「龕」「塔」雖異，然意念較爲接近。又：嚴道美《北司治亂記》，陳書作《北史治亂記》，「司」「史」意念相近而換。

▲　單純置換：此類置換，其往往只是因爲材料取擇來源互異，而在書名上有所不同。此類置換，雖只是材料來源的不同，但其中差異可供校勘者多，如：劉崇遠《金華子新編》，陳書作《金華子雜編》，以「新」作「雜」，雖僅一字之差，

卻有正誤之別。案：陳書僅著錄《金華子雜編》一書，題作「劉崇遠」撰，惟顧書分別有王仁裕《金華子雜編》、劉崇遠《金華子新編》二書，考《郡齋讀書志》卷十三著錄此書，作《金華子》三卷，晁氏解題云：「一本題曰《劉氏雜編》」（頁202）則《續唐志》作《金華子雜編》者，較接近事實。顧氏作《金華子新編》者，未詳其所據。又：毛文晏《東壁寓言》，陳書作《東壁出言》，核其書名，當以《東壁寓言》為是。又：林罕《林氏字說》，陳書作《林氏小說》，以「字」作「小」，該書復置於小學類，若核以書名，似以《林氏字說》為是，惟《通考》亦作《林氏小說》，更仍當以《林氏小說》為是。又：孫晟《續古闕文》，陳書作《讀古闕文》，「續」「讀」二者意念不一，以該書顧書列於「小學類」，陳書列於《雜家類》，案：《隋志》、《新舊唐志》均著錄陸澄《闕文》一書，《隋志》作十三卷，《新舊唐志》俱作十卷，今陳、顧著錄俱作一卷，當以「續」字為佳。又：毛文晏《昌城寓言集》，陳書作《昌城後寓集》，核其書名，當以《昌城寓言集》為是。又：賈緯《唐年補錄》，陳書作《唐年通錄》；姜道隱《筆謏》，陳書作《筆訣》，是則取材底本不同，所衍生出的疑誤。

2、陳書著錄而顧書不錄者：

陳書著錄書籍總數雖不如顧書，然亦有顧書所無者，根據筆者的統計，陳書著錄而顧書不錄者，共二二七一卷。各類卷數如下：

甲部經錄：三一二卷，三七部。

易類：三八卷（五部）	書類：一三卷（一部）
詩類：二一卷（二部）	禮類：六九卷（五部）
春秋類：一一一卷（九部）	論語類：一〇卷（二部）
孝經類：二卷（二部）	爾雅類：六卷（二部）
群經類：三〇卷（一部）	樂類：一〇卷（五部）
小學類：二卷（三部）	

乙部史錄：八七三卷，三八部。

正史類：〇卷（二部）	編年類：一〇三卷（三部）
實錄類：三〇卷（二部）	偽史類：四九卷（四卷）
雜史類：六三卷（八部）	政事類：三四卷（七部）
法令類：五八五卷（七部）	時令類：五卷（二部）
地里類：四卷（三部）	

丙部子錄：四二四卷（五十部）。

儒家類：三五卷（三部）	道家類：八一卷（二部）

雜家類：三八卷（九部）　　　　小說家類：二四卷（十部）

農家類：二卷（二部）　　　　　陰陽家類：二七卷（四部）

藝術類：一卷（一部）　　　　　類書類：一四七卷（四部）

醫家類：九卷（三部）　　　　　術數類：一二卷（三部）

仙釋類：四八卷（九部）

丁部集錄：六六二卷（五三部）

別集類：六二三卷（四八部）　　總集類：三九卷（五部）

陳氏所增典籍，卷數以史部最多，集部、子部其次，經部最少。案：經部典籍的數量原本即已不多，除去與顧氏重複著錄者，其所存增錄部份更少，故所增典籍卷數自以經部典籍最少。就上述統計而論，由於顧書類目中無易類、書類、春秋類、爾雅類、孝經類等類，然而該類之書皆較陳書原本卷數爲少，其原因是顧書雖無上述類目，然亦有該類之書，只是將之別入經部。又史部、子部中亦有若干類目爲顧書所無，然陳書亦非保有原來統計的卷數，蓋重複之書，顧書別作安排之故。

3、顧書著錄而陳書不錄者：

顧書著錄多陳書所無者，達五四八三卷，各類卷數統計如下：

經　部：一七二卷（九部）　　　史　部：四三一卷（十二部）

霸史類：一九一卷（三十部）　　雜史類：二八九卷（十九部）

表狀類：九二卷（十八部）　　　格令類：一九五卷（十六部）

儀注類：三六八卷（十七部）　　聲樂類：四一卷（八部）

小學類：一一四九卷（九部）　　曆算類：一〇六卷（十九部）

儒家類：七一卷（十二部）　　　道家類：一〇三卷（二二部）

釋氏類：一〇三卷（九部）　　　雜家類：三九部（八部）

技術類：一一九卷（十五部）　　輿地類：六六卷（二〇部）

小說類：一五二卷（三十部）　　總集類：三二五卷（二二部）

詩文類：一四七一卷（一五三部）

案：顧氏所增，以詩文類爲最多，約達所增的四分之一；其次以小學類，約達五分之一，其次方爲史部、總集類、儀注類、雜史等類。值得注意的，顧書所增典籍，往往亦有《新唐志》、《通考》所錄者，說明如下：

1、《通考》所錄：

　　顧書所著錄典籍，往往與《通考》互見者，其中亦可以補《通考》著錄之不足，或反證顧氏之誤失者，說明如下：

書　名	作　者	卷　數	類　別	案　　語
陰符經注	李筌撰	一卷	雜家類	
三朝見聞錄	不著撰者	一卷	雜史類	案：《通考》作八卷，入傳記類。
地理指掌圖	稅安禮撰	一卷	輿地類	
雅道機要	徐寅撰	八卷	總集類	案：《通考》二卷，入文史類。
寶月集	釋貫休譔	一卷	詩文集	案：《通考》作《寶月詩》。
唐詩主客圖	張為	一卷	詩文集	案：《通考》入文史類
文丙集	文丙	一卷	詩文集	案：《通考》入詩集。
符蒙集	符蒙	十卷	詩文集	案：《通考》作一卷。
羅江東集	羅江東	一卷	詩文集	
唐末汎聞錄	閻自若撰	一卷	小說家類	案：《通考》作傳記類。
賓朋宴語	邱旭撰	一卷	小說家類	案：《通考》作三卷，入文史類。
五代登科記	徐鍇撰	一卷	小說家類	案：《通考》入傳記類，無名氏撰，可據以補其撰者。
滑稽集	錢易撰	一卷	小說家類	案：《通考》作四卷，別集類。
書林韻會	蜀孟咏撰	一百卷	小學類	案：《通考》作類書，無撰人，可據以補其撰者。
五代通錄	范質	六五卷	史部	
盧延讓詩	盧延讓	一卷	詩文集	
裴說集	裴說	一卷	詩文集	案：《通考》入詩集。
王轂集	王轂	一卷	詩文集	案：《通考》入詩集。
東林集	釋修睦	一卷	詩文集	案：《通考》入詩集。
供奉集	釋尚顏	一卷	詩文集	案：《通考》入詩集。
五代會要	王溥等撰	三十卷	儀注類	案：《通考》作故事類。
南唐二主詞	南唐二主	一卷	聲樂類	案：《通考》著錄，歌詞。
後史補	高若拙	三卷	雜史類	案：《通考》作高欲拙撰。
人事軍律	符彥卿	一卷	雜家類	案：《通考》三卷，兵書類。
物類相感志	釋贊甯撰	一卷	雜家類	案：《通考》作十卷，釋贊寧撰。「甯」「寧」為古今異字。

書名	作者	卷數	類別	案語
四時纂要	韓諤	十卷	雜家類	案:《通考》作五卷,農家類。今日人天野元之助撰《中國古農書考》亦入農書之列。日本發現有明代萬曆十八年(1590)杭州民間刻本的重刻本,惟亦作五卷,未詳顧書何以作十卷?
江南野史	鄭龍兗撰	一卷	霸史類	案:《通考》作龍兗撰,《郡齋讀書志》卷七僞史類收錄此書,亦作龍袞撰,是則顧書誤引,當改爲「龍袞」爲是。
華嚴經	闍支提山	八二卷	釋氏類	案:《通考》引作八十一卷,寶叉難陀撰,當爲同書。

以上所引,可以得知顧書引證多可與《通考》所載相參看。

2、《新唐志》所錄:

《補五代史藝文志》增錄《續唐志》部份,除與《通考》得以互校外,亦與《新唐志》多所重複。說明如下:

書　　名	作　　者	卷　數	類　　別	案　　　語
南詔錄	徐雲虔	一卷	輿地類	案:《新唐志》著錄入地理類。
康教論	邱光庭	一卷	儒家類	案:《新唐志》作丘光庭撰,「邱」「丘」古今異字,或亦避孔子廟諱之故,自古「邱」「丘」常混淆使用。
遺榮集	養素先生	三卷	詩文集	
王德興詩	王德興	一卷	詩文集	
張爲詩	張爲	一卷	詩文集	
申唐詩	崔道融	三卷	詩文集	
涪江集	張安石	一卷	詩文集	
黃滔集	黃滔	十五卷	詩文集	
符載集	符載	二卷	詩文集	案:《新唐志》載十四卷,顧書所錄或係殘本。
韓偓詩	韓偓	一卷	詩文集	
譚藏用詩	譚藏用	一卷	詩文集	
江南集	李美夷	十卷	詩文集	案:《新唐志》作李善夷,此作李美夷者,待考。
沈光集	沈光	五卷	詩文集	
陳黯集	陳黯	三卷	詩文集	
陳光詩	陳光	一卷	詩文集	
羅浩源詩	羅浩源	一卷	詩文集	
洞庭詩集	薛瑩	一卷	詩文集	

劉威詩	劉威	一卷	詩文集	
理源	牛希濟	一卷	儒家類	
五運錄	楊九齡撰	十二卷	雜史類	案：顧書題《五運錄》，「并蜀楊九齡撰」，則作者爲「楊九齡」撰，然考之《新唐志》、《通考》者，均無楊九齡撰《五運錄》一書，惟有作曹圭撰《五運錄》一書，又《補五代史藝文志》楊九齡撰《五運錄》之後，有題作曹圭撰《歷代年譜》一書，疑《補五代史藝文志》涉下文《歷代年譜》一書之故，誤題《五運錄》一書爲楊九齡撰，實則以曹圭撰爲是。
續皇王寶運錄	韋昭度・楊涉撰	十卷	雜史類	
闈外春秋	李筌	十卷	雜家類	案：《新唐志》入雜史類。
霧居子	不著撰者	五卷	雜家類	案：《新唐志》入別集，十卷・黃璞撰。顧書不著撰者，則有考證未精之憾。

3、《國史經籍志》所錄：

　　顧書亦載有《國史經籍志》所錄，如李琪《春秋王伯世紀》十卷，顧書附注云：「案：焦竑《國史經籍志》作三卷」（頁3）是則明代僅存三卷，今顧書載錄作十卷，當爲全本之故。

二、作　者：

　　以《補五代史藝文志》校之《續唐志》，其作者多所出入，試列簡目如下：

書　　名	補五代史藝文志	續　唐　志
高僧傳		釋贊寧撰
刑律總要		李保殷撰
乾寧會稽錄	不著撰者	鄭廷誨撰
孝經雌圖	日本國僧奝然所進	高麗遣使進
別序孝經	日本國僧奝然所進	高麗遣使進
越王孝經新義	日本國僧奝然所進	高麗遣使進
皇靈孝經	日本國僧奝然所進	高麗遣使進
易論	王昭素	許堅
南唐烈祖聞基誌	王顏撰	王鉉
周易甘棠正義	任貞撰	任正一撰

前蜀書	李昊撰	李昊等撰
道經傳授年載記	杜光庭注	杜光庭譔
墉城集僊錄	杜光庭注	杜光庭譔
洞天福地記	杜光庭注	杜光庭譔
規書	邱光庭	杜光庭
淝上英雄小錄	信都鎬撰	信都□鎬撰
又元集	韋莊　撰	韋莊　編
吳錄	徐弦、高遠、喬舜等撰	高遠等譔
江南錄	徐鉉、湯悅撰	徐鉉等撰
說文解字繫傳	徐鍇　撰	徐鍇傳釋・朱翱反切
末帝實錄	張昭等撰	張昭遠
梁太祖實錄	張袞、郗象等撰	李琪等
耳目記	無名氏	劉氏
大唐補記	程匡撰	程匡柔
春秋名號歸一圖	馮繼先撰	馮繼元
桂香集	黃損撰	黃捐
朱梁興創遺編	敬翔	敬翔（子振）
刪定格	楊吳	楊行密詔修定
易軌	蒲虔軌撰	蒲乾貫
花間集	裴說集唐人詞	趙絢編
周優人曲辭	趙上交	趙上交等纂錄
唐諫諍集	趙元珙	趙元恭
閩中實錄	蔣文懌	蔣文惲
南唐近事	鄭仁寶編	鄭文寶
江表志	鄭龍袞撰	鄭文寶
吳越備史	錢儼託名范坰、林禹	范坰、林禹
北史治亂記	嚴道美譔	王遵美
筍譜	釋贊甯	釋贊寧
內典集	釋贊甯撰	釋贊寧

根據上述比勘，有如下數點認識：

第一，《孝經雌圖》、《別序孝經》、《越王孝經新義》、《皇靈孝經》四書，《補五代史
藝文志》俱作「日本國僧奝然所進」，《續唐志》作「高麗遣使進」，如承上文，
日本國僧奝然所進孝經事見於《康熙字典》、《宋史・日本傳》所錄，然考其
卷數、獻書、年代均與《補五代史藝文志》不類，就年代而論：陳、顧二書
所謂「顯德六年」（959），而《康熙字典》載作「咸平年間」中間相距四十年
之久，是則獻書年代未合。若就獻書種類而言，《康熙字典》載作「以鄭元（即
鄭玄）註《孝經》來獻」《宋史・日本傳》載作：「得《孝經》一卷，《越王孝
經新義》第十五卷，一卷。」，並無言及《別序孝經》、《皇靈孝經》、《孝經雌
圖》三書，是以不合。其次，就獻書卷數而言，《宋史・日本傳》僅言獻《越
王孝經新義》一卷（即第十五卷），而非如陳氏所載的八卷，其數量亦屬未合。
是以陳、顧二人所載獻書事，當非《宋史・日本傳》及《康熙字典》所述之
事，是而顧氏所載「奝然」獻書事則為明顯錯誤，而以歐陽修《五代史記》
卷七四〈四夷附錄〉第三為是（詳見上文）

第二，作者著錄上，二書詳略互見。說明如下：

　　1、陳書詳於顧書者：

　　　　如《高僧傳》、《刑律總要》、《乾寧會稽錄》、《說文解字繫傳》、《周優人曲辭》、
　　　　《刪定格》等書。其中，《刪定格》一書更有正誤之分，案：陳書著錄為「楊
　　　　行密詔修定（吳王）」，然顧書卻著錄為「楊吳」，是則當以陳書為是。

　　2、顧書詳於陳書者：

　　　　如《吳錄》、《江南錄》、《梁太祖實錄》等書。又其中含有可資辨偽考證者，
　　　　如《吳越備史》一書，顧書載錄：「錢儼託名范坰、林禹撰」（頁 7），是則
　　　　陳書作「范坰、林禹」者，未能詳考其偽託。

第三，作者的著錄，常有「編」、「撰」、「注」未能區分之情事，如：《又元集》，顧書
作「韋莊撰」，而陳書作「韋莊編」，「編」「撰」意念不一，需確實釐清，上
述之書，以其置於總集類，當以「編」字為合。又《道經傳授年載記》、《墉
城集僊錄》、《洞天福地記》三書，顧書俱作「杜光庭注」；而陳書作「杜光庭
撰」，「注」「撰」意念亦有所不同，亦必須釐清，上述之例，當以「撰」字為
是，是以「編」「撰」「注」其間意念即有出入，當審慎其用字。

第四，著錄之間，往往有一字之別，此亦出入之處。一字之別，往往即有正誤之分，
　　　特釐析如下：

　　1、《規書》一書，顧書作「邱光庭」撰，陳書作「杜光庭」撰，此書《宋史・

藝文志》著錄，作「丘光庭」，則以顧書爲是。

2、《淝上英雄小錄》一書，顧書作「信都鎬」撰，陳書作「信都□鎬撰」，案：《直齋書錄解題》、《通志》等俱作「信都鎬」，則可證「□」字衍文。

3、《大唐補記》一書，顧書作「程匡撰」，陳書作「程匡柔」撰，案：《直齋書錄解題》卷五云：「《大唐補記》三卷　南唐程匡柔撰。」（頁510，上右）又小注云：「按：馬令《南唐書》作程匡柔。原本作臣柔，今改正。」是則當以「程匡柔」爲是。顧書作「程匡撰」者，缺漏一字也。

4、《末帝實錄》一書，顧書作「張昭等撰」，陳書作「張昭遠」撰，案：「張昭遠」即「張昭」，避諱之故。《末帝實錄》即《直齋書錄解題》所作《後唐廢帝實錄》一書，《直齋書錄解題》卷四云：「張昭、尹拙、劉溫叟撰。」（頁498，上左）武英殿聚珍本原本附小注：「按：《東都事略》：『本傳舊名昭遠，避漢祖諱，止稱昭。』」案：漢祖，即後漢高祖劉暠（本名知遠），今張昭遠避「遠」字，改「昭遠」爲「昭」，即避諱故也。

5、《南唐烈祖聞基誌》一書，顧書作「王顏撰」，陳書作「王鉉」撰，案：「聞」字爲「開」字之誤，《直齋書錄解題》卷五，詔令類云：「《南唐烈祖開基誌》十卷　南唐滁州刺史王顏撰，起天祐乙丑，止昇元癸卯，合三十九年。」（頁503，上右）可知原當作「王顏」爲是。

6、《閩中實錄》，顧書作「蔣文懌」撰，陳書作「蔣文惲」撰，案：《直齋書錄解題》卷五詔令類作：「閩中實錄十卷　周顯德中，揚州永貞縣令蔣文惲記王審知父子及將吏儒士僧道事跡，末亦略及山川土物。」（頁504，下右），是則當以「蔣文惲」撰爲是，顧書誤題「蔣文懌」撰者，「懌」「惲」形近之故。

7、《南唐近事》，顧書作「鄭仁寶」編，陳書作「鄭文寶」者，案：《直齋書錄解題》卷五詔令類云：「《南唐近事》二卷，工部郎江南鄭文寶撰。」（頁503，下右）是其書爲「鄭文寶」撰，是知顧書作「鄭仁寶」爲誤。又《江表志》一書，顧書作「鄭龍袞撰」，而陳書作「鄭文寶」撰，《直齋書錄解題》卷五詔令類作：「《江表志》三卷鄭文寶撰。」（頁503，下右）則當以陳書所載爲是。顧書所作「鄭龍袞撰」，查無此人，惟有作「龍袞」者，《郡齋讀書志》卷七僞史類收有龍袞撰《江南野史》二十卷，其書位於《南唐近事》一書之後，疑或收錄位置相近，導致「鄭龍袞撰」之誤。

8、《易軌》一書，顧書作「蒲虔軌撰」，陳書作「蒲乾貫撰」，案：《郡齋讀書志》卷一云：「《易軌》一卷右僞蜀蒲乾貫撰，專言流演。其〈序〉云：『可以知

否泰之源，察延促之數，蓋數學也。案：劉道原《十國紀年》：乾貫作虔觀，今兩字皆誤。』」可知其書爲「蒲乾貫」所撰，作「蒲虔軌撰」爲誤，當據改之。

9、《春秋名號歸一圖》，顧書作「馮繼先撰」，陳書作「馮繼元」撰，案：《郡齋讀書志》卷三作：「《春秋名號歸一圖》二卷，右僞蜀馮繼先撰。」〔註17〕，然《通考》卻作「馮繼元」撰，是則陳、顧二氏皆有所據。「先」「元」二字，或因形近而誤入。

第五，書寫習慣之故，也造成部份作者著錄上的不一致。如上述「元」「先」、「懌」「惲」等例。另外，如《桂香集》一書，顧書著錄作「黃損撰」，陳書著錄作「黃捐」撰，案：《十國春秋》卷六二、《詩話總龜》卷一〇、卷一六、《南唐書》卷一〇本傳俱作「黃損」，「捐」「損」形近而誤入，則當從顧書爲是。又《唐諫諍集》一書，顧書著錄作「趙元珙」，陳書作「趙元恭」，「珙」「恭」有音韻上的關連，案：「珙」同於「共」，「共」復與「恭」相涉，然是否尚有其它關連，猶待詳考。又《筍譜》等書，顧書作「釋贊甯撰」，陳書作「釋贊寧」，「寧」「甯」爲古今異字。

第六，其它：如：《周易甘棠正義》一書，陳書作「任貞」，陳書作「任正一」，惟《郡齋讀書志》卷一易類著錄此書：「《周易甘堂正義》三十卷右梁任正一撰。」〔註18〕是則當以「任正一」爲是，然顧書所作「任貞」者，疑名號之差異；《易論》一書，顧書作「王昭素」撰，陳書作「許堅」撰，然考《郡齋讀書志》、《通考》等，均僅作「王昭素」，無有作「許堅」者，而二書卷數相近，疑即同書。又《花閒集》一書，顧書作「裴說集唐人詞」，陳書作「趙絢編」，未詳其故。

三、卷　數

陳、顧二書在比勘上，卷數亦多所出入，說明如下：

書　　名	作　者	顧　書	陳　書
易論（三十三篇）	王昭素撰	○	三二
楊凝式詩	楊凝式	一	缺

〔註17〕見註14，頁106，上右。
〔註18〕同上註，頁80，下左。

廣陵妖亂志	鄭廷誨	一	三
玉壘集	釋曉微撰	一	一〇
晉朝陷蕃記	范質	一	四
金鑾密記	韓偓	一	五
瓊瑤集	李珣撰	一	〇
孝經雌圖	日本國僧所進	一	三
屠龍集	熊皦	一	五
五國故事	不著撰者	一	二
越王孝經新義	日本國僧遣使進	一	八
龍吟集	馮涓撰	一	三
元門樞要	杜光庭　注	一	一〇
錢氏戊申英政錄	錢儼撰	一	〇
南冠集	馮涓撰	一	〇
江淮異人錄	吳淑撰	一	二
金鼇集	孟賓于撰	一	二
長樂集	馮涓撰	一	一〇
法喜集	馬裔孫撰	二	〇
忠懿王勳業志	錢儼撰	二	〇
壺中集	杜光庭撰	三	一〇〇
釣磯集	徐寅撰	三	八
茶譜	毛文錫撰	三	一
野人閒話	景煥撰	五	〇
馮道集	馮道撰	六	一〇
中壘集	鄭良士撰	一〇	〇
丁年集	李瀚撰	一〇	〇
末帝實錄	張昭等撰	一〇	一七
應歷集	李濤	一〇	缺
奉藩書	錢惟演	一〇	〇
漢高祖實錄	蘇逢吉等撰	一〇	一七
西江集	王仁裕撰	一〇	一〇〇

佛國記	馬裔孫	一〇	〇
易題	張道古	一〇	缺
錄異記	杜光庭撰	一〇	八
南部新書	錢易撰	一〇	〇
湖南故事	不著撰人	一三	一〇
皮氏見聞錄	皮光業撰	一三	五
吳越備史	錢儼託名范坰、林禹	一五	九
登龍集	殷文圭撰	一五	一〇
四庫韻對	陳諤撰	一八	四〇
江東後集	羅隱撰	二〇	二
梁太祖實錄	張袞・郄象等撰	二〇	三〇
廣東里集	游恭撰	二〇	四〇
滎陽集	潘佑	二〇	一〇
北夢瑣言	孫光憲撰	三〇	二〇
荊臺集	孫光憲譔	四〇	〇
方輿記	徐鍇撰	一三〇	一二〇
易軌	蒲虔軌撰	缺	一

從作者比勘上，我們有如下數點認識：

第一，篇卷冊首合用：陳、顧二書往往篇卷合用的情事。在卷數的統計上，一篇未
　　必合於一卷，如《續唐志》著錄《治書》一書，著錄五十篇，而顧書重出，
　　一作五十篇；一作十卷，《新唐志》載錄亦作十卷。此外，亦有以冊數計數的，
　　如《補五代史藝文志》頁 13：「《脈謏》二冊」，是則又以冊計數。又《續唐
　　志》頁26 載：「《紫府集》，千餘首，無卷數。秦王從榮譔。」，又頁 33 云：「《巨
　　岳集》一千首。」是則又僅以「首」計數，計數基準不一，往往妨礙卷數的
　　統計。在使用上，陳鱣計數往往無確實卷數，或以篇計數；或以首計數；或
　　缺錄卷數，作「□卷」，或則云無卷數，據筆者進一步統計：陳鱣無確實卷數
　　統計者，達六十二部之多，這些不載卷數者，往往顧書不著錄。

第二，二書所載卷數，往往缺十進位，《玉壘集》，《元門樞要》、《長樂集》等書，陳
　　書俱作十卷，顧書僅作一卷；反之，《中壘集》、《丁年集》、《奉藩書》、《應歷
　　集》、《佛國記》、《易題》、《南部新書》等，顧書俱作十卷，陳書則無卷數或

缺卷數；另外，卷數相差以十進位者，如《西江集》一書，顧書作十卷，陳書則作百卷等，關於此一情形，猶待仔細考證，方能辨明何書著錄較爲正確。第三，以二書所校，往往可以判定孰是孰非？另以《通考》卷數校之，《金鑾密記》一書，顧書同於《通考》俱作一卷（或有作三卷者），而非作五卷，則暫定陳書爲誤。反之，亦有陳書同於《通考》者，如毛文錫撰《茶譜》一書，陳書、《通考》俱作一卷，而顧書作三卷者，未詳何據。此外，由於陳書多不載卷數，故可運用顧書補陳書之不足者多處。反之，顧書亦有缺卷數者，如《易軌》一書，今本缺錄，作「□卷」，然據顧書類末統計，可知缺錄卷數爲「一卷」今校以陳書或《郡齋讀書志》等，則確爲「一卷」，而今本無之，亦可收參校之功。至於各書之卷數差異，究竟孰是孰非？猶待來日考證，限於時間之故，僅將校錄逐寫如上簡目。

四、分　類

　　陳書、顧書分類體例不一，大抵言之，陳書勝於顧書。陳書雖著錄典籍較少，分類亦較《新唐志》等爲少（說法詳見上文），但分類較顧書有體系。在分類類目上，陳書經、史、子、集四部井然，不似顧書部類不分，漫無章法。個別典籍上，受限於類目不一，往往多有不同，今依顧書類目，參以陳書類目，各部分類變化如下簡目：

書　　名	作　　者	顧　　書	陳　　書
聲書	沈顏撰	小說家類	別集類
解聲	沈顏撰	小說家類	別集類
史館故事		小說家類	政事類
玉堂閒話	王仁裕撰	小說家類	政事類
竹譜	錢昱	小說家類	農家類
筍譜	釋贊甯	小說家類	農家類
開天遺事	王仁裕撰	小說家類	雜史類
釣磯立談	史虛白撰	小說家類	雜史類
北司治亂記	嚴道美撰	小說家類	雜史類
江淮異人錄	吳淑撰	小說家類	雜史類
金鑾密記	韓偓	小說家類	雜史類
金華子新編	劉崇遠撰	小說家類	雜史類

唐新纂	石文德撰	小說家類	雜史類
廣陵妖亂志	鄭廷誨	小說家類	雜史類
雜說	李後主撰	小說家類	雜家類
兩同書	羅隱撰	小說家類	雜家類
備忘小鈔	文□撰	小說家類	類書類
清異錄	陶穀撰	小說家類	類書類
續古闕文	孫晟撰	小學類	雜家類
梁太祖實錄	張袞・郗象等撰	史部	僞史類
周太祖實錄	張昭等撰	史部	僞史類
周世宗實錄	王溥等撰	史部	僞史類
晉高祖實錄	竇正固等撰	史部	僞史類
漢高祖實錄	蘇逢吉等撰	史部	僞史類
末帝實錄	張昭等撰	史部	實錄類
唐年補錄	賈緯	史部	編年類
增注蜀本草圖經	韓保昇撰	技術類	醫家類
黍經	朱遵度撰	技術類	雜家類
射書	徐鉉撰	技術類	藝術類
繪禽圖經	黃居寀撰	技術類	藝術類
射法	黃損撰	技術類	藝術類
古君臣象	張玫撰	技術類	藝術類
筆誽	姜道隱撰	技術類	藝術類
樞機集	李昊	表狀類	別集類
表狀	李宏皋	表狀類	別集類
吳越掌記集	羅隱撰	表狀類	別集類
湘南應用集	羅隱撰	表狀類	別集類
筆傭	孫光憲	表狀類	別集類
箋表	韋莊撰	表狀類	別集類
從軍稿	商文圭撰	表狀類	別集類
吳江應用集	林鼎撰	表狀類	別集類
咸通後麻制	毛文晏撰	表狀類	政事類

長興制集		表狀類	政事類
唐諫諍集	趙元琪	表狀類	總集類
諫奏集	張易	表狀類	總集類
諫書		表狀類	總集類
新編制敕	盧損等	格令類	政事類
皇靈孝經	日本國僧奝然進	經部	孝經類
春秋折衷	陳岳撰	經部	春秋類
青宮載筆記	庾傳昌	詩文集	政事類
又元集	韋莊撰	詩文集	總集類
唐人才調集	韋縠集	詩文集	總集類
東壁寓言	毛文晏撰	詩文集	雜家類
陳陶文集	陳陶	詩文集	雜家類
讒書	羅隱撰	詩文集	雜家類
洞微志	錢易	道家類	小說家類
元門樞要	杜光庭注	道家類	仙釋類
東瀛子	杜光庭注	道家類	仙釋類
王氏神僊傳	杜光庭注	道家類	仙釋類
歷代帝王崇道記	杜光庭注	道家類	仙釋類
道門樞要	杜光庭注	道家類	仙釋類
道教神驗記	杜光庭注	道家類	仙釋類
混元圖	杜光庭	道家類	仙釋類
墉城集僊錄	杜光庭注	道家類	仙釋類
道經傳授年載記	杜光庭注	道家類	仙釋類
洞天福地記	杜光庭注	道家類	地理類
極衍	周傑撰	道家類	陰陽家類
自然經	尹玉羽撰	道家類	雜家類
新定書儀	劉岳　奉詔撰	儀注類	政事類
五禮儀鑑曲臺奏議	陳致雍撰	儀注類	政事類
坤儀令	竇儼撰	儀注類	政事類
玉堂儀範	李琪	儀注類	總集類

規書	邱光庭	儒家類	仙釋類
兼明書	邱光庭	儒家類	仙釋類
政本	錢俶	儒家類	別集類
三要	黃損	儒家類	道家類
治書	郭昭慶	儒家類	雜家類
質論	徐鉉	儒家類	雜家類
正象曆經	胡秀林	曆算類	陰陽家類
中正曆經	陳承勳	曆算類	陰陽家類
顯德欽天曆	王朴撰	曆算類	陰陽家類
泉山秀句	黃滔	總集類	別集類
桂香集	黃損撰	總集類	別集類
古今國典	徐鍇輯	總集類	政事類
要錄	楊九齡撰	總集類	雜史類
桂堂編事	楊九齡撰	總集類	雜史類
四庫韻對	陳諤撰	總集類	類書類
鴻漸學記	朱遵度撰	總集類	類書類
十經韻對	陳諤撰	總集類	類書類
群書麗藻	朱遵度撰	總集類	類書類
陽春詞	馮延己撰	聲樂類	別集類
宮詞	花蕊夫人撰	聲樂類	別集類
大周正樂譜	竇儼撰	聲樂類	樂類
補新徵音	陳用拙撰	聲樂類	樂類
周優人曲辭	趙上交	聲樂類	樂類
國風總類	王仁裕編	聲樂類	總集類
花間集	裴說集唐人詞	聲樂類	總集類
入洛記	王仁裕	輿地類	小說家類
均田圖	元稹撰	輿地類	政事類
燉煌新錄		輿地類	雜史類
朱梁興創遺編	敬翔	雜史類	偽史類
續通曆	孫光憲撰	雜史類	編年類

續劉軻帝王照略	馮鑑撰	雜史類	編年類
中華古今注	馬縞撰	雜家類	政事類
歲時廣記	徐鍇撰	雜家類	時令類
六壬軍法鑒式	胡萬頃撰	雜家類	術數類
蠶書	孫光憲撰	雜家類	農家類
續事始	馮鑑撰	雜家類	類書類
法喜集	馬裔孫撰	釋氏類	別集類
晉陽聞見錄	王保衡撰	霸史類	小說家類
奉藩書	錢惟演	霸史類	小說家類
鑑戒錄	何光遠撰	霸史類	小說家類
金行啓運錄	庾傳昌撰	霸史類	政事類
南唐元宗實錄	高遠撰	霸史類	實錄類
南唐烈祖實錄	高遠撰	霸史類	實錄類
忠懿王勳業志	錢儼撰	霸史類	雜史類
泚上英雄小錄	信都鎬撰	霸史類	雜史類
吳錄	徐弦‧高遠‧喬舜	霸史類	雜史類
江表志	鄭龍袞撰	霸史類	雜史類
乾寧會稽錄	不著撰者	霸史類	雜史類
渚宮故事	不著作者	霸史類	雜史類
南唐開基志	王顏撰	霸史類	雜史類
蜀祖經緯略	李昊撰	霸史類	雜史類
南唐近事	鄭仁寶編	霸史類	雜史類
江南錄	徐鉉‧湯悅撰	霸史類	雜史類
江南餘載	不著撰者	霸史類	雜史類

以上是純就個別載錄中，其分類不一之處列出簡目，以下則就《補五代史藝文志》中各類與《續唐志》的分類變化，說明如下：

（一）小說家類

　　小說家類往往與雜史類、雜家類、類書類、政事類、農家類、別集類相揉，其中以雜史類、雜家類的情形最為嚴重。案：小說家與雜史、雜家類典籍，自古以來都摻雜難辨，從上述簡目中可以看出此一情況。又顧櫰三《補五代史藝文志》中無

類書、政事、農家類類目，如《續唐志》分於此類的典籍，顧氏都必須另作安排，而安排上往往有不適合處。如：《竹譜》、《筍譜》之書，本當列於農家，顧氏無此分類，故只併合於小說家類，是以在分類上，顧氏往往有不如陳書之處。從比勘中得知，顧書在分類上，往往與《通考》分類相同，其取用《通考》、《新唐志》著錄顯然較陳書爲多（說法詳見上文），但亦稍有不同，如釋贊寧《筍譜》一書，《通考》、《續唐志》均列入農家類，而顧氏無分農家類，故只得牽合附入小說家類。又鄭廷誨《廣陵妖亂志》，《通考》列入傳記類，顧氏亦無此類目，故附入小說家類（陳氏入雜史類）。上述簡目中，《清異錄》一書，《補五代史藝文志》與《通考》均置入小說家類，蓋陳氏有小說家類，是以在分類上得以一致。以上簡目中，尚不能顯示《通考》、《續唐志》、《補五代史藝文志》三書同列於小說家類之典籍者。若就《續唐志》與《補五代史藝文志》中分類相異之處較之，顯然《補五代史藝文志》在分類上與《通考》的分類是較爲一致的（說法見下）。

（二）小學類

　　顧書著錄小學類僅有《續古闕文》一書，陳書列於雜家類，其餘則無有分別者。案：承上所言，陳書之所以將孫晟書置於雜家類，其實即出在書名的著錄上，陳書著錄爲《讀古闕文》，若據陳書著錄，則該書爲讀書札記之類，若置於雜家類似乎並無不可，顧書著錄作《續古闕文》，則所續之書當與原書同類，然查考諸書目，並無《古闕文》一書，惟《隋志》、《新舊唐志》均著錄有陸澄《缺文》一書，案：「缺」「闕」古今異字，則陳、顧二書著錄增一「古」字，僅爲區分古今之別。又《隋志》、《新唐志》均列入雜家類，《舊唐志》列入儒家，均爲子部。今顧書著錄作小學類，屬經部之類。若從以往書目著錄而言，《缺文》均列入子部，今顧書別立爲小學類，前無所承，當以入雜家類爲是。

（三）史　部

　　顧書獨立史部，又復分表狀類、格令、儀注等類目，有部類不分之失。顧書獨立史部，然其所分之書，頗與陳書不一。案：顧書史部類分之書，而陳書分爲僞史類、實錄類、編年類三部，雖均屬史部，然類目亦有所變化，不似顧書以史部概括之。

（四）技術類

　　顧書無醫家類、藝術類，惟別立技術類，大抵顧書技術類包含陳書藝術類、醫家類二類，惟朱遵度撰《柰經》一書，顧書入技術類，陳書入雜家類，審其書名，當入農家類爲是。陳、顧二書一入技術類，一入雜家類，似乎皆不合其類。

（五）表狀類

顧書設表狀一類，陳書無此類目。顧書表狀一類，陳書作何安排呢？從上述簡目可知，顧書表狀一類，陳書則入別集類、政事類、總集類三類，舉例如上簡目。

（六）格令類

顧書設格令類，陳書則作法令類，大抵遵循此種原則，惟盧損《新編制敕》一書，顧書作格令類，陳書作政事類，格令、政事二類性質接近之故。

（七）經　部

顧書獨設經部，經部不另分子目，惟部類並列，亦非常例。陳書經部別分易類、書類、詩類、禮類、春秋類、論語類、孝經類、爾雅類、群書類、樂類、小學類等類，在部類安排上井然有序，分類亦較能恰合其分，是以顧書獨立經部，未分子目的作法並不適合。而陳書多分子目，在經部典籍的類分上，較能離其所分，是以經部一類的安排上，較能反映分類的實際情形。

（八）詩文集類

顧書分詩文集類，陳書則分別集類，然顧書詩文集一類頗為複雜，就個別典籍分析，往往與陳書別集類不同，其與陳書政事類、總集類、雜家類多有重複，舉證如上簡目。可見顧書、陳書不僅在類目上有極大的出入，在相同類目上，其中典籍的個別分類亦有頗大的差異。

（九）道家類

道家類典籍，陳、顧二書分類亦頗有不同。顧、陳二書儒、道、釋分為三類，各屬一類。然三類典籍亦有互出的情形，其中亦頗為駁雜。就道家類而論，顧書所分典籍中，陳書多有入仙釋類、小說類、陰陽家類、地理類、雜家類，尤其是道家類與仙釋類的出入最多。可見陳、顧二人雖同分道家類，實則對道家典籍的認識亦屬不一，若就上述釐出的簡目而言，顧書道家類意念較廣，其亦包含仙道一類，故而顧氏於道家類外，僅另立釋氏類，而非如陳書仙釋並舉。至於與小說家、地理、雜家等類的摻雜，僅屬偶例，並不形成系統，各書例證分見上述簡目。

（十）儀注類

顧書立有儀注類，陳書無儀注類，在分類安排上，顧書儀注類約略等於政事類。惟其中有李琪撰《玉堂儀範》一書，顧書列於儀注類，而陳書則列於總集類。若就分類而言，顧書立有儀注類，則《玉堂儀範》當立於儀注類較合。然陳書無儀注類，故只能別列它類，置於總集類，或當入於政事類為佳。

（十一）儒家類

二書俱有儒家類，類別雖同，而其中內容或則多異。顧書儒家類典籍中，陳書或有置於仙釋類、別集類、雜家類者，說明詳見上述簡目。

（十二）曆算類

顧書有曆算類，陳書無曆算類，僅有相近之術數類，惟顧書列於曆算之書者，陳書或列於陰陽家類，如《中正曆經》、《正象曆經》、《顯德欽天曆》等書。就類目而言，顧書曆算類較陳書術數類明確，是以在曆法之書者，顧書的類目安排較陳書合理。

（十三）總集類

顧、陳二書俱有總集類，然就個別典籍而言，總集類的認識卻有若干差別，顧書列於總集類者，陳書或列於類書類、雜史類、政事類、別集類，其中總集類與類書類的淆亂情形最為嚴重。類書類的分類標準往往在形式上，而總集類的分類標準在內容上，單視取擇標準而定，故二類往往有淆亂的情形。在個別分類差異下，朱遵度撰《群書麗藻》一書，顧書同《通考》均置入總集類；又黃滔《泉山秀句》一書，顧書同於《新唐志》置入總集類，是以在分類的安排上，顧書多與《新唐志》及《通考》相合。

（十四）聲樂類

顧書立聲樂類，陳書無聲樂類者，而僅有樂類。顧書僅獨立出經部，而無樂類，是以顧書所立聲樂類，其實約略相等於陳書的樂類，但卻又未必全等。在個別分類上，顧書聲樂類其實和陳書樂類、別集類、總集類相涉。就其內容而論，顧書的聲樂類除了樂類外，尚加入詞曲一類的典籍，約略等於《新唐志》中的經部・樂類，以其和陳書別集類相涉的《陽春詞》、《宮詞》；和總集類相涉的《花間集》、《國風總類》等書，基本上是加入詞曲一類的典籍，就此意念而論，顧書的分類理念是和《新唐志》有密切的關係的。

（十五）輿地類

顧書的輿地類，就其類目而言，和陳書的地里類是相同的，但其中亦有三書不同，如《入洛記》一書，陳書列入小說家類；《均田圖》一書，陳書列入政事類；《燉煌新錄》一書，陳書列入雜史類，是以猶有些微出入之處。

（十六）雜史類

陳、顧二氏均列有雜史一類，然其中有出入之處。如：《朱梁興創遺編》一書，陳書列於偽史類；《續通曆》、《續劉軻帝王照略》二書，陳書列於編年類，案：《通曆》之書，自來雜史、編年二類互見，考《舊唐志》雜史類載有徐整《通曆》二卷、

李仁實《通曆》七卷,《新唐志》雜史類中有徐整《通曆》二卷、李仁實《通曆》七卷,編年類則有李仁實《通曆》七卷(重出雜史、編年二類)、馬總《通曆》十卷,而《通考》則入編年類,是而陳、顧二人將《續通曆》之書一入雜史類;一入編年類,均前有所承,惟顧書入雜史類則承較早的分類型式,陳書入編年類,是承宋朝《新唐志》、《通考》以後的分類方式,取捨標準不同之故。又《續劉軻帝王照略》一書,既云續劉軻《帝王照略》,自當與《帝王照略》之分類相同,考劉軻《帝王照略》一書,《通考》卷二十有著錄,歸入編年類;晁公武《郡齋讀書志》卷五編年類、陳振孫《直齋書錄解題》卷四編年類,俱載有該書。然考之相近之書,又或有從雜史類者,如:環濟《帝王要略》,《隋志》、《新舊唐志》俱入雜史類;又或有從雜家類者,如崔安(或作崔宏)《帝王集要》一書,《隋志》、《新唐志》入雜家類(案:此書《新唐志》入已著錄之書,今本《舊唐志》未載錄其書,當據以補入),是以若從《帝王照略》一書考之,則當入編年類為是,然相近之書卻與雜史類、雜家類有所牽連。此外,顧書將曹圭撰《歷代年譜》一書列於雜史類,而陳書則將徐鍇撰《歷代年譜》一書入編年類,二書雖非同書,但顯然以陳書所分為是。

(十七)雜家類

雜家之書,自古以來,皆難類分,是以雜家之書往往隨不同目錄而入歸它類。顧、陳二氏皆分有雜家一類,然顧氏雜家類尚與陳氏政事類、時令類、術數類、農家類、類書類五類相混雜,顧氏無時令一類,故《歲時廣記》本屬時令一類,是以牽合入雜家類;又《蠶書》屬蠶桑之書,理應入農家類,然顧氏無農家類,故入雜家類;《中華古今注》一書,顧氏同《通考》均歸入雜家類,亦屬前有所承。《續事始》一書,本當從《事始》一書考察,案:《事始》一書,劉孝孫撰,三卷,《舊唐志》、《通考》、《直齋書錄解題》入雜家類,《新唐志》、《中國文言小說書目》入小說家類,無有入類書類者,今陳氏入類書者,或當從清朝書目所致,而據胡平、羅偉國編《古籍版本題記索引》中得知,《事始》一書於清朝沈初等編有《浙江採集遺書總錄》已集中有著錄,然筆者尚未見及沈書,未詳沈書歸於何類?至於《六壬軍法鑒式》一書,陳氏入術數類;顧氏入雜家類,核其書名,或入刑法一類,二書所分,又以顧氏所分較合。

(十八)釋　氏

顧氏立釋氏一類,陳氏仙釋並舉,然釋氏之類較仙釋一類為嚴,案:仙釋一類包含道家、神仙之類,顧氏將此類歸入道家一類。大抵顧氏釋氏之類,約略入於陳氏仙釋一類,但《法喜集》一書,顧氏入釋氏類,陳氏入別集一類,核其書名,雖

屬集部，然其內容當與佛法會悟有關，顧、陳二氏所立，均得其一，但既立釋氏一類，或仍以入釋氏合宜。

（十九）霸史類

顧氏立霸史類，考陳書無霸史類，改作僞史類。歷來僞史、霸史二類往往並稱，但顧氏所立霸史一類，其類分典籍，又非陳氏全然入僞史一類，其所謂霸史類往往與陳氏雜史類、實錄類、小說家類、政事類典籍相涉，其中又與陳氏雜史類最相糅雜。案：雜史類性質本兼眾家史書，凡史學之書分其所未適者，均入雜史一類。陳氏收有顧氏霸史一類典籍，本屬可能，然其數非少額數量，這亦屬二氏分類較大的差異之處。《江南餘載》一書，顧書同《通考》一類收入霸史一類，也是前有所出，而陳書入雜史類，則未詳所據。承上文所言，陳氏將《南唐元宗實錄》（清時避康熙諱，往往改「玄」為「元」，此當為《南唐玄宗實錄》）、《南唐烈祖實錄》列入實錄一類，頗有視其為正統之意味，而顧氏置於霸史類，則以方國諸侯視之，二書所列類目不同，則所分意念自異。

就分類類目而言，陳書勝於顧書，然就個別分類而言，陳、顧所分皆有擅場之處。顧書所分類目，雖係簡略，然其亦多與《新唐志》、《通考》所分相同，唯亦有不同者。今以個別典籍分類演變較之，陳、顧二氏所分不同者，釐分說明如上。

以上係就顧懷三《補五代史藝文》與陳鱣《續唐志》的個別著錄差異，釐析說明如上。現就上述說明，試較其中優劣如下：

第一、顧書勝於陳書：

就收錄典籍而論，顧、陳二人均以收錄晚唐五代典籍為主，顧書收錄一一七五〇卷，陳書收錄八九五七卷，其中有二六四六卷差異，又顧書所增，多《新唐志》、《通考》所錄，說法詳上。顧書收書雖較陳書多，然亦有陳書收錄顧書所無者，據筆者詳校二書，釐出顧書收錄陳書所無者，達五四八三卷，陳書收錄顧書所無者，亦有二二七一卷，二書合校，復去其重複者，其卷數為一四四四〇卷，此一數據，係除去以篇計數，而未能有效核算卷數者；又二書或有少許卷數差異者，是以卷數核算或有參差，不過大致如上合計。二書合計，去其複重，約一萬四千卷的典籍，其約略反映出晚唐五代典籍的概況，不過其中仍尚有待釐正者。若就個別典籍著錄而言，因為其中所收多相類似，往往可收參校之功。如卷數著錄上，陳書不著卷數，或非以卷計數者，達六十二部之多，顧書所載或可補其不足。

第二、陳書優於顧書：

就分類類目而言，陳書部類井然，顧書部類不分（說法詳上），是以就分類類

目而言，陳書顯得較有系統。而陳書亦多與顧書著錄相同之典籍，若就個別著錄而論，亦可補顧書之不足，其中分論，詳見上文說明。

　　大抵言之，陳、顧二書所錄極似，又多它書所不錄。以二書相校，去其重複，是則可補晚唐五代典籍著錄之不足。然二書又多粗失之處，其資料來源亦復無所申明，是以取用之時，宜審其正誤，故仍需參以宋朝以後目錄之著錄，方能進一步釐清，使之著錄無誤，更收其參用之效。對於部份著錄錯誤之處，筆者已盡力尋求考證，至於尚無法考證者，亦校錄出簡目，以供參考。陳、顧二人均處於清朝，雖其中二書收錄相近，然似乎並無相互取用，以致欲明白晚唐五代的典籍著錄，仍必須二書參看，今人或多重於顧書，而略談陳書，然陳書亦可補顧書不足之處，是以仍不可偏廢，今以二書相參校，釐分個中優劣如上文。

第二節　現存唐人典籍之考察

壹、楊家駱先生《唐代遺籍輯存》研究

楊家駱〈中國古今著作名數之統計〉云：

> 楊家駱重撰《唐代藝文志》著錄 10036 部，173324 卷。這個數字是以兩唐書、全唐文、全唐詩、唐代見存諸書諸碑志及後代圖書涉及唐代著作者爲依據的〔註19〕。

王余光先生《中國文獻史》第一卷尙云：

> 楊家駱對中國古今著作的統計，自己認爲：「皆確有名數可稽者，自信所統計，尚稱謹慎。至歷代著作實際數字，當遠較此數爲高，惟在未一一得其名數之前，不願泛舉耳。」〔註20〕。

案：楊氏之文發表於《新中華》復刊第四卷第七期，時間爲一九四六年，今筆者未

〔註19〕楊家駱〈中國古今著作名數之統計〉一文，發表《新中華》復刊第四卷第七期，1946年。今未見楊氏之文，轉引自王余光《中國文獻史》，頁51。筆者雖未見楊氏之文，惟楊氏〈學典與辭典〉一文（出自《中國文學百科全書》第一冊，合計七十四頁，中國學典館復館籌備處出版，1974年2月六版），其中亦轉載〈中國古今著作名數統計表〉，該表與王氏所引略有出入，其中唐代部份合計一萬零三十六部，十二萬三千三百二十四卷，另約計于百四十七卷未入總計卷數：五代部份合計七百七十部，一萬一千七百五十卷，數目總計上與王氏所論稍有不同。

〔註20〕王余光《中國文獻史》第一卷，頁51，（大陸：武漢大學出版社，1993年3月），頁51。

見該文，亦未目睹楊氏所著《唐代藝文志》一書。王氏僅見〈中國古今著作名數之統計〉一文，亦未見及《唐代藝文志》一書，以至於其書體例、著錄情形不得詳見。王氏以楊家駱先生《唐代藝文志》、顧櫰三《補五代史藝文志》之著錄卷數，爲唐五代之著作總數，王氏云：

> 合計以上二書（案：指《唐代藝文志》、《補五代史藝文志》二書），爲唐五代
> 之著作數，凡 10806 部，185074 卷〔註21〕。

然楊氏《唐代藝文志》既以兩《唐書》、《全唐文》、《全唐詩》、唐代見存諸書諸碑志及後代圖書涉及唐代著作者爲依據，雖不得確知楊氏是否有直接摘引《補五代史藝文志》所載典籍，但其必定有引《新唐志》的材料則可確知，又持《五代史藝文志》所載典籍對校《新唐志》，其中即有重出者；又持陳鱣《續唐志》與《補五代史藝文志》相校，其中亦多《補五代史藝文志》所未錄之書，縱然楊氏《唐代藝文志》未以《補五代史藝文志》爲材料，其卷數亦未可如王余光先生所合計卷數爲唐五代之著作總數。若楊家駱先生《唐代藝文志》直接以收錄《補五代史藝文志》的著錄圖書，則王氏所核計卷數，蓋又重複核算達一萬餘卷，由此可知王氏亦未確見楊氏該書，以至於對其書所持用之材料、體例均無所知悉。

　　雖然未知楊家駱先生所著《唐代藝文志》的確實情形，但楊氏尚撰有《唐代遺籍輯存》，該文係對唐代現存典籍提出考察，而其中的內容，試說明如下：

　　一、楊氏既以輯錄《唐代遺籍輯存》爲名，其所輯自以現存唐人典籍爲主，其分類類目及各類卷數核計如下：

（1）經部：總計六○一卷

易類：五三卷	書類：二○卷
詩類：四二卷	禮類：一八○卷
春秋類：一二一卷	孝經類：二卷
五經總義類：三四卷	樂類：三卷
小學類：一四六卷	

（2）史部：總計二九五六卷

正史類：一一四八卷	編年類：八○二卷
別史類：二○卷	雜史類：八○卷
詔令奏議類：一四五卷	傳記類：九八卷

〔註21〕同上註，頁 47。

載記類：一四卷　　　　　時令類：一一卷

地理類：一六二卷　　　　職官類：三九卷

政書類：四○九卷　　　　目錄類：一卷

史評類：二七卷

（3）子部：總計二三五三卷

儒家類：五九卷　　　　　兵書類：三三卷

法家類：六四卷　　　　　農家類：一一卷

醫家類：二○七卷　　　　天文算法類：四一卷

術數類：二六一卷　　　　藝術類：七四卷

譜錄類：三卷　　　　　　雜家類：一二四卷

類書類：八五一卷　　　　釋家類：三三六卷

道家類：二八九卷

（4）集部：總計一六六卷

別集類：○卷　　　　　　總集類：一六六卷

以上總計六○七六卷，然此一簡目，其距離現存唐人典籍實況相差甚遠，尤其是別集類部份，楊氏雖載錄自己編輯之書五種（（1）初唐別集三十二家、（2）盛唐別集三十五家、（3）中唐別集五十六家、（4）晚唐別集八十一家、（5）五代別集十一家），然均無各書卷帙，且對於單行本別集均無載錄，其餘各類亦多有粗失之處，是以僅能有限的反映出現存唐人著述的情況。

二、楊氏書目亦收錄自己所編輯之書，且往往以「稿本」爲名，未能有效讓人按目求書，以作進一步運用。又承上所言，楊書收錄卷帙不多，若果眞按目尋書，必以書多不存，故未能爲後人有效使用。在對後世的影響上，楊氏《輯存》由於發表年月較早，加以楊氏教育英才、桃李滿天下，是以其學生中仍有依《輯存》所錄書目，進行學術史的相關研究，以《唐代遺籍輯存》一文爲例，有簡博賢先生《今存唐代經學遺籍考》一書運用《輯存》所錄書目，從事唐代經學遺籍的相關研究，該書爲 1970 年，臺灣國立師範大學國文研究所的碩士論文。簡氏於凡例中言明：

> 本文爲目錄學之作，所考唐人經學遺籍，悉依楊師家駱「唐人遺籍輯存」一文爲據；其輯存著錄而今無考者，則闕之〔註22〕。

簡氏爲楊家駱先生之弟子，其中使用《輯存》之目者，猶然有未考之書，則他人運

〔註22〕同註13，凡例，惟列於書首，不標頁數。

用此簡目，其中未免更有滯礙之處，是以楊氏雖提供現存唐人著作簡目，但離為學界廣為使用的目標尚遠。

　　三、就分類體系而言，楊氏並未完全參考《新舊唐志》等分類類目，如：楊氏將小說家類置於類書類類目下，由於唐代小說尚屬發達，其中卷帙不少，楊氏有系統將小說典籍列於類書之末，當係誤繫，其中缺一小說家類類目，若補上此類目，在分類體系上，將會更完備。又楊氏置「譜錄」之書為子部，與《新舊唐志》置於史部不同。在分類類目上，楊氏雖也提供一套分類細目，然若能參考《新舊唐志》的分類類目，則對後來使用上可以提供另一便利之處。

　　四、就著錄來源上，楊氏收錄若干書籍的版本著錄，並偶參酌《新舊唐志》的著錄，提出《新舊唐志》著錄之卷數等，以為參考。其次，就取材上，亦採用清末以來，敦煌出土之唐鈔本；另外，復取用日本等版本，如雜家類《群書治要》一書，著錄「日本天明七年細井德民等校刊本」，然而此類著錄，均僅偶一為之，並無大規模從事輯錄的工作。在《輯存》簡目上加入舊目著錄，有助於我們認識現存典籍究竟為完帙亦或殘本，此一編輯觀念亦提供另一便利考察舊目之處。在所收材料上，楊氏大量使用敦煌出土文獻、叢書本、道藏本、輯佚書等，但在運用上並不夠全面，以常用的叢書本而言，其捨棄《中國叢書綜錄》等現成的叢書目錄，以至雖收叢書之目，但版本等著錄，卻並不夠全面。資料來源的使用上，楊氏若能以《中國叢書綜錄》等叢書目錄為材料，則可改進輯錄不夠全面之失。後來程志輯錄《現存唐人著述簡目》時，即以《中國叢書綜錄》為主要輯錄材料，初步彌補楊氏收錄未全之失，說法詳見下文。

　　楊家駱先生《輯存》書目雖有上述問題，但其為第一個就現存唐人遺籍作出輯錄的工作，雖然在著錄內容、分類上仍有多處需要改進，但仍可提供部份參考的價值。由於時間有限，筆者未能全面對其著錄做出細部的審視，但其輯錄上的開創之例，仍必須加以肯定的。後來程志《現存唐人著述簡目》亦為相似之作，雖然其中並無直接沿承上的關係，惟其中亦多有相互比勘之處，說法詳見下文。

貳、程志《現存唐人著述簡目》研究

　　程志《現存唐人著述簡目》，附於吳楓先生《隋唐歷史文獻集釋》一書末。程志為吳楓先生的學生，其《現存唐人著述簡目》係學期中整理的一篇作業。吳楓先生於〈後記〉中指出程志該文的撰著及其資料來源：

> 附錄《現存唐人著述簡目》，是我的研究生程志同學在學期間的一篇作業，資料來源以《中國叢書綜錄》為主，凡列目未注版本者均見于叢書。

　　「簡目」幾經修改，後由何應忠同志審校一過，謹致謝意〔註23〕。

吳楓先生指出程志編撰《現存唐人著述簡目》主要的資料來源是《中國叢書綜錄》，並經過何應忠先生的審校。

　　程志所編《現存唐人著述簡目》一文，其中以《中國叢書綜錄》爲主要題材，輯錄出關於唐人著述典籍，故可以提供我們對於現存唐人文獻之考察。案：《中國叢書綜錄》是上海圖書館編輯，於 1959 年起，由原中華書局上海編輯所陸續出版完成，該書收錄二七九七種叢書，收錄包含北京圖書館等中國大陸知名藏書地達四十四所，故而程志以《中國叢書綜錄》爲主體，輯錄出現存唐人典籍，其作法可收事半功倍之效。程志以《中國叢書綜錄》爲材料，其所輯錄出現存唐人著作可謂豐富，但在分類上卻至爲簡陋，不僅未依《新舊唐志》的分類方式進行董理，亦且未依《中國叢書綜錄》子目進行編撰，在分類上僅僅分出：

　　一、經部。
　　二、史部。
　　三、子部。
　　四、集部。
　　五、宗教典籍。　　　（一）道藏。
　　　　　　　　　　　　（二）佛藏：經藏、律藏、論藏、密藏、撰述。

　　四部典籍僅粗分經部、史部、子部、集部，未分其他子目，在分類類目上未免太過疏略。程志取用《中國叢書綜錄》部份，又不著版本名稱，且未註明《中國叢書綜錄》之頁數，對於按類求書之使用者而言，仍需要進一步翻檢《中國叢書綜錄》，不免失去更有效的利用價值。

　　程志《現存唐人著述簡目》雖有分類未密之憾，但其輯錄卷帙頗豐，足供我們進一步考察唐人著述之存佚情形，要進一步瞭解其內容，首先必須瞭解其編撰體例。然而，程志《現存唐人著述簡目》並未詳載其編撰體例，對於其中著錄情形，我們有如下的看法：

　　一、著錄現存唐人圖書最豐，足供進一步考察唐人撰著之存佚情形：承上文所載，程志利用《中國叢書綜錄》的內容，輯錄出《現存唐人著述簡目》一文，其中內容豐富，足供現存唐人撰著存佚之考察。除程志外，目前對於現存唐人圖書存佚之考察者，尚有楊家駱先生《唐代遺籍輯存》一文，然而其載錄卷帙未如程志《現

〔註23〕吳楓《隋唐歷史文獻集釋》，（大陸：中州古籍出版社，1987 年 9 月一版一刷），頁349。

存唐人著述簡目》豐富，故欲考察現存唐人著錄典籍，應當藉助程志所編撰之《現存唐人著述簡目》一文。該文著錄雖豐，然分類未密、體例未明，欲藉該文以考《新舊唐志》之存佚情況，尚需進一步復原內容，在利用上，又多所不便。又該書既以現存唐人著錄為考察對象，然亦雜有隋代之書，如集部書中有《李懷州集》、《盧武陽集》、《薛司隸集》、《薛司隸集選》、《牛奇章集》、《牛奇章集選》、《隋煬帝集》、《十索》等書，均明白標示隋代，而猶收入集部，其中又雜有宋人之書，如史部中載有歐陽修《新唐書》、范祖禹等《唐鑑》、呂祖謙注《東萊先生音注唐鑑》、王溥撰《唐會要》、高似孫撰《唐科名記》、歐陽修《唐書藝文志》等等，皆明白標示宋人，而猶收入史部，其餘諸例，文繁不勝枚舉，此皆與《現存唐人著述簡目》斷限不合；又其書亦收錄已佚典籍，頁272著錄張說《五代新說》二卷，程書亦明白標示「佚」字樣，而亦混入《現存唐人著述簡目》一書中，與其標榜「現存」之名亦屬不合。

　　二、所用數量的計量單位，有卷、則、冊、集、種等，在卷數統計上，徒增困擾。一般古籍在數量的計數上，往往多用卷為單位，程志在書目的編製上，往往參酌《中國叢書綜錄》的標示方式，以卷、則、冊、集、種等方式標註，此類例證隨處可見，如：

1、以卷為單位：

　　此類例證最多，隨處可拾，在此不需多舉例證，本文統計總數即依此為單位。漢代以來，以卷為計數的常態，常為目錄編撰者所取用，程志於此處即沿承舊例，在計數上多以卷為單位。

2、以則為單位：

　　依「則」為單位者，常見於史部、子部。史部者，如《唐摭言》二十三則（頁267）、《御史台記》十一則（頁267）、《北夢瑣言》四十八則（頁270）、《中朝故事》六則（頁271）、《開天傳信記》九則（頁271）、《明皇雜錄》二十七則（頁271）等；子部部份有《樂府雜錄》一則（頁283）、《龍城錄》五則、《酉陽雜俎》四十四則、《定命錄》十七則、《續定命錄》四則、《小說舊聞記》一則（以上均見於頁284），文繁不勝舉證。此類計數以雜家、雜傳、小說等類典籍居多，為僅次於以卷計數的次要計數單位。

3、以冊為單位：

　　目錄編製既為反映圖書實況，是以圖書形式的轉變往往在目錄編製上反映出來，宋朝以後，紙冊盛行，是以如《崇文總目》、《宋志》等間有以冊計數者；明代《文淵閣目》甚且完全以冊計數，程志在編製《現存唐人著述簡目》時，亦間有以冊計數者，如《文選》全三冊，商務印書館1959年印本（頁293）、《王

右丞集箋注》全二冊，中華書局上海編輯所 1961 年排印本、《李太白全集》全四冊，1957 年中華書局本、《李太白全集》上、中、下冊，中華書局 1977 年排印本，1981 年再版（以上三書見於頁 297）此類以冊爲計數單位者，亦爲數不少，大抵皆是民國以後的書局排印本。以冊爲計數單位者，以集部典籍出現最多，此類多無附錄卷數，然亦有冊、卷同出者，如仇兆鰲注《杜少陵集詳注》二十五卷四冊，1955 年文學古籍刊行社版（頁 301）是以在著錄上，並非完全一致。此類計數方式較卷、則的計數爲少，然亦有一定之數量。

4、以集爲單位：

如集部有李華撰《李遐叔文集》四集（頁 299）此類例證較少，「集」或爲「卷」之誤。

5、以種爲單位：

如史部有《郎官石柱題名新考訂》記作「外三種」、集部有《司空圖（詩品）解說》二種，這是一種相對性的說法，而此類的例證甚少，僅羅列出以爲計數之混淆。

在使用上，亦非單純以一項爲計數單位，其中亦有卷、冊並行者，如集部有仇兆鰲注《杜少陵集詳注》二十五卷四冊，1955 年文學古籍刊行社版。（頁 301）然而同條下文有 1979 年中華書局本，仇兆鰲注注《杜詩詳注》則無卷數、冊數的說明，近代書局之排印本往往另有卷數總計者，而程志或記或否？在此未免有體例不一之失。周秦典籍，率以篇計數；至漢始有以卷爲計。隋唐以來，書籍往往以卷稱之，是則圖書形式之一變也。卷軸至宋以來，多以紙冊爲書，是又由卷轉爲冊矣！圖書形式又一變也。章學誠《文史通義》卷三〈篇卷〉即有論述，篇卷有所不同，卷冊亦有所別，隨著圖書形式的改變，書籍由篇至卷；由卷至冊，其中差異亦反映在圖書著錄上，故而《漢志》以篇計數，《隋志》以來，多以卷計數。宋代以來，紙冊流行，圖書著錄遂卷、冊互出，章學誠《文史通義》卷三〈篇卷〉云：

> 《崇文》、《宋志》，間有著冊而不詳卷者。明代《文淵閣目》，則但計冊
> 而無卷矣。是雖著錄之闕典，然使卷冊苟無參差，何至有此弊也〔註24〕。

卷、冊既有所別，故而目錄著錄上，當力求清楚，在卷、冊上的登錄宜互見爲佳。程志所編《簡目》，由於其來源不一，故而登錄上難免駁雜，若能力求統一體例，則更能發揮其目錄著錄的功能。

〔註24〕（清）章學誠，（民國）葉瑛校注，《文史通義校注》（台灣：里仁書局印行，民國 73 年 9 月 10 日），頁 307。

　　三、在著錄上，兼顧版本的說明，可以提供學者初步的參考，然若要進一步認識版本情況，仍需進一步考證，試舉《岑嘉州集》爲例：程志《簡目》頁 299 著錄《岑嘉州集》的若干版本如下：

　　（1）《岑嘉州集》八卷，（唐）岑參撰明銅活字本明刻本

　　（2）《岑嘉州集》二卷

　　（3）《岑參集》一卷，（唐）岑參撰

　　（4）《岑參集校注》陳鐵民侯忠義校注上海古籍出版社 1981 年排印本

　　（5）《岑嘉州詩》四卷明正德十五年沈恩刻本

　　（6）《岑嘉州詩》七卷明正德十五年熊相、高嶼刻本

　　（7）《岑嘉州詩》八卷宋刻本明正德十五年謝元良刻本明抄本（存北圖）

考以上著錄，其中亦有不少可議之處，特說明如下：

1、著錄之間，並非全以版本爲據，同一著錄中，往往有不同版本，如（1）、（7）
　二種著錄，其中包含二至三種版本情況。若云其依卷帙多寡而分，纜列其中異
　本於著錄之末，則（1）、（7）同爲八卷，而何以另分二筆著錄，此中有令人不解
　之處，不知程志據何而分？又同二卷本之《岑嘉州集》，卻另有三種不同版本，
　如《北京圖書館善本書目》收錄「前唐十二家詩二十四卷」，其中《岑嘉州集》
　作二卷，並云「明萬曆三十一年（1603）霏玉軒刻本，傅增湘校並跋，並錄黃丕
　烈題識」，此書經名家校跋，現存北京圖書館，該書版本爲趙萬里《西諦書目》、
　江瀚《故宮普通書目》所收錄，或題作「許自昌刊本」，爲萬曆間刊本。又趙萬
　里《西諦書目》另著錄《唐四家詩八卷》，明鄭氏瑯嬛齋刊本，四冊，此又另一
　刊本。第三種刊本爲《十二家唐詩》二十四卷中之二卷，題作明嘉靖黃埻刻本，
　此書爲《北京圖書館善本書目》、《上海受古書店舊書目錄》、周毓邠《彙刊書目
　初編》、丁丙《善本書室藏書志》等著錄，故同爲二卷本之《岑嘉州集》，雖都係
　叢書之一部份，但卻有三種不同版本，程志於此卻未及釐析，其中亦頗有所失。

2、著錄情形詳略不一，雖然吳楓先生於〈後記〉中已說明，其中「未注版本者均見
　於叢書」（頁 349），此點可解釋何以程志在（2）、（3）二項未著版本之故，蓋（2）
　爲《十二家唐詩》之一部份；（3）爲《唐四家詩》之一部份，雖同樣爲叢書之一
　部份，而（3）卻註明「（唐）岑參撰」，此僅小異。又程志或註藏地，如（7）註
　明「存北圖」字樣，然考《北京圖書館善本書目》亦著錄（1）、（2）、（5）、（6）、
　（7），而程志僅記（7）中的「明抄本」一種，另外（7）中的宋刻本，實則僅存
　一至四卷，而程志未能註明，是而程志未能詳考也。

3、程志所收書目中，兼收近代人校注之作，此類亦多註明出版社、出版年度，然也

僅就中國大陸所出圖書偶一記之，對於臺灣出版者，無暇兼記，如陳鐵民、侯忠義《岑參集校注》一書，臺灣漢京事業有限股份公司亦曾翻版印行，收入「四部刊要」之中。又臺灣亦曾出《岑嘉州詩校注》之作，如林茂雄《岑嘉州詩校注》，國立師範大學研究所碩士論文，1971 年。又阮廷瑜校注《岑嘉州詩校注》，國立編譯館中華叢書編審委員會印行，1980 年出版。程志此一疏失雖係小疵，若要達到此一書目得以為學界廣為使用，勢必將加以改進此一缺失。

4、所收現存版本並不夠全面：程志所收既以現存版本為考察對象，並求進一步整理出現存唐人典籍，然而就《岑嘉州詩》而論，其所載版本卻有未盡善之處。程志所錄往往僅局限於中國大陸部份，甚至大多以北京圖書館藏書為附屬考察對象，故而亦忽略了部份藏書材料，而北京圖書館所藏之書，亦僅偶一考之，未能全面收錄，以程志所錄《岑嘉州集》現存傳本而論，僅有《岑嘉州詩》八卷，明抄本一部，附註明「存北圖」字樣，然就《北京圖書館善本書目》頁 2036～2037 所錄，其中所藏《岑嘉州集》有：

　　《岑嘉州詩》八卷　唐岑參撰　宋刻本　一冊　十行十八字白口左右雙邊
　　　　存四卷（一至四）
　　《岑嘉州詩》八卷　唐岑參撰　明正德十五年謝元良刻本　二冊　十行二
　　　　十字白口四周單邊
　　《岑嘉州詩》八卷　唐岑參撰　明抄本　黃丕烈跋　四冊　十行二十字白
　　　　口四邊雙邊
　　《岑嘉州詩》七卷　唐岑參撰　明正德十五年熊相、高嶼刻本　王振聲校
　　　　並跋　二冊　十行十七字白口四周單邊
　　《岑嘉州詩》七卷　唐岑參撰　明正德十五年熊相、高嶼刻本　二冊
　　《岑嘉州詩》四卷　唐岑參撰　明正德十五年沈恩刻本　一冊　十一行二
　　　　十字黑口四周單邊
　　《岑嘉州詩》八卷　唐岑參撰　明銅活字印本　三冊　九行十七字細黑口
　　　　左右雙邊
　　《岑嘉州詩》八卷　唐岑參撰　明刻本　吳慈培校並補目　周叔弢校並跋
　　　　二冊　十行十八字白口左右雙邊
　　《岑嘉州詩》八卷　唐岑參撰　明刻本　二冊

而程志所著錄北京圖書館藏之版本，即為上述所謂「黃丕烈跋」之本，其餘諸本，均無著錄「存北圖」字樣。至於臺灣、日本尚有其它現存藏本，亦為程志所未載者，如：

《岑嘉州集》八卷，清光緒十年（1884）上海同文書局石印本，十行十八
　　字。（臺灣中央圖書館、國立師範大學圖書館藏）

《岑嘉州詩》八卷，日本淀上菊隱批點，日本寬保元年（1741）二冊，九
　　行二十字。（臺灣故宮博物院、日本靜嘉堂文庫）

《岑嘉州集》八卷，清鈔本，十行十八字。（臺灣故宮博物院藏，此本即
　　「宛委別藏本」，為清阮元所獻，編排方式頗異他本，篇數亦稍有不
　　同，臺灣商務印書館曾影印發行）

從以上的說明中，我們雖可以看出程志《簡目》中存在著不少問題，但無可否認的，程志所輯《簡目》仍是目前對於現存唐人著作做出較完善考察的書目。限於時日，無法一一為程志《簡目》做一番詳細的考究補正，僅以《岑嘉州集》為例，說明《簡目》中所常面臨的一些問題。

　　四、在著錄上，亦有錯誤之處，如史部：「《略書纂金》殘二卷（唐）李若豆撰」（頁 276）案：李若豆，當為「李若立」之誤。該書出於敦煌出土唐寫本，共有十個寫卷錄有該書殘文，即伯希和二五三七號、伯二九九六號、伯二〇五三號卷背、伯三三六三號、伯三六五〇號、伯三九〇七號、伯四八七三號、斯坦因五六〇四號、斯四一九五號卷背、斯七〇〇四號等。（詳見王師三慶《敦煌類書》上冊，頁 99～101），其作者題作「李若立」撰，又《中國叢書綜錄》第二冊頁 1041 亦作「李若立」而非「李若豆」，是為筆誤。其餘著錄，限於時間之故，無法一一詳考，僅舉一例以示見。至於其他原則性的問題，業已舉證如上文。

　　楊家駱《唐代遺籍輯存》與程志《現存唐人著錄簡目》二書，其輯錄重點均係對於現存唐人著述作一考察，二書編輯原因既同，所收典籍亦多雷同，然其體例不一，優劣互見，以下試就二書優劣做一評比：

一、楊氏《輯存》優於程志《簡目》之處

（一）分類類目：

　　楊書優於程書。在分類類目上，程志僅以經、史、子、集、宗教典籍等五大類，又經、史、子、集四類後並無子目；宗教典籍另區分為道藏、佛藏二類，佛藏又分經藏、律藏、論藏、密藏、撰述等小目。在多達一萬七千三百五十六卷的四部典籍中，僅略分為經、史、子、集四部，在分類類目上，足見其粗疏之處。相較之下，楊家駱在分類類目上，經部細分出易類、書類、詩類、禮類、春秋類、孝經類、五經總義類、樂類、小學類；史部細分出正史類、編年類、別史類、雜史類、詔令奏議類、傳記類、載記類、職官類、政書類、目錄類、史評類；子部細分出儒家類、

兵書類、法家類、農家類、醫家類、天文算法類、術數類、藝術類、譜錄類、雜家類、類書類、釋家類、道家類；集部分別集類、總集類等。在類目上，楊氏《輯存》在類目上的細分較程志《簡目》容易分辨，然而這僅是一種相對性的比較，若細較楊氏《輯存》，在分類類目上的安排亦有不合理之處，如「小說家類」置於「類書」類之下，而不別立子目； 此外，「譜錄類」在《新舊唐志》均置入史部，而楊氏《輯存》卻置於子部，其中可能係一時疏忽所致，然而不論如何，楊氏《輯存》、程志《簡目》在分類，均不以《新舊唐志》爲分類的依據，喪失考察《新舊唐志》中唐人著作的存佚狀況的良機，在編輯概念上未免美中不足。

（二）舉證舊目：

楊書優於程書。楊家駱在著錄上，往往有舉證《新舊唐志》、《四庫全書總目》等著錄之卷數，以爲對勘之用，程志則並未有如此作法，故而程志此處不如楊氏所舉爲善。在古籍整理上，楊家駱、程志既以現存唐人著作爲輯錄對象，在著錄上若能列舉當時目錄所著錄的卷數，讀者覽目可知現存之書究竟爲全本或殘本，則可收並舉之效。楊氏並舉《新舊唐志》、《四庫全書總目》的作法是值得肯定的，但顯然楊氏並未能貫徹此一作法，如孫思邈《千金月令》一書，楊氏列於時令類，作一卷，並無列舊志的著錄與否，然此書《新唐志》入農書類，作三卷，則現存一卷爲殘卷，而楊氏之書未明此一差異。

二、程志《簡目》優於楊氏《輯存》之處

（一）卷數總計：

程書優於楊書。其中以集部、釋道等爲多。程書所收四部之書達一七三五六卷，其中經部二三一六卷、史部七一三五卷、子部一五二八卷、集部六三七七卷。楊家駱所收之書爲六〇七六卷，其中經部六〇一卷、史部二九五六卷、子部二三五三卷、集部一六六卷。在總數上，程志較楊家駱所收多一萬一千二百八十卷，若再加上程志所收道、釋部份，則不只此數。但就個別分類而論，楊家駱所收子部之書卻較程志所收之書爲多。不論從所收的部數、卷數而論，程志是較楊家駱所收更加全面性的收書，在參考的角度上，程志所輯《簡目》是較楊家駱《輯存》之目更有價值。但程志《簡目》爲後出之作，然其中並未參考楊氏《輯存》之書，此點從程志《簡目》未收楊氏稿本之作可知，以後出之作未及參考前作，導致在使用上，程志《簡目》雖輯錄較多之書，然楊氏《輯存》亦多有程志所未收錄者，楊氏《輯存》多於程志《簡目》者，又以子部典籍最多，若程志事前能參考楊氏《輯存》，則更能提高其書之參考價值。目錄輯錄之作，難於盡善人意，若事前有前賢之作得以參考，則

後出轉精，勢所必然，程志未能盡錄楊氏《輯存》之目，則事有未善，然其中所收典籍亦屬現存唐人著述簡目的輯錄工作中較爲全善之本，則其書之價值自也在此。

（二）版本著錄：

　　程書詳於楊書。在版本著錄，楊氏《輯存》、程志《簡目》雖亦同時著錄版本情形，但在著錄上，程志《簡目》較楊氏《輯存》詳盡，以《輯存》、《簡目》同時著錄楊倞《荀子注》一書而論，楊氏僅著錄：

　　　　　荀子注二十卷，唐楊倞撰。宋紹熙間建刊十行本，新唐志著錄四庫著錄。（頁11）

而程志著錄此書如下：

　　　　　《荀子注》二十卷（周）荀況撰（唐）楊倞注，宋刻本，清抄本（附宋錢佃考異）明末刻本，明天啓刻本（存北圖），日本延享二年重刊明州德堂本，民國間寧武南氏鉛印劉師培補釋本（不分）（以下皆出於頁278）

　　　　　《纂圖互注荀子》二十卷，（周）荀況撰（唐）楊倞注。

　　　　　《荀子》二十卷附校勘補遺一卷，（唐）楊倞注，（清）盧文弨、謝墉校

從上述比勘，楊氏僅收錄「宋紹熙間建刊十行本」一種版本，而程志卻同時兼收宋刻本在內的八種版本，其它類別亦多有此例，文繁不復再舉。在整體版本著錄上，程志《簡目》明顯優於楊氏《輯存》，但在個別版本著錄，楊氏《輯存》亦可補程志《輯存》未著錄的若干版本，試舉孔穎達《禮記正義》一書爲例，程志所記版本情形如下：

　　　　　《禮記正義》七十卷（唐）孔穎達撰，宋紹熙三年兩浙東路鹽司刻，元遞修本（存北圖）（以下皆出於頁258）

　　　　　《禮記正義》殘九，（唐）孔穎達撰。

　　　　　《禮記正義》殘二卷校勘記一卷，（唐）孔穎達撰（民國）劉承干〔幹〕校。

而楊氏《輯存》著錄：

　　　　　《禮記正義》七十三卷，唐孔穎達等撰，日本身延山久達寺藏宋本，此本僅存四卷，另五卷日本有古鈔本，所缺六十一卷以建刊十行本補，兩唐志著錄七十卷，四庫著錄六十三卷。（頁9）

在整體版本著上，程志所收版本較楊氏多，然而楊氏所收日本藏本卻可補程志所未收之處。此外，楊氏所收多錄自己所輯輯本，如《初唐別集三十二家》、《盛唐別集三十五家》、《中唐別集五十六家》、《晚唐別集八十一家》、《五代別集十一家》、《唐代傳奇小說》一百七六十六種（稿本）、《五代傳奇小說》十七種（稿本）等，程志

未見楊氏《輯存》之文，故而未能有效收錄，其他個別著錄，楊氏所收版本亦有可補程志《簡目》未錄之處，但就整體而言，程志《簡目》所收版本數量是多於楊氏《輯存》的。

在現存唐人著述簡目中，程志《簡目》雖較楊氏《輯存》所收較多卷數，而著錄版本上，程書亦詳於楊書，此爲程志《簡目》之優點。然楊書所錄，多備舊目卷數，可供稽考，而分類亦詳分類目，較程志《簡目》僅僅粗分四部明確，是則楊氏《輯存》優擅之處。程志以後出之作，未能有效參考前賢成果，雖然其中勝於楊氏《輯存》之處頗爲可觀，但終究未能完全取代楊氏《輯存》一書，若程志能補錄楊氏《輯存》，參見舊目卷數及改進分類類目，則其價值當更爲提高。若再加上臺灣、日本的著錄材料，則其書將更臻完善，當然這並非一己之力所能達成的，或將由一個學術團體統籌其事，方能成事。隨著電腦科技的進步，結合電腦整理、搜尋的功能，使得今日輯錄目錄將不再是一件難事，期待有朝一日，學界能有人在楊氏《輯存》、程志《簡目》的基礎上，改進其疏失，增錄其所未備，能完成較便於使用的目錄。限於時間之故，筆者無法一一詳考《輯存》、《簡目》的內容，又其中涉及版本的著錄，是以雖爲一書，而有不同版本者，楊氏《輯存》、程志《簡目》均分開處理，是以不再是單純的校勘得以考較二書異同，故僅能就其中內容、分類的情形，評介如上。

第三節　結　論

前賢在《新舊唐志》的補錄及現存唐人典籍的考察上，已有人作出一番成果，然而至今尚無相關的研究，筆者嘗試以校勘爲基礎，參以相關書目的記載，對前賢書目作相關的評鑑與比較。就《續唐志》與《補五代史藝文志》二書目，今人往往注意《補五代史藝文志》的載錄，而忽略《續唐志》的補錄成績，二書載錄範圍相近，往往有可供比勘者，以《續唐志》校之《補五代史藝文志》，其中亦多《補五代史藝文志》所不著錄者，是以欲明白晚唐五代典籍的實況，雖應以《補五代史藝文志》爲主，然亦需佐以《續唐志》的著錄。就分類類目而言，《續唐志》的分類安排顯然較《補五代史藝文志》妥切，其中各類說明詳見上文。筆者以《新唐志》、《郡齋讀書志》、《直齋書錄解題》、《通考》對校《補五代史藝文志》、《續唐志》，亦釐正《補五代史藝文志》、《續唐志》著錄上的若干疏失。

在現存唐人著作書目的輯錄上，有楊家駱《唐代遺籍輯存》、程志《現存唐人著述簡目》二書目，筆者亦提出實例，舉證二書目在著錄上的部份疏失。由於楊、程二人在著錄上均有若干亟待解決的疏失，是以並非得以提供學界爲可供利用的完

善目錄，若要求更完善的目錄，尤有待學界繼續在楊、程二人書目的基礎上做進一步的加工。

　　在唐人著述補錄及現存書目的考察上，筆者依序評介《續唐志》、《補五代史藝文志》、《唐代遺籍輯存》、《現存唐人著述簡目》四種目錄，此四種目錄均無前賢做過相對的研究。四種目錄中，適分二種方式，第一是就《新舊唐志》著錄做出補錄的工作，如《續唐志》、《補五代史藝文志》等；第二，就現存唐人著述做出考察，如《唐代遺籍輯存》、《現存唐人著述簡目》等，二類二書適巧可為相互比較之用。今人率皆知道《補五代史藝文志》一書，而不知《續唐志》，然《補五代史藝文志》雖多《續唐志》所未錄者，而《續唐志》所錄亦多有《補五代史藝文志》所未錄者，且《續唐志》在分類類目的安排上較《續五代史藝文志》合理，是以在未有更完善的目錄出現，《補五代史藝文志》、《續唐志》二書目對於我們瞭解晚唐五代典籍均有所助益。在現存唐人典籍的考察上，雖然《現存唐人著述簡目》在版本著錄、卷數總計上均較《唐代遺籍輯存》完善，但《唐代遺籍輯存》在舊目考究、類目安排上較為合理。是以上述二類四書目之間彼此各有擅長之處，彼此亦多有疏失之處，筆者依序給予評價與補證如上。

第六章 結 論

　　自古以來，《漢志》、《隋志》的研究頗爲盛行，而晁公武《郡齋讀書志》、陳振孫《直齋書錄解題》、馬端臨《文獻通考·經籍考》亦頗爲興盛，唯獨《舊唐志》、《新唐志》一直缺乏學界的重視，而較少學人從事其中研究，以致其中若干問題一直缺乏進一步的探討，如《舊唐志》採用《古今書錄》爲底本，《古今書錄》復據《群書四部錄》增刪而來，而《古今書錄》、《群書四部錄》中的差異，前人每於學理上加以說明（根據〈古今書錄序〉所載），然無實例以進一步釐清其中著錄，今筆者參以〈舊唐志序〉中的斷限說明，從成書時代中，進一步釐出《古今書錄》增錄《群書四部錄》的典籍達一千七百餘卷，雖離六千餘卷的差異仍有一段距離，但已可初步彌補前賢言而未盡的遺憾。

　　典籍的增減，往往可看出學術風氣的轉移，本文亦從此角度，說明若干類目之典籍之變化情形，藉以說明學術風氣的轉移情形。另從唐人著述的籍貫分布，以釐清前賢探討學風分布情形上，所未能提出適當的統計數據，今以《新舊唐志》所錄唐人典籍爲考察材料，藉以釐清其文化點、線、面的分布情形，及各類卷數、部數的分合情形。考察結果，皆一一提出數據，以爲說明，藉以補充前賢言而未善之處。

　　在書目的著錄上，各版本間的差異現象亦頗爲混雜，而版本的選用亦往往影響研究的正確性，本文根據〈校勘記〉、《考證》等材料，舉證若干實例，以明其中混雜情形。各種版本流傳情形，本文已列有簡目及各書目間著錄的情況，從眾多版本中，欲掌握各版本間的演變情形，實非本文所能達成的，而本文僅能舉例說明其中著錄差異的若干情形。不同版本間的對勘結果，其價值無異於不同書目的比勘，若能掌握不同版本間的演變情形，當能判別各種版本的優劣情形，且能明白書目著錄中，所可能衍生出的問題，進而掌握其變數，對於正確的著錄研判，亦可以提供一種信而有據的參考依據。就版本的情況而論，沈炳震海昌查氏刊本、點校本係參用

《隋志》等若干著錄，改正其中若干疏誤，就其正確性而言，其參考價值提高，但離其本貌稍遠，若能以同書若干版本對校，則可彌補傳抄刻寫過程中所衍生的錯誤，且所改正的書目著錄，離其原貌較近。版本間的異同正誤，隨著版本傳抄刻寫過程中，或則改正若干疏誤，然亦產生若干新誤，本文以現在通行的點校本而言，其中亦有新衍生的疏誤，本文亦一一加以疏證，以明現行點校本間的若干新誤。《新舊唐書》現存傳本甚多，其中前賢偶以校勘之例，以明各版本間的疏誤，如楊守敬、羅士琳等。但目前仍缺乏更適合的〈校勘記〉，以明版本傳抄刻印過程中的各種訛誤。本文僅係據前賢所附〈校勘記〉，以明版本間合校亦可更正版本間的正誤疏失，且明其中功用無異於若干不同書目間的對校結果。

　　《新舊唐志》雖有若干疏失之處，但亦得以補證《隋志》的若干疏失，且《隋志》所錄，往往記其卷帙存殘，而《舊唐志》往往全本、佚本間出，亦得以考察典籍亡佚情形，在價值上，可以與《隋志》相互輝映，然《隋志》評價卻遠超於《新舊唐志》，是以羅振玉先生會引為怪事（說法詳見第一章）。《新舊唐志》一直缺乏學界的重視，以至其中價值隨之不彰。若能如章宗源、姚振宗之條理《隋志》，陳樂素、劉兆祐先生等董理《宋史藝文志》的精神從事《新舊唐志》的考證工作，則能發揮《新舊唐志》的功能。以今日電腦科技的進步，欲董理《新舊唐志》，已然較前賢便利，若能重新董理、重加疏證，則不僅便於《新舊唐志》的運用，亦可增加其中使用價值。

　　《新唐志》雖補充著錄中唐以後的若干典籍，但於晚唐五代典籍著錄上，多不盡完善，是以清人有顧櫰三《補五代史藝文志》、陳鱣《續唐志》之作，然前賢於此二書目並未進一步研究，而今人亦多知顧櫰三《補五代史藝文志》，而不知有陳鱣《續唐志》之作，然二書校勘，各有優劣擅場之處，筆者則加以評介，以釐清二書優劣擅場之處。而唐人著作的存佚考查，以楊家駱先生《唐代遺籍輯存》、程志《今存唐人著述簡目》二書，二書亦優劣互參，正誤互見，筆者則逐一舉證，並提出改正之道。此四書目者，與《新舊唐志》則有直接相關之處，故而筆者逐一評介，並改正其失誤之處。

　　《新舊唐志》一直缺乏學界的重視，是以在研究成果上，並未有專著從事整理疏證的工作，今日欲藉其以考證唐代典籍存載之概貌，必須重加疏證，以釐正典籍傳抄刻寫過程之中所生的錯誤。筆者於本文中以校勘的方式，說明版本傳抄過程中，所生的疑誤，以明其中確實存在有若干的差異性，惟典籍逐部考證，事有未能，是以略舉其大略，以明其中情形。綜合言之，《新舊唐志》體例已定，欲藉以歸納其差異，需靠逐部典籍，詳加查證，方能明白其中轉變，是以本文以校勘之方式，配合

相關書目之查考，藉以明白其中差異。限於時間，對於書目中的若干差異之處，未能詳考正誤，他日若時間、能力允許，再行查考補證，更期待學界能有人將《新舊唐志》重新董理疏證，以明其中差異、正誤之別。

附錄：《新舊唐志》唐人撰述籍貫簡目

隴右道：鄯州　　　　　　牛希濟

隴右道：渭州　　　　　　董侹

隴右道：西州高昌縣　　　麴崇裕

關內道：鳳翔府扶風縣　　馬摠（馬總）

關內道：鳳翔府岐山縣　　元載

關內道：鳳翔府天興縣　　楊炎

關內道：華州華陰縣　　　楊續、楊元亨、楊師道、楊炯、孟利貞、吳筠

關內道：華州下邽縣　　　姚南仲、姚康、白行簡、白居易

關內道：華州　　　　　　馬戴

關內道：涇州臨涇縣　　　皇甫鏞

關內道：涇州安定　　　　玄會（席懷默）

關內道：京兆府蘭田縣　　鄧玄挺

關內道：京兆府醴泉縣　　杜希全

關內道：京兆府盧縣　　　孔至、孔紹安

關內道：京兆府興平縣　　竇維鋈、竇威

關內道：京兆府萬年縣　　顏眞卿、薛蒙妻韋氏（韋溫女）、韓偓、韋宙、韋澳、韋處厚、韋皋、韋彤、韋公肅、韋武、韋絢、韋渠牟、空藏（姓王氏）、杜元穎、李伉、于邵、牛僧孺、杜牧、杜佑、顏師古、閻立德、顏游秦、閻立本、韋述、韋叔夏、姚璹、李適、陳翺、韋貫之。

關內道：京兆府雲陽人　　李騰

關內道：京兆府華原縣　　柳仲郢、柳玭、柳璨、令狐澄、令狐楚、孫思邈、令狐德棻、令狐峘

關內道：京兆府高陵縣　　于志寧、于休烈、于立政

關內道：京兆府涇陽縣　　李陽冰

關內道：京兆府昭應縣　　常袞

關內道：京兆府咸陽縣　　王方慶

關內道：京兆府長安縣	韓滉、崔祐甫、高重、沈亞之、蕭瑀、蕭德言、蕭嵩、蕭鈞、陳叔達、唐臨、長孫無忌、袁朗、釋玄惲（本名道世）、慧滿（姓梁氏）
關內道：京兆府金城縣	竇叔向
關內道：京兆府武功縣	蘇冕、蘇源明、徐闓、蘇瓌、蘇頲、富嘉謨、蘇鶚
關內道：京兆府始平縣	竇蒙、唐穎
關內道：京兆府杜曲縣	于武陵
關內道：京兆府三原縣	李靖
關內道：京兆府（雍州）	李賢、唐文宗、唐憲宗、于濆、釋法琳、馮伉、韋應物、李敬方、李道古、李泌、李弘澤、李程、李繁、李匡文、李洞、李郢、李約、李石、李賀、唐中宗、唐玄宗、唐睿宗、唐高宗、李林甫、李涪、李泰、常建、唐德宗、殷聞禮、王建、杜信、杜周士、李文成、杜之松、趙元一、釋玄琬、苑咸、員俶
關內道：同州馮翊縣	喬知之、喬備、徐堅
關內道：同州天興縣	李播、李淳風
嶺南道：韶州曲江縣	張仲方、張九齡、張澤
嶺南道：新州	慧能（姓盧氏）
嶺南道：桂州	曹鄴、曹唐
嶺南道：岡州桂山縣	劉明素
劍南道：閬州新政縣	鮮于向
劍南道：邛州臨邛縣	羅袞
劍南道：夔州雲陽縣	李遠
劍南道：資州資陽	陰日用、李鼎祚
劍南道：梓州鹽亭縣	嚴龜
劍南道：梓州射洪縣	陳子昂
劍南道：梓州永泰縣	李義府
劍南道：梓州	趙蕤
劍南道：益州	蘇渙、雍裕之、雍陶、姚鵠、韋表微、仲子陵
劍南道：成都府成都縣	閭丘均

劍南道：成都府成都縣　　　袁天綱
劍南道：戎州　　　　　　　黎幹

淮南道：壽州壽縣　　　　　謝觀
淮南道：楚州盱眙縣　　　　武誼（字子思）
淮南道：楚州山陽縣　　　　趙煆（案：字承祐）
淮南道：楚州　　　　　　　吉中孚
淮南道：舒州　　　　　　　曹松（案：字夢徵）
淮南道：揚州江都縣　　　　曹憲、上官儀、來濟、李邕、上官昭容、公孫羅、李善、
　　　　　　　　　　　　　李含光（李弘）
淮南道：揚州（廣陵郡）　　竇常、王起、王起、蕭穎士（一作蕭穎士）
淮南道：和州烏江　　　　　張籍
淮南道：安州安陸縣　　　　郝處俊

河南道：虢州閿鄉縣　　　　楊仲昌
河南道：虢州弘農縣　　　　楊凝、楊嗣復、宋之問、楊夔、楊氏撰、王搏妻楊氏、
　　　　　　　　　　　　　宋令文
河南道：濮州甄城縣　　　　王玄感（一作王元感）
河南道：濟州虞縣　　　　　靈潤（梁氏）
河南道：鄭州滎陽縣　　　　鄭餘慶、鄭澣、鄭絪、鄭處誨、鄭畋、李巨川、鄭虔、
　　　　　　　　　　　　　鄭世翼、鄭秀、鄭寬、鄭遂。
河南道：鄭州管城縣　　　　凌敬、李翱
河南道：鄭州新鄭縣　　　　徐商
河南道：鄭州陽武縣　　　　韋承慶
河南道：鄭州　　　　　　　李玄道
河南道：蔡州朗山縣　　　　袁郊（字之儀）、袁滋
河南道：齊州歷城縣　　　　員半千、崔融
河南道：齊州全節縣　　　　崔君實
河南道：蒲州猗氏縣　　　　張彥遠
河南道：滑州胙城縣　　　　劉崇望
河南道：滑州靈昌縣　　　　崔元翰、崔日用
河南道：滑州匡城縣　　　　李嗣真

河南道：滑州白馬縣	鄭雲叟
河南道：棣州	任希古
河南道：許州鄢陵縣	崔知悌
河南道：許州扶溝縣	甄立言
河南道：袞州容縣	儲光羲
河南道：袞州東平	道基（姓呂氏）
河南道：袞州	張建封、蕭叔和
河南道：曹州南華縣	劉寔
河南道：陝州陝縣	陸厪、張齊賢、成玄英
河南道：陝州陝石縣	姚合、姚元崇、姚崇
河南道：陝州平陸縣	趙仁本
河南道：徐州彭城縣	劉貺、劉彙、劉迅、劉餗、劉禹錫、劉秩、劉伯莊、劉子玄（劉知幾）、劉穎、劉商、劉迴
河南道：徐州符離縣	張碧、張仲素
河南道：徐州沛縣	劉軻（希仁）
河南道：亳州譙縣	李敬玄
河南道：亳州永城縣	朱敬則
河南道：兗州瑕丘縣	徐彥伯
河南道：青州臨淄縣	張道古
河南道：青州益州縣	第五泰、智閑
河南道：青州	吳恬
河南道：河南府緱氏縣	武元衡、武儒衡、武就
河南道：河南府潁陽縣	李頎
河南道：河南府鞏縣	劉允濟、杜甫
河南道：河南府新安縣	趙弘智
河南道：河南府陸渾縣	梁肅、丘悅
河南道：河南府偃師縣	釋玄奘（姓陳氏）、孫季良、徐文遠
河南道：河南府洛陽縣	獨孤及、盧仝、賈至、李涉、李渤、元希聲、卜長福、獨孤霖、劉言史、趙自勤、裴傑、祖詠、房千里（字鵠舉）、毋煚
河南道：河南府河陽縣	張文仲、張均、張說
河南道：河南府河南縣	蔣乂、元積、元結、元懷景、元行沖

河南道：河南府	道岳（姓孟氏）
河南道：孟州濟源縣	裴蕭
河南道：孟州溫縣	司馬承禎
河南道：沂州臨沂縣	顏元孫、王公亮、王德儉、王仲丘
河南道：汴州尉氏縣	劉仁軌
河南道：汴州浚儀縣	吳兢、白履忠
河南道：汴州	崔顥、殷亮
河南道：宋州寧陵縣	劉憲
河南道：汝州梁縣	孟詵
河南道：汝州	劉希夷
河南道：并州文水縣	道綽、道綽（姓衛氏）
河南道：（河南人）	劉方平
河東道：潞州	李師政
河東道：澤州沁水縣	荊浩（洪谷子）
河東道：絳州翼城縣	鄭注、尹知章
河東道：絳州稷山縣	裴守真
河東道：絳州正平	劉鎔（字正範）
河東道：絳州	釋法雲
河東道：晉州岳陽	趙珫
河東道：河中府猗氏縣	張茂樞、張次宗、張文規
河東道：河中府寶鼎縣	薛稷、薛收、薛克構、薛元超
河東道：河中府龍門縣	薛仁貴、王助、王勃、王績
河東道：河中府聞喜縣	盧紓、裴瑾、裴度、裴倩、裴潾、裴均、裴矩、裴行儉、裴光庭、裴廷裕
河東道：河中府虞鄉縣	司空圖、司空輿、柳沖
河東道：河中府河東縣	薛逢、薛延珪、暢當、郭山惲、柳冕、柳璟、柳芳、敬播。
河東道：河中府（蒲州）	樊宗師、楊巨源、樊澤、柳珵、呂渭、呂溫、王維、薛耀、聶夷中、薛用弱、慧旻、裴胐、耿湋、柳玄、柳宗直。
河東道：汾州	薛能

河東道：并州晉陽縣　　　　郭廷誨、唐次、唐彥謙

河東道：并州祁縣　　　　　溫庭筠、王仲舒

河東道：并州文水縣　　　　武后、武平一

河東道：并州太原縣　　　　王彥威、王涯、郭湜、王振

河東道：太原府晉陽縣　　　王澣

河東道：太原府祁縣　　　　溫大雅、溫彥博、張楚金、王珣

河東道：太原府太原縣　　　狄仁傑

河北道：恒州井徑縣　　　　崔峒

河北道：瀛州河間縣　　　　張濬

河北道：瀛州　　　　　　　慧休（姓樂氏）

河北道：懷州河內縣　　　　穆員、溫造、李商隱、王琚、王大力

河北道：魏州館陶縣　　　　魏徵

河北道：魏州貴鄉縣　　　　郭元振

河北道：魏州昌樂縣　　　　釋一行、張文收、張文琮、張大素、王義方

河北道：魏州（魏郡）　　　谷倚、韋稔、公乘億

河北道：鎮州欒城縣　　　　蘇味道、閻朝隱、閻鏡機

河北道：鎮州鼓城縣　　　　趙冬曦

河北道：鎮州井陘縣　　　　崔行功

河北道：薊縣　　　　　　　平貞眘

河北道：營州柳城縣　　　　李光弼

河北道：澶州頓丘縣　　　　李仁實

河北道：冀州蓨縣　　　　　高適

河北道：冀州衡水縣　　　　孔穎達

河北道：冀州脩縣　　　　　高季輔、封演

河北道：冀州南宮縣　　　　張昌齡

河北道：衛州　　　　　　　高定

河北道：趙州（趙郡）　　　李虞仲、李端、李綽、李德裕、李吉甫、李嘉祐、蘇特、法礪（李氏）

河北道：磁州昭義縣　　　　崔玄亮

河北道：滄州南皮縣　　　　賈耽、高仲武

河北道：滄州　　　　　　　高少逸

河北道：越州贊皇縣	李璋、李翰、李觀、李絳、李華、李嶠、李隱
河北道：越州臨城縣	李乂
河北道：博州聊城縣	馬周、梁載言
河北道：博州清平縣	呂才
河北道：博州武水縣	孫逖
河北道：莫州保定縣	崔令欽、崔少元
河北道：涿州范陽縣	盧景亮、賈島、釋義淨、盧照鄰、盧藏用
河北道：深州陸澤縣	張讀、張又新、魏知古、張文成、張鷟
河北道：深州安平縣	崔玄暐、李安期、李百藥、崔良佐
河北道：相州臨漳縣	盧僎
河北道：相州鄴縣	傅弈
河北道：相州洹水縣	杜正倫
河北道：相州安陽縣	邵說、戴至德
河北道：相州內黃縣	沈佺期
河北道：相州	鄧世隆、李延壽
河北道：洺州肥鄉縣	宋俠
河北道：洺州永年縣	賈大隱、賈公彥、劉伯芻、司空曙
河北道：恆州眞定縣	慧淨（姓房氏）
河北道：幽州	高駢、盧光啓（字子忠）、盧求、盧受采、盧若虛、盧象、劉貢、慕容宗本、張南史、帥夜光、王適
河北道：定州義豐縣	齊抗、張昌宗
河北道：定州新樂縣	郎餘令、郎餘慶
河北道：定州容城縣	冀重
河北道：定州安喜縣	崔液、智正（姓白氏）
河北道：定州正定縣	郎士元
河北道：定州	崔咸
河北道：邢州鉅鹿縣	魏暮
河北道：邢州堯山縣	李懷遠
河北道：邢州南和縣	宋璟
河北道：貝州臨清縣	路敬淳
河北道：貝州清河縣	張登
河北道：貝州武城縣	崔鄲

周邊各地：高麗新羅　　　　崔致遠

江南道：婺州義烏縣　　　　駱賓王
江南道：婺州金華縣　　　　張志和
江南道：婺州東陽縣　　　　舒元輿、馮宿
江南道：婺州　　　　　　　滕珦
江南道：饒州鄱陽縣　　　　盧綸、逄行珪
江南道：蘇州嘉興縣　　　　陸贄、徐岱、殷堯藩、丘為
江南道：蘇州崑山縣　　　　張鎰
江南道：蘇州吳縣　　　　　顧非、歸崇敬、錢起、顧況、楊鉅（字文碩）、陸希聲、
　　　　　　　　　　　　　陸長源、陸質、陸龜蒙、柳宗元、沈既濟、丁公著、顧
　　　　　　　　　　　　　胤、陸德明、陳子良、陸楷、裴夷直、范攄、崔國輔、
　　　　　　　　　　　　　朱景玄（一作朱景元）、吳仁璧、沈顏
江南道：蘇州　　　　　　　麴信陵
江南道：衡州衡陽　　　　　龐蘊
江南道：澧州　　　　　　　李群玉
江南道：歙州（新安郡）　　吳少微
江南道：潤州金壇縣　　　　戴叔倫
江南道：潤州句容縣　　　　劉鄑、許子儒、許叔牙、許淹、劉三復、沈如筠
江南道：潤州丹陽縣　　　　桓彥範、許渾、湯賁、皇甫冉、殷璠
江南道：潤州丹徒縣　　　　權德輿、釋道宣
江南道：潤州上元縣　　　　劉太眞、庾抱、王昌齡
江南道：潤州　　　　　　　孫處玄、陶翰
江南道：潭州長沙縣　　　　劉蛻、胡曾
江南道：福州閩縣　　　　　歐陽袞、林諝、鄭誠、陳詡
江南道：福州福清縣　　　　翁承贊
江南道：福州侯官縣　　　　黃璞
江南道：福州　　　　　　　陳陶
江南道：睦州壽昌縣　　　　李頻
江南道：睦州清溪縣　　　　皇甫松、皇甫湜、方千
江南道：睦州桐廬縣　　　　章孝標、章碣、崔塗、周朴

江南道：睦州	章八元、施肩吾
江南道：溫州	玄覺
江南道：鄂州江夏縣	李礎
江南道：越州餘姚縣	虞世南
江南道：越州會稽縣	羅讓、秦系、康布銑、康顯、良价。
江南道：越州山陰縣	吳融
江南道：越州山陰縣	賀德仁
江南道：越州	徐浩、釋靈徹、嚴維、朱慶餘
江南道：湖州武康縣	孟郊
江南道：湖州（吳興郡）	包融、釋皎然、錢珝、皎然、陳商、徐孝德、沈齊家、宋璟、沖虛子、沈光、丘光庭、沈叔安
江南道：常州義興縣	蔣儼、李戡、薛登
江南道：常州無錫縣	李紳
江南道：常州晉陵縣	劉禕之、高智周
江南道：常州	竇群、劉綺莊、裴通、劉子翼、喻鳧
江南道：袁州萍鄉	唐稟
江南道：袁州宜春縣	盧肇、袁皓
江南道：袁州	劉松、鄭谷
江南道：虔州	綦毋潛
江南道：洪州豫章縣	來鵬
江南道：泉州霞浦縣	林嵩
江南道：泉州莆田縣	黃滔
江南道：泉州晉江縣	歐陽詹
江南道：泉州南安	盛均、陳黯、王蚪
江南道：泉州	鄭良士
江南道：宣州涇縣	許棠
江南道：宣州宣城縣	劉長卿
江南道：信州	吳武陵、王貞白
江南道：杭州鹽官縣	褚無量
江南道：杭州錢塘縣	褚亮、褚遂良、顧陶、許彥伯、徐靈府
江南道：杭州新城縣	許敬宗
江南道：杭州	凌準

江南道：明州奉化縣　　　孫郃
江南道：池州　　　　　　顧雲、張喬
江南道：台州臨海縣　　　項斯
江南道：台州章安縣　　　釋灌頂（姓吳）
江南道：（閩人）　　　　張爲
江南道：　　　　　　　　許嵩、張蠙

山南道：襄州襄陽縣　　　張柬之、杜易簡、杜審言、孟浩然、皮日休、朱朴。
山南道：襄州宜城縣　　　柳渾、王士元
山南道：襄州　　　　　　符載、張繼、朱放
山南道：鄧州臨湍縣　　　范傳正
山南道：鄧州新野縣　　　庾敬休、岑文本、岑羲
山南道：鄧州南陽縣　　　韓愈、韓琬、謝偃、韓翃、趙璘、張孝嵩、張祜、法常
山南道：復州竟陵縣　　　陸羽
山南道：梁州城固縣　　　崔觀
山南道：荊州長林　　　　毛欽一
山南道：荊州江陵縣　　　岑參、蔡允恭、劉洎、釋惠賾、崔道融、崔珏、余知古
山南道：荊州　　　　　　段公路、段文昌、段安節、段成式、劉孝孫、崔櫓
山南道：金州漢陰縣　　　李襲譽
山南道：果州　　　　　　李堅

參考書目

專著部份

三劃

1. 唐玄宗敕撰，《大唐六典》四版（522）（臺北：文海出版社，1974 年 6 月）。
2. （唐）劉肅撰，《大唐新語》（208）（臺北：仁愛書局，1985 年 10 月）。
3. （清）謝啓昆，《小學考》初版（784）（臺北：藝文印書館，1974 年 2 月）。

四劃

1. 雷家驥，《中古史學觀念史》初版（740）（臺北：學生書局，1990 年 10 月）。
2. 陳正祥，《中國文化地理》（290）（臺北：木鐸出版社，1984 年 9 月）。
3. 王余光，《中國文獻史》（284）（武漢：武漢大學出版社，1993 年 3 月 11 日）。
4. 周彥文，《中國文獻學》初版一刷（467）（臺北：五南圖書出版有限公司，1993 年 7 月）。
5. 不著撰名，《中國古代目錄學簡編》初版（257）（臺北：木鐸出版社，1986 年 106：10 月）。
7. 吳楓，《中國古典文獻學》初版（274）（臺北：木鐸出版社，1988 年 9 月）。
8. 陳清泉等，《中國史學家評傳》一版一刷三冊（河南：中州古籍出版社，1985 年 3 月）。
9. 楊翼驤編，《中國史學史資料編年（第一冊）》一版一刷（389）（天津：南開大學出版社，1987 年 3 月）。
10. 李瑞良，《中國目錄學史》中國文化史叢書之四初版（331）（臺北：文津出版社，1993 年）。
11. 姚名達著，《中國目錄學史》中國文化史叢書臺九版（429）（臺北：商務印書館，1988 年 2 月）。
12. 許世瑛，《中國目錄學史》重排本（234）（臺北：中國文化大學出版社，1982 年）。
13. 喬好勤編著，《中國目錄學史》一版一刷（442）（武漢：武漢大學出版社，1992

年 6 月）。

14. 王重民，《中國目錄學史論叢》（342）（北京：中華書局，1985 年）。

15. 昌彼得編，《中國目錄學資料選輯》再版（654）（臺北：文史哲出版社，1984
年 1 月）。

16. 昌彼得初版，《中國目錄學講義》（277）（臺北：文史哲出版社，1973 年 10
月）。

17. 彭定國，《中國書院與傳統文化》一版一刷（268）（湖南：湖南教育出版社，
1992 年 3 月 11 日）。

18. 李萬健，《中國著名目錄學家傳略》（248）（北京：書目文獻出版社，1993 年 6
月 11 日）。

19. 李朝先、段克強撰，《中國圖書館史》一版一刷（347）（貴州：貴州教育出版
社，1992 年 2 月）。

20. 譚其驤教授主編，《中國歷史地圖集（隋・唐・五代十國時期）》一版一刷
（128）（香港：三聯書局，1992 年）。

21. 楊立誠.金步瀛編，《中國藏書家考異》初版（324）（臺北：新文豐出版公司，
1978 年 9 月）。

22. 周谷城等編撰，《中華文明史・隋唐五代卷》一版一刷（921）（河北：河北教
育出版社，1992 年 9 月）。

23. （宋）王溥撰，《五代會要》臺一版（369）（臺北：臺灣商務印書館，1968 年
3 月）。

24. 羅振玉撰，《五史斠議》，《羅雪堂先生全集》六編第一冊（臺北：大通書局，
1976 年）。

25. 簡博賢，《今存唐代經學遺籍考》（臺北：臺灣師範大學國文研究所碩士論文，
1970 年）。

26. 劉勰撰，王更生注譯，《文心雕龍讀本》三版（臺北：文史哲出版社，1988 年
3 月）。

27. （清）章學誠著，葉瑛校注，《文史通義校注》（1094）（臺北：里仁書局印行，
1984 年 9 月 10 日）。

28. （宋）歐陽修，《文忠集》，《文淵閣四庫全書本》冊一一〇三（臺北：臺灣商
務印書館影印發行，1986 年 3 月）。

29. （元）馬端臨，《文獻通考・經籍考》一版一刷（1828）（上海，華東師範大學
出版社，1985 年 6 月）。

30. 王欣夫述，《文獻學講義》初版一刷（臺北：臺灣商務印書館，1992 年 1 月
（原於上海古籍出版社於 1986 年 2 月初版，臺北：文史哲出版社亦曾翻印發
行）。

31. 《日本國見在書目錄外一種》初版（臺北：新文豐出版公據清光緒黎庶昌校刊

古逸叢書本影印，1984 年 6 月）。

五劃

1. 羅偉國、胡平編著，《古籍版本題記索引》一版一刷（941）（上海：上海書店，1991 年 6 月）。

2. 田鳳台，《古籍重要目錄書析論》初版（234）（臺北：黎明文化事業股份公司，1990 年 10 月 1 日）。

3. 劉知幾撰，浦起龍釋，《史通通釋》（745）（臺北：里仁書局，1980 年 9 月 20 日）。

4. 陳新會，《史諱舉例》三版（207）（臺北：文史哲出版社，1987 年 1 月）。

5. 余嘉錫，《目錄學發微》二版（154）（臺北：藝文印書館，1987 年 10 月）。

6. 永瑢等撰，《四庫全書總目》一版一刷（1868）（北京：中華書局，1985 年 6 月）。

六劃

1. 楊蔭樓、王洪軍等編，《全唐文——政治經濟資匯編》一版一刷（455）（西安：三秦出版社，1992 年 1 月）。

七劃

1. 劉兆祐，《宋史藝文志史部佚籍考》（1198）（臺北：國立編譯館，1984 年 4 月）。

2. （宋）陳振孫，《直齋書錄解題》再版（340）（京都，中文出版社影武英殿輯永樂大典本，1984 年 5 月）。

九劃

1. 羅振玉，《面城精舍雜文》，《羅雪堂先生全集》三編共二十冊（臺北：文華出版社，1970 年 4 月）。

十劃

1. 唐景崇，《唐書注》臺灣中央研究院傅斯年圖書館藏，1935 年。

2. 劉昫等撰、沈炳震合編，《唐書經籍藝文合志》，《中國目錄學名著》第三集初版（472，34）（臺北：世界書局印行，1963 年 4 月）。

3. （宋）王溥，《唐會要》，《歷代會要》第一期第六冊五版（1804）（臺北：世界書局，1989 年 4 月）。

4. 林明波，《唐以前小學書之分類與考證》初版（819）（臺北：私立東吳大學中國學術著作獎助委員會叢書之七十五，1976 年）。

十一劃

1. 吳福助編，《國學方法論文集》再版（961）（臺北：文史哲出版社，1990 年 8 月）。

2. （清）陳邦彥奉敕撰，《康熙字典》（據同文書局本影印重印（1559）（香港，

中華書局，1993 年 1 月）。

3. 程志，《現存唐人著述簡目》，《隋唐歷史文獻集釋》一版一刷（河南：中州古籍出版社，1987 年 9 月），頁 254～348。

4. 賈晉華，《皎然年譜》一版一刷（175）（廈門：廈門大學出版社，1992 年 8 月）。

5. （清朝）劉毓崧，《通義堂文集》，《求恕齋叢書》（叢書集成續編之七）16 函不詳（臺北：藝文印書館）。

6. 陳寅恪，《陳寅恪先生文集》全三冊（臺北：里仁書局，1982 年 9 月 15 日）。

7. （唐）釋智昇，《開元釋教錄》，《大藏經》第五十五冊目錄部合計一百冊（臺北：新文豐出版事業公司印，1983 年）。

8. （宋）晁公武，《郡齋讀書志》再版（420）（京都：中文出版社影王先謙校刊本，1984 年 5 月）。

十二劃

1. 吳楓，《隋唐歷史文獻集釋》一版一刷（349）（河南：中州古籍出版社，1987 年 9 月 11 日）。

2. 魏徵等撰，《隋書》「樂天人文叢書」之七十五初版（臺北：洪氏出版社，1977 年 6 月）。

3. 許鳴鏘，《隋書經籍志研究》，《國立臺灣師範大學國文研究所集刊》二十九號（76）（臺北：1985 年 6 月）。

十三劃

1. 歐陽修、宋祁等撰，《新唐書》「樂天人文叢書」之七十七初版（6472）（臺北：洪氏出版社，1977 年 6 月）。

2. （唐）陸德明撰，《經典釋文》「四部善本新刊」（抱經堂本）初版（546）（臺北：漢京文化事業有限公司，1980 年 2 月 15 日）。

3. 陸德明撰，吳承仕疏，《經典釋文序錄疏證》（131）（臺北：新文豐出版事業公司，1975 年 11 月 1 日）。

4. （清）顧懷三，《補五代史藝文志》，《唐書經籍藝文合志》附初版（18）（臺北：世界書局，1963 年 4 月）。

十四劃

1. 熊鐵基，《漢唐文化史》（393）（湖南：湖南出版社，1991 年 8 月 11 日）。

2. 段玉裁等，《爾雅‧廣雅‧方言‧釋名——清疏四種合刊》一版一刷（340）（上海：上海古籍出版社，1989 年 1 月）。

十六劃

1. 姜亮夫纂，陶秋英校，《歷代人物年里碑傳綜表》再版（753，87）（臺北：文史哲出版社，1985 年 2 月）。

2. 尹德新主編，《歷代教育筆記資料——第一冊魏晉》一版一刷（404）（北京：

中國勞動出版社，1990 年 11 月）。

十八劃

1. 劉昫等撰，《舊唐書》「樂天人文叢書」之七十六初版（5407）（臺北：洪氏出版社，1977 年 6 月）。

2. 羅士琳、陳立等撰，《舊唐書經籍志校勘記二卷》，《唐書經籍藝文合志》附初版（472）（臺北：世界書局，1963 年 4 月）。

3. 傅增湘撰，《雙鑑樓藏書續記》「書目叢編」三編（臺北：廣文書局印行，1969 年）。

二一劃

1. （清）陳鱣，《續唐書經籍志》，《唐書經籍藝文合志》附初版（34）（臺北：世界書局，1963 年 4 月）。

論文部份

二劃

1. 王明蓀，〈人傑地靈──歷代學風的地理分佈〉，《中國文化新論學術篇》初版（臺北：聯經出版事業公司，1981 年 12 月），頁 413～462。

四劃

1. 王重民，〈中國目錄學史（先秦至宋末元初）〉，《中國目錄學史論叢》（北京：中華書局，1984 年）。

2. 盧荷生，〈中國目錄學的歷史特性──略考中國目錄類例之衍變〉，《輔仁學誌──文學院之部》15（臺北：1986 年 6 月），頁 193～209。

3. 胡昌斗，〈毋煚目錄學思想及其書目實踐初探〉，《四川圖書館學報》1984：2（1984 年），頁 74～75。

五劃

1. 韓寶鑑，〈四部類目改編問題研究〉，《國立中央圖書館館刊》（新）6：3-4（1973 年 12 月），頁 6～20。

六劃

1. 范鳳書，〈先宋私家藏書補錄〉，《文獻季刊》1990 年 3 期（北京：1990 年），頁 200～208。吳唅〈江浙藏書家史略〉，《文瀾學報》3：1（臺北：進學書局影印本，1937 年 3 月 31 日），頁 1689～1719。

八劃

1. 史念海，〈兩《唐書》列傳人物籍貫的地理分布〉，《紀念顧頡剛學術論文集》（下）一版一刷（大陸巴蜀書社，1990 年 4 月），頁 571～630。

2. 林慶彰〈知識的水庫——歷代對圖書文獻的整理與保藏〉,《中國文化新論學術篇》(臺北:聯經出版事業公司,1981 年 12 月),頁 535~585。

十劃

1. 王國良,〈唐五代書目考〉,《書目季刊》16:2(1982 年 9 月),頁 41~53。

2. 單永華,〈唐代中央藏書體制管窺〉,《社會科學(蘭州)》,1987:4(1987 年 7 月),頁 97~100,125。

3. 張榮芳,〈唐代史官入仕途徑、地域與交遊之分析〉,《大陸雜誌》64:5(1982 年 5 月 15 日),頁 212~229。

4. 高明士,〈唐代私學的發展〉,《國立臺灣大學文史哲學報》20(1971 年 6 月),頁 219~289。

5. 潘美月,〈唐代的刻書〉,《故宮文物月刊》1:9(1983 年 12 月),頁 71~74。

6. 盧荷生,〈唐代的圖書館事業〉,《輔仁學誌(文學院之部)》14(1985 年 6 月),頁 281~300。

7. 昌彼得,〈唐代圖書形制的演變〉,《圖書館學報》6(1964 年 7 月),頁 1~7。

8. 王派,〈唐代圖書館〉,《四川圖書館學報》1988:5(1988 年),頁 60~68。

9. 王派,〈唐代圖書館(續)〉,《四川圖書館學報》1988:6(1988 年),頁 50~57。

10. 楊家駱,〈唐代遺籍輯存〉,《學粹》9:2~9:5(20)(1967 年 2~8 月)。

11. 鄭章,〈唐代藏書機構考〉,《津圖學刊》1984:1(1984 年),頁 124~132。

12. 鄭章,〈唐代藏書機構考(續)〉,《津圖學刊》1984.2(1984 年),頁 116~122。

13. 任育才,〈唐代醫學的分科與人才培養〉,《中興大學文史學報》17(1987 年 3 月),頁 147~158。

14. 李更旺,〈秦代藏書考略〉,《圖書館學研究》1983:1(1983 年)。

15. 姚行地,〈秘書監探微〉,《圖書情報工作》1990:6(1990 年),頁 40~43,23。

十一劃

1. 劉可,〈從目錄學看傳記體的演變〉,《復旦學報(社會科學)》,1983:2(1983 年 3 月),頁 108~110。

2. 王繼平,〈淺談史部目錄體系的形成發展及其特點〉,《圖書館(湖南省)》1985:5(1985 年),頁 33~36。

十二劃

1. 劉汝霖,〈隋唐五代時期的私人藏書〉,《圖書館(北京)》,1962:1(1962 年),頁 52~55。

2. 高明士,〈隋唐的學官——以國子監爲例〉,《臺大歷史學報》15(1990 年 12

月），頁 81～134。

3. 逯耀東，〈隋唐經籍志史部雜傳類的分析〉，《人文學報（輔仁大學文學院）》1（1970 年 9 月），頁 325～260。

4. 葛光，〈隋唐圖書館事業及有關學說的發展〉，《黑龍江圖書館》1985：1（1985 年），頁 52～56。

十三劃

1. 喬衍琯，〈新唐書藝文志考評〉，《國立政治大學學報》57（1988 年 5 月），頁 39～70。

2. 吳楓，〈試論唐代文獻典籍的構成〉，《古籍整理研究學刊》1985：1（1985 年），頁 33～35，44。

十四劃

1. 胡楚生，〈漢書藝文志與隋書經籍志比勘舉例〉，《國立中央圖書館館刊（新）》20：2（1987 年 12 月），頁 39～44。

十五劃

1. 蕭魯陽，〈歐陽修在古籍整理上的貢獻〉，《史學月刊》1983：2（1983 年 3 月），頁 38～42。

2. 趙永東，〈談談唐代的秘書省〉，《文獻季刊》1987：1（北京：書目文獻出版社，1987 年 1 月 31 日），頁 268～274。

3. 鮑國強〈論古籍著錄的客觀反應原則〉，《圖書館學刊》1988：1（1988 年），頁 16～19。

4. 許道勛，〈論經史關係的演變〉，《復旦學報（社會科學）》，1983：2（1983 年 3 月），頁 98～102。

十六劃

1. 楊家駱，〈學典與辭典〉，《中國文學百科全書》附六版（臺北：中國學典館復籌備處印，1974 年 2 月），頁 49～74。

2. 喬衍琯，〈歷史藝文志的斷限〉，《國立政治大學學報》51（1985 年 5 月），頁 47～75。

十七劃

1. 李才棟，〈簡論我國書院的起源〉，《嶽麓書院一千零一十周年紀念文集》第一輯（湖南：湖南人民出版社，1986 年 10 月），頁 207～213。

十九劃

1. 莫榮宗，〈羅雪堂先生年譜（或作羅雪堂先生著述年表）〉，《羅雪堂先生全集》初編附初版（臺北：文華出版社（1968.12））。